# 公路隧道施工及涂装工艺研究

丁　超　侯孝斌　朱小明　魏定邦　王　晖　编著

吉林科学技术出版社

图书在版编目（CIP）数据

公路隧道施工及涂装工艺研究 / 丁超等编著. -- 长春：吉林科学技术出版社, 2023.3
ISBN 978-7-5744-0337-6

Ⅰ. ①公… Ⅱ. ①丁… Ⅲ. ①公路隧道－隧道工程－工程施工－研究②公路隧道－隧道工程－涂装工艺－研究 Ⅳ. ①U459.2

中国国家版本馆CIP数据核字(2023)第066173号

# 公路隧道施工及涂装工艺研究

编　　著　丁　超等
出 版 人　宛　霞
责任编辑　冯　越
封面设计　优盛文化
制　　版　优盛文化
幅面尺寸　170mm×240mm
开　　本　16
字　　数　205 千字
印　　张　13.25
印　　数　1-1500 册
版　　次　2023年3月第1版
印　　次　2024年1月第1次印刷

出　　版　吉林科学技术出版社
发　　行　吉林科学技术出版社
地　　址　长春市南关区福祉大路5788号出版大厦A座
邮　　编　130118
发行部电话/传真　0431-81629529　81629530　81629531
81629532　81629533　81629534
储运部电话　0431-86059116
编辑部电话　0431-81629510
印　　刷　廊坊市印艺阁数字科技有限公司

书　　号　ISBN 978-7-5744-0337-6
定　　价　88.00 元

# 前言 preface

中国幅员辽阔，地质条件复杂多样，在复杂地层条件下，如何保证隧道安全施工并在设计服务年限内安全运营，是建造者和设计者必须考虑的问题。在隧道工程中，围岩作为天然地质体是客观存在的，人工干预方式主要包括确定合理的施工方法、支护结构体系。目前支护结构的设计多依赖于工程经验，缺乏必要的理论支撑，而工程案例的有限性、工程条件的局限性以及工程经验的可靠性使经验设计方法受到限制。因此，支护设计理论的研究是必要的，它不仅为隧道安全施工提供指导，还为隧道运营期间支护结构的有效运作提供科学依据。

在国外公路隧道防排水技术发展和研究的基础上，总结出中国隧道防排水技术存在的主要问题，并通过现场实践和试验，提出了喷射混凝土表面降粗的施工工艺，以保护防水层的完整性；同时提出了自带水密塑料组件防水层及其施工工艺，弥补了目前公路隧道防水层施工中的不足。在工程“三缝”间隙的防排水方面，提出了准中埋背贴式可排水橡胶止水带，详述了其工作原理和施工工艺。

本书以某隧道工程为背景，对管棚超前预支护技术进行了研究，对常用的超前预支护技术进行了评价，着重阐述了管棚超前预支护技术的应用及研究现状。该技术是控制软弱围岩隧围岩变形的有效方法。总结归纳了软弱围岩的含义、影响因素及变形特征，同时对预支护力的构成及预支护原理和软弱围岩变形控制方法进行了研究。深入分析了管棚注浆加固机理及支护原理、常用的边坡稳定性判定方法，提出了管棚支护下掌子面稳定性评判方法。

以聚酯树脂、硅氧烷单体和纳米 $SiO_2$ 溶胶为主要原料，制备了纳米水性瓷化涂料，用喷涂工艺在喷砂处理的混凝土表面涂装水性瓷化涂料，经固化得到水性瓷化涂层。通过对水性瓷化涂料的凝胶时间、涂层硬度、附着力的测试，分析了硅氧烷单体种类、反应 pH 值、反应时间、硅氧烷与硅溶胶的用量配比等因素对水性瓷化涂料性能的影响，确定了制备涂料的最佳原料、配方设计以及最佳制备工艺。

本书共有六章。第一章为隧道设计理论和发展，介绍了隧道工程的历史成就、隧道设计理论的发展、隧道设计方法的发展；第二章为隧道防排水工艺，介绍了国内外公路隧道防排水研究、地下水类型、地下水对隧道的影响、公路隧道防排水工艺、隧道防水层施工技术研究、橡胶止水带技术研究；第三章为隧道施工光面爆破工艺，介绍了光面爆破技术、隧道施工技术及控制要点、光面爆破技术在矿山隧道掘进中的应用；第四章为隧道超前棚支护施工工艺，介绍了隧道支护体系协同作用原理与设计方法、隧道超前管支护施工的作用机理及工艺流程、浅埋暗挖隧道管棚预支护机理及效用、软弱围岩隧道超前管棚支护施工技术；第五章为变形处理工艺，介绍了隧道初期支护变形处理技术、公路隧道软弱围岩变形处理技术、隧道穿越压扭性断层段变形处理技术、大断面隧道初期支护变形处理技术；第六章为公路隧道水性易清洗瓷化涂装技术研究，介绍了涂料、水性瓷化涂料制备工艺的优化、高硬度纳米水性瓷化底漆的制备、高光泽水性丙烯酸瓷化面漆的制备、无氟环保易清洁疏水面漆的制备、工程施工及性能观察。

限于作者水平，书中难免存在不足之处，敬请读者批评指正。

作者

2022 年 4 月

目录 contents

# 上篇：隧道施工篇

## 下篇：涂装工艺篇

# 上篇：隧道施工篇

# 第一章　隧道设计理论和发展

## 第一节　隧道工程的历史成就

### 一、隧道的定义

隧道是埋置于地层内的工程建筑物，是人类利用地下空间的一种形式。隧道可分为交通隧道、水工隧道、市政隧道、矿山隧道、军事隧道。1970 年，经济合作与发展组织召开的隧道会议综合各种因素，将隧道定义为“以某种用途、在地面下用任何方法，并按规定形状和尺寸修筑的断面积大于 2 平方米的洞室”。

### 二、隧道工程的历史成就

#### （一）世界隧道工程的成就

1. 世界最长的公路隧道——洛达尔隧道

世界上最长的公路隧道——洛达尔隧道，位于北欧五国之一的挪威。隧道穿过了洛达尔与艾于兰之间的高山，全长 24.51 km。洛达尔隧道始建于 1995 年 3 月，历时 5 年，在 2000 年 11 月宣布彻底贯通，投入运营，这个世界级的工程耗资人民币 7 亿元左右。

2. 世界上最深的隧道——圣哥达基线隧道

这个隧道贯穿圣哥达山，成为越过阿尔卑斯山的生命通达之一，大大缩短了通行时间，为欧洲南北交通做出了贡献。该项目建设时间长，达到了 17 年之久；费用高，约投入 1 100 亿元人民币。57 km 的身躯深入阿尔卑斯山脉之下，抵达深度将近 2 500 m，一举超越日本青函海底隧道，是迄今为止世界上最深的包含铁路与公路的隧道。

3. 世界上最长的海底隧道——青函海底隧道

青函海底隧道在津轻海峡之下通过，连通了日本本州青森地区和北海道函馆地区。青函海底隧道仅施工一项就用去了 17 年的时间，最南端为青森县，最北端为北海道。1983 年，其先导坑道正式完工。1988 年，青函海底隧道正式通行，至此，日本本州与北海道之间结束了仅靠船运通行过海的历史。

### （二）中国隧道工程的成就

1. 雀儿山隧道

2017 年 9 月，G317 川藏北线道雀儿山隧道建成运行。位于四川省甘孜藏族自治州德格县境内的雀儿山隧道，洞口海拔 4 377 m，全长 7 km，成为海拔最高的超特长公路隧道。317 国道是进藏的重要通道，几十年中，雀儿山横亘 317 国道，难以跨越，车辆需要在蜿蜒曲折的盘山公路上行驶 2 h，高原、高寒是前进途中的一大阻碍。时值冬天，道路冰冻，通行时间多出 1 h 左右。陡峭的山地、高原反应、低温等都是危及生命的潜在因素，“川藏第一险”的名号也在当地传开。雀儿山隧道投入运营后，车辆仅需十分钟就可以穿过山脉，最重要的是，可以绕开许多泥石流、滑坡冻土地段，大大降低了行车危险，可以说是一举多得。雀儿山隧道修建过程中遇到的冻土问题，在技术层面上不亚于青藏铁路工程中面临的永久性冻土施工难题。该隧道除了冻土问题外，还有着当地难啃的“硬骨头”——高原暗冰。洞门两端的温度变化大，融化的冰水顺着坡度流入隧道内形成暗冰。研究数据表明，存在暗冰的高原路段，事故发生率远高于其他环境。

2. 秦岭终南山公路隧道

隧道长 18.02 km，通行速度为 80 km/h，秦岭终南山公路隧道北起西安市长安区青岔，南至商洛市所辖的柞水县营盘镇，在已有的双洞单向公路隧道中，长度第一。该隧道的建成，标志着南方与北方在地图上的一线之隔成为现实，仅需十几分钟，即可驱车跨越南北。这是完全由中国自行设计、自行施工的一项世界级工程。为了缓解隧道内长期行驶的视觉疲劳，洞室内配置了绚丽的彩色灯，随着时间的变化不断变换色彩，营造出原野蓝天的氛围。

# 第二节　隧道设计理论的发展

## 一、古代的隧道

中国最早有文字记载的地下人工建筑物出现在东周初期(约前700年)。《左传》中讲述了郑庄公为与母亲相见，掘地出泉的故事。在其他古代文明地区有很多著名的古隧道，如前2189年到前2160年，在古巴比伦城幼发拉底河下修筑的人行隧道，是迄今已知的最早用于交通的隧道。古代最大的隧道建筑可能是那不勒斯与普佐利之间的婆西里勃道，它路隧道完成于前36年，直到现在人们还使用着。为免去衬砌，多数古隧道都是修建在坚硬的岩层中。在火药出现之前，开挖隧道的主要手段是用锤、钎等原始工具。后来人们知道利用岩石的物理特性，比如先把岩石烧到灼热状态，然后以冷水或醋喷射，使岩石更易于开挖，这便是所谓的“淬火法”

## 二、近现代隧道的发展

1866年，瑞典人诺贝尔发明了黄色炸药达纳马特，为开凿坚硬岩石提供了条件。1872年，位于瑞士中南部的著名隧道——圣哥达隧道的建设首次使用了炸药。

1830年左右，铁路的出现与发展促进了隧道工程技术的发展。1853年，美国马萨诸塞州在建设8 km长的胡萨克隧道时试用了隧道掘进机，但未取得成功。在接下来的一个世纪中，很多隧道尝试制造和使用隧道掘进机进行建设，但真正取得成功的是少之又少。

在20世纪头几十年里，汽车技术的发展突飞猛进，车速逐渐提高。相应地道路需要采用平直线形，以缩短里程，提高运输效率，道路隧道的数量随之增多。1927年，美国在纽约哈得孙河底修建了厚兰德隧道，这条隧道解决了现代隧道建设中出现的一些问题，尤其是通风问题。1919—1920年，在厚兰德氏的指导下，美国首次对汽车排出的CO量进行了彻底的调查研究。另外，对于危害人体的一氧化碳浓度容许值也进行了研究。在考虑了许多问题之后，该隧道恰如其分地采用了横流式通风。从此之后，机械通风方式逐渐得到广泛应用。后来又出现了横流式、半横流式、纵流式射流式等通风方式。

隧道交通的另一个重要问题就是照明。事实证明，仅仅依靠车前灯照明并不能满足安全行车的需要。从通风角度看，长隧道是困难的；从照明角度看，短隧道反而难以处理。另外，因为人的眼睛对亮度的突然变化不能立即适应，所以照明问题需要在接近洞口的一定范围内就加以考虑。

从 20 世纪 50 年代起，星测手段的改进和电子计算机的应用，使得岩石力学获得迅速发展，从而把围岩压力的研究推到了一个新的阶段。奥地利人 L. V. 拉布采维茨（L. V. Rabcewicz）根据多年隧道施工经验总结出新奥法，其特点是采用光面爆破，应用岩石力学理论，以维护和利用围岩的自承能力为基点，采用锚杆和喷射混凝土为主要支护手段，及时进行支护，控制围岩的变形和松弛，使围岩成为支护体系的组成部分，并通过对围岩和支护的量测、监控来指导隧道施工和地下工程设计施工的方法和原则。

## 第三节　隧道设计方法的发展

长期以来，隧道结构的计算仅仅是针对支护结构中的二次衬砌的，在计算中一直采取拱涵力学模式，即把衬砌视为拱形推力结构，承受来自围岩的主动荷载和被动荷载。这种简化的计算显然与隧道结构的实际工作状态相差很大。例如，理论上已经证实，在无支护坑道中，坑道本身就是承载结构，其工作状态更接近于半无限或无限介质中的孔洞。

地下结构的力学模式必须符合下述条件：一是与实际工作状态一致，能反映围岩的实际状态以及围岩与支护结构的接触状态；二是荷载假定与修建洞室过程中的荷载一致；三是所确定的应力状态与经过长时间使用的结构所发生的事故和破坏情况一致；四是材料性质与数学表达等价。只要符合上述条件，任何设计和计算方法都会获得合理的结果。不管采取何种设计方法，设计师都必须清楚地认识隧道结构与其他工程结构在本质上的差异，主要表现在以下几点。

（1）其他工程结构都是抵抗荷载的，而隧道结构，按目前的认识水平来说，同时是工程材料、承载结构和荷载。隧道结构的主体是围岩，其承载结构是由围岩、初期支护、衬砌组成的一个整体。该系统的荷载是由支护结构和围岩之间的相互作用给定的，不是事先能给定的参数。

（2）地面结构有很大的自由空间，其中每个构件都是事先根据标准荷载决定的，并用大家公认的方法进行计算、验证。相反地，隧道是在初始应力场作用下的工程材料中开挖出来的，也就是说是在具有一定应力场的围岩中修筑的。隧道结构很早就参与工作，其中的初始应力场是很难准确决定的。

（3）在其他建筑中，设计师能够计算与荷载假定相适应的结构的性质，以及在可能的荷载组合下其中的应力和变形。在隧道工程中要想计算出材料（既是挖过的围岩，也是支护的主体）中的应力和变形是很困难的，它们与形成结构的类型以及时间有很大关系。

（4）其他建筑根据力学计算以及构造上、经济上的考虑来选择工程结构的材料，而隧道工程的重要构件（围岩）本身就是建筑材料。

（5）在施工中，其荷载、变形和安全度与其他结构相比都还远远没有确定，尤其是与最终状态的关系密切。因此，隧道结构中最终状态的安全度检算和力学计算是存在问题的。

## 一、设计方法的选择和适用条件

隧道支护结构应根据围岩条件（围岩的强度特性、初始应力场等）和设计条件（隧道断面形状、隧道周边地形条件、环境条件等）选择合适的设计方法。

根据隧道支护结构的特点，预设计采用标准支护模式的设计方法（简称“标准设计”）、类似条件的设计方法（简称“类比设计”或“经验设计”）、解析的设计方法（简称“解析设计”）。

有标准支护模式时，隧道支护结构以标准设计为主要的设计方法；没有标准支护模式时，隧道支护结构根据围岩条件、结构特点等选择类比设计或解析设计的方法。标准设计用于一般围岩条件下的标准隧道断面的设计，在围岩条件特殊或设计条件特殊时，采用已经实施过的、安全的、经济的支护结构模式的设计方法。设计师不仅要研究隧道结构物本身的安全性，还要保护周边环境。接近居民区的情况越来越多，在这种情况下，有必要采用解析方法分析地表面下沉等地层动态。

在下述特殊条件下，宜根据解析的计算结果，进行定量的判断：一是地质条件差；二是埋深大、初始应力大；三是埋深小、地表面下沉有问题；四是采用施工方法、开挖顺序与标准的支护模式不同的特殊工法；五是断面比标准支护模式大得多；六是断面形状特殊；七是洞口段、斜坡段的隧道等地形条件可能产生偏压；八是接近隧道的结构物；九是与时间有关的流变荷载作用、二次衬砌存在长期荷载。

在解析方法中，有两种主要的方法，即传统的结构力学方法、近代的岩石力学方法。前者是把支护结构和周围岩体分割开，把围岩作为给定荷载，支护结构作为承载结构，即结构－荷载模式。后者是把支护结构和周围岩体视为一体，作为共同的承载体系，即相互作用模式或围岩－结构模式，这是隧道设计力求采用的或正在发展的方法。

## 二、类比设计

采用类比设计方法，应充分研究其设计条件及设计的妥当性，根据当地围岩的性质加以修正。

类似条件：围岩条件及断面形状等设计条件的类似。研究围岩条件类似时，有参考价值的是附近工程的实际情况，如在进行围岩分类时，应将重点放在弹性波速度、裂隙系数、围岩强度比、相对密度、细颗粒含量等类似性上，同时要研究地下水条件的类似性。

设计条件的类似性主要是支护模式、地形条件、施工方法、辅助工法等的类似性。

在进行支护结构“类比设计”时，需要注意以下几点。

第一，对坑道围岩要有一个大致的分级。这些分级大都是根据地质调查结果，为一条隧道或线路单独编制的。不管采用何种分级，大体上都是把坑道围岩分为 4 个基本类型，即完整、稳定围岩，易破碎、剥离的块状围岩，有地压作用的破碎围岩，强烈挤压性围岩或有强大地压的围岩。

第二，各类围岩的支护结构参数大体按下述原则选用。①完整、稳定的围岩。锚杆长小于 1.5 m，$n$ 为 4 ～ 4.2 根 /m，从力学上看是不期待锚杆的支护作用的，围岩本身强度就可以支护坑道，因有局部裂隙或岩爆等，用其加以控制而已。喷射混凝土用于填平补齐，为确保洞内安全作业，应设金属网防止顶部岩石剥离。二次衬砌采用能够施工的最小混凝土厚度，约 30 cm。②易破碎、剥离的块状围岩。锚杆长 1.5 ～ 3.5 m，*n* 为 10 根 /m，多数情况是长、短锚杆配合使用，短锚杆用胀壳式，长锚杆用灌浆式。喷层厚 0 ～ 10 cm，稳定性好些的用来填平补齐，也可只在拱部喷射，此时开挖正面无需喷射。特殊情况要采用可缩性支撑或轻型格栅钢支撑。二次衬砌厚度约 30 ～ 40 cm，包括喷层在内约 40 cm。③有地压作用的破碎围岩。锚杆长 3 ～ 4 m，有时用 6 m 的灌浆式，*n* 为 10 根 /m。预计有塑性区发生时，从控制它的发展看，锚杆必须用喷混凝土等加强。喷层厚约 15 ～ 20 cm，拱部和侧壁同厚，正面也要喷 5 cm 左右。开挖进度要注意，必要时控制在 1 m 以下。二次衬砌厚度，包括喷层在内为 40 ～ 50 cm，尽可能薄些。④强烈挤压性围岩或有强大地压的围岩。在这种围岩中施工是很困难的，分台阶施工，限制分部的面积。锚杆长 4.0 ～ 6.0 m，*n* 为 15 根 /m。喷层厚 20 ～ 25 cm，正面喷 3 ～ 5 cm。必须采用可缩性支撑，间距约 75 cm。二次衬砌厚度，按总厚度 50 cm 决定。在 30 d 以内断面要闭合，即修好仰拱。

第三，在施工过程中应尽量少损害围岩，使其尽量保持原有围岩的强度，因此，应采用控制爆破技术。

第四，预计有大变形和松弛的情况下，开挖面要全面防护（包括正面），使其有充分的约束效应，在分台阶开挖时，上半断面进深不宜过长，以免影响整个断面的闭合时间。

第五，二次衬砌通常是现灌的，在修二次衬砌之前要修防水层，形成具有防水性能的组合式衬砌。应使衬砌成为薄壳，这样可减少弯矩，减小弯曲破坏的可能性。因此，初期支护和二次衬砌都要薄些。

第六，允许甚至希望围岩出现一定的变形，以减少为完成支护作用所需的防护措施。这些防护措施包括衬砌，必要时修仰拱以及直接深入不稳定岩层内部的锚固系统或其他结构构件。

第七，制订一个详细周密的量测计划。控制变形与应力，确定所建立的支护阻力是否和围岩类型相适应以及还需要什么样的加强措施。

第八，支护结构的施工顺序与正确掌握围岩的时间效应有关系。因此，施工要严格按照预定的程序进行。从当前地下工程设计现状来看，多数情况是依靠类比设计的。

## 三、标准设计

在一般的围岩条件下的预设计中，有标准支护模式时，原则上都要采用标准设计，这也是当前隧道设计方法的主流。标准设计适合于围岩条件地形、地质、埋深和断面积、断面形状、周边环境的影响等条件均属一般的情况。

采用标准设计时，根据施工中掌子面观察和量测结果进行设计修正是很重要的。当位移量有问题，或城市的土砂围岩及接近结构物施工对地表面下沉有限制时，与解析方法同时应用也是必要的。

采用标准设计时，要确实地进行围岩分级，充分考虑应用条件。标准支护模式的主要支护构件是喷射混凝土、锚杆、钢支撑等，同时要考虑开挖、仰拱、二次衬砌等，参考附近有类似条件的工程。

为了提高设计效率和质量，提高隧道设计的标准化程度是很重要的，这也是目前许多国家大力提倡的。标准设计的中心内容是支护模式的标准化。下面列举国内外的一些标准设计的概况。

日本针对城市砂质土和黏性土的地质条件和埋深浅的设计条件，编制了城市采用矿山法修筑地下铁道区间隧道或铁路、道路隧道的设计标准，很有借鉴意义。该技术标准在决定断面形状时，考虑了完成后和施工时的稳定。断面形状要确保建筑限界，同时要考虑变形富裕，尽可能地采用不产生应力集中的圆顺的隅角。原则上要设置仰拱，并采用钢筋混凝土结构。在山岭隧道中开挖断面形状的自由度比较高，应根据施工中的量测掌握实际的围岩动态，验证基本设计的安全性。

## 四、荷载－结构模式解析方法中的问题

把隧道支护结构作为拱形结构来处理的思想是从地面结构引申出来的。这样的做法是否合适要根据现在的认识、经验去判断。

把隧道支护结构作为拱形结构，就是承认松弛土压的作用。松弛压力不是不可避免的荷载，多数场合是由某些作业方法所诱发的，因而都在力图阻止它发生。如果这一点收到成效，就失去了根据松弛压力决定尺寸的必要性。

如果施工没有满足下述条件，隧道结构就只能是个拱，隧道结构按拱形结构进行设计计算时，既要制止松弛和由此产生的松弛压力，又要实现结构和围

岩之间有效的、长期的紧密接触。

### （一）荷载及荷载模式

在沿用地面结构的设计方法进行隧道结构设计时，结构的作用效应基本上是由荷载产生的，而隧道结构的力学特性是荷载、结构、材料三位一体，没有像地面结构那样明确的荷载概念。因此，不得不假定一个“虚拟”的荷载，它仅仅与围岩的特性有关，与衬砌结构的特性无关，即荷载－结构模式的发展，主要表现在“荷载”处理上。它大致经历了下述3个模式：一是主动荷载模式；二是被动荷载模式；三是实际荷载模式。

多数情况都采取第二种模式，它考虑了结构和围岩之间的相互作用，局部地体现了隧道作为地下结构的受力特点。为保证围岩约束抗力的存在，必须保证结构与围岩之间紧密接触。第三种模式正在发展，实际上它与第一种模式是一致的，只不过荷载是实地量测或计算的。实测荷载基本上反映了结构与围岩的相互作用。因此，结构力学方法同样也可以反映结构支护体系相互作用的功能。采用第三种模式计算时有以下两种情况。

第一，结构与围岩牢固接触。在接触面上不仅有径向荷载，还有切向荷载存在，切向荷载的存在可以减小荷载分布的不均匀程度，从而大大减小结构弯矩。喷射混凝土支护就属于这种情况。

第二，结构与围岩松散接触。在接触面上只能传递径向荷载，一般具有回填层的现灌混凝土衬砌或用盾构法修筑的隧道都符合这种情况。

### （二）弹性抗力的处理

弹性抗力是相互作用产生的被动荷载，把隧道结构视为一个在荷载作用下的位于弹性地基上的结构，是现行计算方法的基本出发点。把围岩对结构变形的约束所产生的反作用视为线弹性的，即 $\sigma=Ky$（$K$ 为弹性抗力系数；$y$ 为接触点径向位移）。实际上，在荷载作用下地基的变形是一个弹塑性过程，在初始荷载作用下，一般地基向衬砌方向移动，围岩在开挖中会松弛或在衬砌回填中没有达到密贴的要求，而在卸载条件下，围岩变形只有一部分复原。因此，弹性抗力系数不完全是围岩的特征值，它受到承载面大小和形状以及荷载大小的影响。

弹性抗力系数 $K$ 实质上与地基反力系数是一个概念，因此应尽可能地采用原位置试验的地基反力系数。在土砂围岩的情况下，可采用下式确定弹性拉力系数：

$$K_n = \frac{1}{2} E_O D_O^{-\frac{1}{4}} \delta^{-\frac{1}{2}} \tag{1-1}$$

式中：$K_n$ 为法线方向的地基反力系数（$N/cm^3$）；$E_o$：孔内水平加载的变形系数（$N/cm^2$）；$D_o$ 为衬砌外径（cm）；$\delta$为衬砌的变形量（cm）。

弹性抗力与水平荷载之间有密切关系，在松散地层中由于水平荷载大，弹性抗力很小，围岩约束衬砌变形的作用不大，一般计算中可以忽略弹性抗力。在岩质隧道中，弹性抗力的作用是显著的，它能够充分体现围岩约束变形的作用。

弹性抗力多数按径向分布，有时也可按水平分布。一般以弹簧表示，有全周弹簧模式和在围岩条件差的情况隧道顶部范围内不设置弹簧。计算时弹簧出现拉力的场合应取消弹簧。

#### （三）近接施工的影响

隧道完成后有接近隧道进行其他结构物施工的场合，隧道受到其影响会产生位移、变形。在这种场合，要切实掌握二次衬砌及仰拱的影响，必要时考虑近接施工所产生的荷载。

1. 设计方法

近接施工的影响程度与近接的程度（间隔距离）、近接施工的规模（荷载的大小、范围）、围岩条件、衬砌构造等因素相关。因此，影响程度不能一概而论。

2. 近接荷载的计算方法

围岩的应力状态变化大体上可分为围岩应力向压缩侧变化（近接加载）和围岩应力向拉伸侧变化（近接卸载）两种情况。

作用在地层上的荷载随着应力分散而减小。这说明荷载的作用范围是有限的，地层越深，刚性越强。因此，荷载对二次衬砌及仰拱的影响也是逐渐减小的。

### 五、结构计算中的水压力

隧道有两种类型，即防水型隧道和排水型隧道。水压力的处理是一个难题，尤其在岩质隧道中。

### （一）对地下水的基本认识

水是循环的。因降水、渗透、蒸发等现象，水具有在大气圈、地表、地中循环的性质，并以地表水、地下水的形式在循环系统中存在。地下水是经常变动的。当地下水超过其储存能力时，就向河流、涌泉等流出。开挖工程是以排水为前提的，对水循环有一定影响。在山岭隧道中，通常是一边排水一边开挖的，水处于流动状态，这样可以减轻作用在衬砌上的水压。地表层的渗透能力强，大部分降水向地下渗透以土壤水的形成储存，其后从表层到数米的土壤层和风化层蒸发，树木根系吸收，并向深部渗透。隧道施工的涌水形态与地下水的存在系统密切相关，从空隙的角度看，其形态大体上可分为层状水和脉状水。地下水的流动规律是在赋予地下水的山地中，上部的水头比下部高，地下水向下流动；在流出的河流部，下部的水头比上部高，地下水向上流动；在山侧与河侧地下水从赋予部（山）向流出部（河流）流动。地质条件与影响范围中、古生层：埋深在 150 m 以内几乎都受到影响，出现枯水现象，其范围在埋深 50 ～ 100 m 时是最大的，随着埋深的增加有逐渐减小的趋势。在破碎质围岩中，影响范围有的可达 1 000 ～ 2 000 m。深成岩类：发生枯水现象大多在埋深 200 m 以内，也有离开隧道 1 000 m 的情况。与中、古生层一样，影响范围在埋深 50 ～ 100 m 时最大一侧可达 1 500 m），埋深越大，影响范围越小。变质岩类：数据比较少，看不出规律，但埋深在 50 m 以内，多发生枯水现象。火山岩及火山破碎岩类：埋深在 250 ～ 300 m 几乎都发生枯水现象，影响范围在埋深 100 ～ 200 m 时最大。沙砾层：数据比较少，看不出规律，但埋深在 50 m 以内，多发生枯水现象。泥岩、砂岩类：枯水现象几乎在埋深 100 m 以下、距隧道 500 m 以内发生。埋深在 20 ～ 30 m 时影响最大。火山泥流堆积物：埋深越大，影响范围越大。

### （二）山岭隧道的水压力

1. 研究成果

《水工建筑物荷载设计规范》（SL 744—2016）规定：在不同的地质条件下，水压值可以有不同程度的折减，而折减的主要方法是根据开挖后暴露的渗漏水的状况决定的。实质上，这也是目前许多国家采用的办法。因此，利用平导进行超前的地质预报，根据岩面的水的活动状况，或透水试验确定折减系数是可行的。

锚杆喷射混凝土支护技术规范建议，外水压力采用地下水位以下的水柱高乘以相应的折减系数的方法估算。铁路隧道的一些研究指出，一般来说，隧道地区地下水分为两种类型，即浅层风化裂隙水和下部构造裂隙水。前者主要循环在 40 ～ 50 m 深度范围内循环，水交替作用强烈，后者大多数在 500 m 以上的深度范围内循环，水交替作用缓慢。深埋隧道的涌水则大部分来自下部构造裂隙水。实践证实，在这种情况下，隧道开挖对地下水活动的影响范围是一定的，而不是整个地下水都对隧道发生作用，实质上是深层循环水在起作用。这个结论阐明了山岭隧道不考虑水压的作用，或仅仅考虑可以接受的水压值的原因，水压值可以折减，折减系数随着埋深的增加而减小。

一般来说，在地质判断中，当渗透系数小于 $10^{-6}$ ～ $10^{-7}$cm/s 时，就可认为是不透水的围岩。也就是说，当隧道所处的围岩介质的渗透系数小于此值时，折减系数就可以考虑采用 0，即不考虑水压的作用。此外，渗透系数还有一个规律，就是随着埋深的增加而减小。

2. 城市隧道的水压力

在城市隧道工程中，如地下铁道、道路隧道等，地下水是一个难题，它对周边环境的影响是不容忽视的。在外部环境保护中，地下水变动是隧道施工中的共同的环境因素。在地层中，深度和地质条件，土压、水压是处于平衡状态的，但修建隧道结构后，这种平衡被破坏，地层、地下水环境发生变化。隧道开挖会使地下水位降低和地层的压密下沉，也会造成地下水的流场变化和地下水的变动。日本在“城市矿山隧道设计标准”中对水压处理规定如下。一是在地下水位以下的防水型隧道的二次衬砌及仰拱的设计中考虑水压力。二是设计中考虑的水压力原则上是孔隙水压。考虑到实际上确实地掌握水压的难度，在实测中假定地下水位进行水压的计算。三是水压一般按恢复后的水位进行计算。一般来说，恢复后的水位较原水位低些，但也有高的情况。在使用极限状态的研究中，一般采用高水位（丰水期的水位）或低水位（枯水期的水位）。在以下地形、地下水条件下，使用期间有可能出现显著变动的场合，应假定异常时的水位进行最终极限状态的研究。

一是类似谷地形，地下水和地表水易于暂时集中的场合；二是类似扇状地形，隧道两侧出现显著的不均衡水压的场合。在水位经常发生变动的情况下，使用极限状态研究时，设计中最好考虑水位的变动。在设定水压时，还要注意以下几点：①地下水位不仅与降雨量的变化有关，还与近接施工引起的环境变化有关；②因地下水扬水的限制，地下水位逐年上升；③近接施工使垂直荷载作用在衬砌上，设定高水位不一定是偏于安全的设计，因此应进行高水位和低水位的研究；④谷地形、扇状地形等把地下水遮断的场合，会产生偏水压，此时即使水位低，也会出现弯矩，因此要按偏水压进行设计。目前许多国家在隧道设计中都开始采用极限状态设计方法。

（1）极限状态设计方法。采用极限状态设计方法先要设定隧道的极限状态。隧道衬砌是以轴力为主的承受地层反力的拱形结构物，弯曲开裂和钢筋屈服使构件刚性降低，弯矩会向刚性没有降低的周围构件分配，一个构件的破坏不会立即造成整个结构物的破坏。荷载在一处发生弯曲开裂，钢筋屈服，接着即使达到混凝土的压缩极限应变，结构也会保持稳定的状态，到最大荷载前，位移、承载力仍然有足够的富裕。荷载与位移的关系如图 1–1 所示。

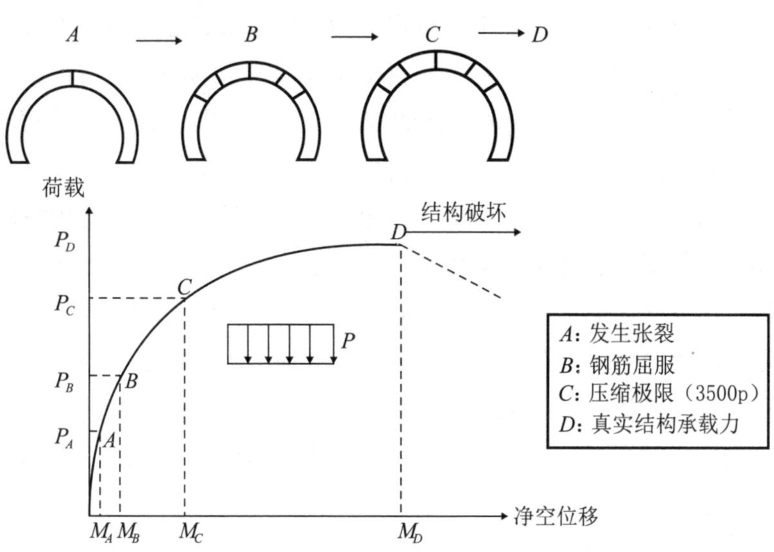


图 1–1　荷载与位移的关系

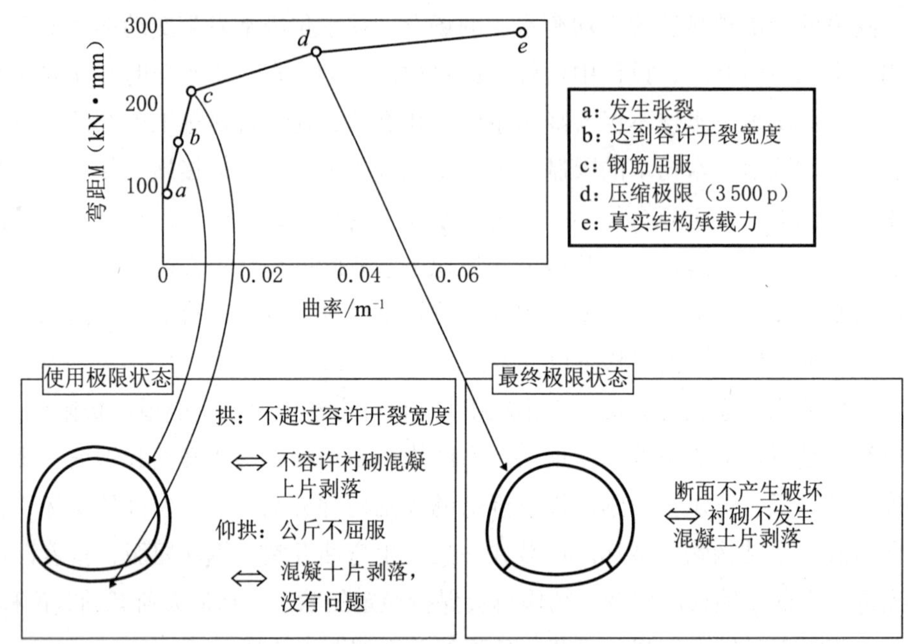


**图 1–2　极限状态和现象**

容许开裂宽度达到图 1–2 中的点定义为使用极限状态，但仰拱可以缓和一些。最终极限状态用钢筋屈服定义，衬砌是被围岩包围的拱形结构，衬砌一处即使达到最终状态，也不会造成结构的破坏，因此可采用混凝土压缩极限应变。

铁路隧道的使用极限状态主要指衬砌掉块，妨碍运行；发生对列车运行安全有影响的轨道变异；产生妨碍建筑限界的变形。最终极限状态指衬砌断面破坏，混凝土块体崩落；隧道结构体系丧失稳定性而崩塌；产生需要改建隧道的轨道变异；净空断面缩小，与列车接触。极限状态和现象如图 1–2 所示。

作用在隧道上的主要荷载除自重外，还有地下水位恢复后的水压、近接施工影响产生的荷载以及地震荷载等。在城市中一段采用矿山法修建隧道，土压原则上由初期支护承受，二次衬砌可不考虑土压的作用，但二次衬砌要考虑水位恢复后的水压作用。

二次衬砌和仰拱的设计安全系数采用各种分项系数表示。这些系数包括荷载系数、结构解析系数、材料系数、构件系数、结构物系数、地层调查系数等。

（2）中国单线铁路隧道的可靠性设计方法。中国单线铁路隧道采用了以概率为基础的，以分项系数表达极限状态的可靠度设计方法。

工程结构可靠度指结构在规定的时间、条件下，完成其预定功能的概率。“规定的时间”一般指设计中根据结构的有效使用期所规定的时间，称为设计基准期；“规定的条件”指结构在正常施工、运营维护环境下承担外力和变形应满足的条件；“预定功能”必须满足结构安全性、耐久性和适用性的要求。

铁路隧道结构应根据结构的重要性和复杂程度划分为 3 个安全等级，设计采用的目标可靠结构的安全等级取值。

设计基准期指工程结构在正常维护和使用条件下能满足一定的时间要求，铁路隧道结构实际的使用寿命为 100 年，因此设计基准期规定为 100 年。

（3）承载能力极限状态。当结构构件达到下列状态时，应认为超过了承载能力极限状态：一是整个结构或结构的一部分作为刚体失去平衡；二是结构构件或连接处因超过材料强度而破坏；三是结构或结构构件丧失稳定。

正常使用极限状态。当结构或结构构件达到下列状态时，应认为超过了正常使用极限状态：一是影响正常使用或外观变形；二是影响正常使用或耐久性能的局部损坏影响其他特定状态。

根据施工和使用中的环境条件和影响，隧道结构设计分为三种设计状况。一是持久状况。在结构使用过程中出现持续期很长的状况，持续期一般与使用期为同一数量级的短暂状况，概率较大、持续期较短的状况。二是偶然状况。在结构使用过程中出现概率很小，且持续期很短的状况。应对三种状况进行承载能力极限状态设计，持久状况和短暂状况根据结构需要按正常使用极限状态设计。三是对偶然状况。承载能力状态按作用效应的偶然组合进行设计或采取防护措施，主要承重结构不致因偶然事件而丧失承载能力。

允许主要承重结构因偶然事件而局部破坏，但结构的其余部分仍具有在一段时间内不发生继发性破坏的可靠度。正常使用极限状态计算结构构件应分别按荷载作用的短期效应组合、长期效应组合的影响进行验算，并应保证变形、裂缝、应力等计算值不超过相应的规定限值。结构构件设计应根据使用要求选用不同的裂缝控制等级，裂缝控制等级的划分应符合下列规定。一级：严格要求构件不出现裂缝，按荷载短期效应组合进行计算时，构件受拉边缘混凝土不应产生开裂。二级：一般要求构件不出现裂缝，按荷载长期效应组合进行计算时，构件受拉边缘混凝土不产生开裂，而按荷载短期效应组合进行计算时，构件受拉边缘混凝土允许产生拉应力，但拉应力不应超过设计值。三级：容许构件出现裂缝，最大裂缝宽度按荷载短期效应组合并考虑长期效应影响进行计算，其计算值不应超过允许值。

## 六、特征曲线法

1978 年，法国隧协召开了一次专门讨论应用“收敛 – 约束”法，即特征曲线法，计算隧道支护体系的学术会议。这个方法的应用不仅引进了围岩力学的基本成果，还改变了过去一直沿用的传统的结构力学的计算模式。特征曲线法的基本原理是利用围岩特征曲线和支护结构特征曲线交会的办法来决定支护体系的最佳平衡条件。

特征曲线法的关键是合理地确定这两条曲线的基本性质及其随一些因素的变化，以及由两者相互作用所决定的最佳平衡条件（图 1–3）。概念是明确的，其内在含义是广泛的。以围岩特征曲线为例，其形态不仅受到围岩性质、围岩构造的影响，还受到施工技术等的影响，其形态可能是各式各样的（图 1–4），曲线，代表弹性围岩，曲线 2 代表弹塑性围岩，曲线 3 代表弹塑 – 刚塑性围岩。支护结构的特征曲线也一样，其材料、构造也有不同的形态。喷射混凝土和锚杆的特征曲线就很不同（图 1–5）。

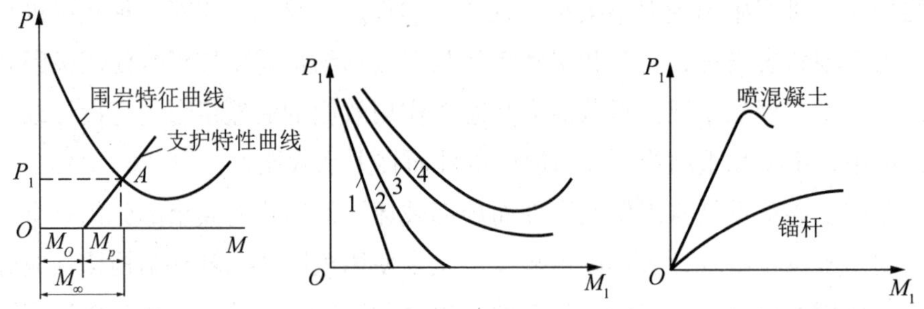


图 1–3　特征曲线法的图解概念 图 1–4　围岩特征曲线 图 1–5 喷射混凝土和锚杆的特征曲线

围岩的破坏准则是由其本构方程决定的，在通常情况下都采用摩尔 – 库伦破坏准则。在一些著作中，也有采用三轴试验统计方程的。

前面的分析是假定围岩进入塑性状态后，围岩性质不发生变化而进行的，即按图 1–5 中的曲线计算，显然，这个假定是不完全符合实际的。在当前的计算中，多数假定围岩进入塑性状态后，性质立即变化到可能的极值。实际上，岩性的恶化是逐步发生的。

## 七、初期支护的力学评价

### （一）概述

支护结构的力学特性是比较复杂的，它不仅与支护结构本身的构造有关，还与周围岩体的接触条件以及施工中出现的各种变异有关。因此，目前在评价支护结构力学特性时，原则上都假定其他条件是相同的、不变的（如紧密接触、压力分布、径向分布等），只研究支护结构因结构不同而产生的力学效应。

一般情况下，支护结构的力学特性可表达为

$$p=f(K) \tag{1–2}$$

式中：$K$ 为支护结构刚度。

支护抗力 $p$ 与其位移 $u$ 的比值叫作刚度，即

$$K=\mathrm{d}p/\mathrm{d}u \tag{1–3}$$

刚度的倒数叫作柔性。支护结构的力学特性可以用支护特征曲线来表示。

支护特征曲线是作用在支护结构上的荷载与支护变形的关系曲线，这和支护与围岩的接触状态有关。例如，钢支撑本身抵抗变形能力很大，但当支撑上设有垫块时，其对岩体变形的约束则可能主要决定于垫块。

从现有的资料来看，目前满足结构物功能要求的混凝土的耐久性可能只有 60 年左右。喷射混凝土低些，只能满足 30 年不维修的要求。而一般混凝土结构物的使用寿命，都应该在 100 年以上。这样，提高混凝土的耐久性，就成为当务之急了。因此，不管是新建还是既有结构物，都要消除“免维修或不能维修”的误解，建立起“把劣化构件或构件的性能恢复到设计意图的使用水准以上的补修、补强”的概念。也就是说，构筑一个把设计、施工、维修管理统合到一起的设计体系。这也是目前各国土建工程设计的重要发展趋势。耐久性设计能够较好地体现这个意图。

### （二）耐用时间

结构物的耐用时间一般分为 100 年、6 年和 30 年。

耐用时间需要根据维修管理的水平确定，维修管理水平根据是否进行定期检查、是否进行加固等而定。如以维修加固为前提，与使用时间相比，耐用时间可设定短一些。

例如，日本在“建筑工程标准规格－钢筋混凝土结构”中规定了结构物或构件的计划使用期间，同时规定了混凝土的耐久设计基准强度。基准强度是根据保护层厚度为 40 m、钢筋腐蚀概率为 39% 的条件规定的。工程结构一般都是可维修的，只不过有的易于维修，有的难于维修而已。隧道属于难于维修的一类，它的可维修性是比较差的。因此，在隧道结构物中建立“少维修”的概念是很重要的。

因此，在设计中必须把这种概念考虑进去。这种设计概念就是结构物在设计基准期内，受到劣化外力作用（环境条件的变化等），而把劣化状态控制在容许水准以内。同时，根据经济性来设定材料规格、设计基准和施工工艺，并决定相应的维修管理基准。这种设计概念就是耐久性设计的概念。从本质上说，耐久性设计就是考虑环境影响和维修管理水平的设计。

### （三）劣化外力

所谓劣化，就是材料初期具有的质量或性能，因物理因素或化学因素而逐渐降低的现象。

混凝土的劣化现象一般有混凝土炭化、强度降低、物理或化学的表面劣化，混凝土中钢材的腐蚀、开裂、漏水、大挠度等。碱性骨料反应和酸性雨引起的劣化现象成为亟待解决的问题。

劣化现象可以用劣化外力表示，如活荷载、地震、风、气温、湿度、日射、炭化、冻融、盐害等。这些都是造成混凝土结构劣化的原因。一般结构物的劣化状态可以按表分为级，少维修的概念指结构不能出现级以上的劣化状态。

### （四）结构物的基本规格

结构物的基本规格指在一般环境条件下钢筋混凝土结构物为确保最小限度的耐久性所需的材料、设计、施工的规格。所谓一般环境条件就是中等程度的日光、风，相对湿度为 50% ～ 80%，年平均气温为 10 ～ 20 ℃以上，而且盐害的影响不显著。因此，基本规格就是对耐久性有重要影响的项目的最小限度的要求规格。

选定对耐久性有重要影响的基本规格的规定项目，即综合考虑材料及配比、设计、施工三要素。此外，现场灌注混凝土要遵循湿润养护的原则。养护对混凝土质量有很大的影响，因此养护是支配混凝土耐久性的一个重要因素。

# 第二章　隧道防排水工艺

## 第一节　国内外公路隧道防排水研究

公路隧道作为一项地下工程，其防排水技术已有几十年的发展里程，目前国内外公路隧道大都采用新奥法施工，复合衬砌防水被广泛应用。复合衬砌主要由一次支护、二次模注混凝土以及防水层组成，防水层设于一次支护与二次模注之间，防水层除了防水以外，还可以减少喷射混凝土与二次衬砌混凝土之间的约束应力，防止二次模注混凝土产生裂缝。

### 一、国内公路隧道防排水研究现状

中国起步最早的是铁路隧道，20 世纪 70 年代之前，铁路隧道都采用矿山法修建，以料石衬砌，没有任何防水措施，隧道的渗漏水量完全取决于地下水本身水量的大小；20 世纪 70 年代以后，新奥法逐渐引入中国，一些隧道开始采用混凝土衬砌，但由于施工缝未采取任何防水措施，加上混凝土各种裂缝的产生，隧道渗漏状况没有得到较大的改善。随着电气化机车的广泛使用和长大铁路隧道的出现，人们慢慢地意识到隧道防排水的重要性。然而公路隧道起步较晚，公路隧道建设经验不足，一般都按铁路隧道的设计理念和施工方法修建，因此“先拱后墙”施工法在当时很盛行，而这种方法在拱墙接茬处形成水平施工缝，成为隧道渗漏的主要发生点。20 世纪 80 年代中后期，中国工程界对公路隧道的防排水技术提出了更高的要求，不仅提出了与铁路隧道相似的防排水系统和施工工艺，还对防排水材料提出了比铁路隧道更为严格的要求。中国在《公路隧道设计规范》中提出地下水的处治原则，即“防、排、截、堵相结合，

因地制宜，综合治理”。同时，规定一般公路隧道的防水应做到拱部不滴水，边墙不滴水；路面不冒水、不积水，设备箱洞处不渗水；冻害地区隧道衬砌背后不积水，排水沟不冻结。

中国隧道及地下工程修建采用新奥法二十多年来，形成了中国特有的隧道防排水体系。其一，在喷射混凝土与衬砌之间设置防水层，目前形成了几种防水层的构筑方法：一是喷涂防水膜，其施作原理是在初期支护与二衬之间喷涂防水膜，这种方法对初期支护的底部平整度要求较高，否则将影响防水膜的附着力，从而降低防水效果，同时这种防水膜要求初期支护表面处于干燥状态，其中难以控制的就是其厚度，因此现在在隧道施工中已很少见到此种构筑方法；二是设置防水隔板，其原理是在初期支护与二村之间设置防水卷材，通过防水卷材自身的防水性能，达到隧道防水的效果，这种方法现广泛应用于中国隧道的防排水体系中，其中防水卷材有氯化聚乙烯（CPE）、聚氯乙烯（PVC）、高密度聚乙烯（HDPE）等。其二，围岩注浆堵水，减小隧道周边岩体的渗透系数。其三，抗渗喷射混凝土与模筑混凝土的研究，其中抗渗模筑混凝土的施工技术已经比较成熟。通过这几个方面的研究，中国隧道目前形成了洞内外防排水的设计，即衬砌自防水、二次衬砌铺设复合式防水、注浆堵水、三缝防水等措施，在隧道防排水方面取得了成就。

## 二、国外公路隧道防排水研究现状

20 世纪 90 年代以来，国外在隧道防排水技术上采用了以下方法：一是渗透灌浆，在钻孔中灌浆，形成一个地下帷幕，从而拦截地下水；二是喷射灌浆，孔内高压喷射浆液，从而阻隔地下水；三是冷冻截水。其中，法国、瑞士、奥地利等国相继采用了聚氯乙烯、聚乙烯等防水卷材进行隧道防排水。

日本针对不同的隧道，采用不同的方法设计防排水。山岭隧道的防水以排为主，堵排结合；海底隧道和城市隧道的防水以堵为主，堵排结合。其防水设计、施工的指导思想是把防水一次性做好，不留后患，严格要求施工质量，隧道防水皆由专业公司承担设计、施工，每道工序都有人检查，严格按图施工。日本的防水材料比较先进，他们有专门的研究单位从事材料的开发和生产。日本在隧道防水方面，已经不再局限于防水措施的就事论事，而是从地下工程的结构与整体设施方面考虑。电脑技术广泛用于隧道施工，作业面自动记录、监理、绘图，应用激光导向和光电传感器，微机联网自动采集数据。

当前，国外隧道防排水技术有了新的发展趋势：一是多道防水向一道防水方向发展，多道防水效果好，费用高，单道防水造价低、施工方便，新加坡隧道东北线的防水设计就采用了道防水；二是防水材料开发与施工工艺要求相结合；三是结构自防水是防水效果的基础；四是复合式防排水材料的发展。国外的橡胶止水带多采用氯丁橡胶和水膨胀橡胶的复合型材料，发挥两种材料各自的作用，已取得良好的经济效益和工程效益。

## 第二节　地下水类型

隧道地下水按其贮存形式可分为裂隙水、岩溶水和孔隙水。

### 一、裂隙水

裂隙水是埋藏于基岩裂隙中的地下水。岩石裂隙的发育情况决定地下水的分布情况。在裂隙发育的地方，含水量丰富；在裂隙不发育的地方，含水量很少。在同一构造单元或同一地段内，含水量有很大变化，形成了裂隙水聚集的不均匀性。在某些方向上，裂隐的张开程度和连通性比较好，这些方向的导水性强、水力联系好，常成为地下水径流的主要通道。另一些方向的裂隙闭合，导水性差，水力联系也差，径流不畅通。因此，裂隙岩石的导水性呈现出明显的各向异性。裂隙水是山区广泛分布的地下水，与道路工程、隧道工程、桥梁工程关系密切。

#### （一）裂隙水的类型

根据埋藏情况，可将裂隙水分为面状裂隙水、层状裂隙水和脉状裂隙水三种。

1. 面状裂隙水

面状裂隙水埋藏在各种基岩表层的风化裂隙中，又称风化裂隙水。风化裂隙水透水性的强弱，视岩石风化程度、风化层物质组成等而异。有些强风化带，因富含黏土物质，含水性和透水性反而减弱。风化裂隙水的水量，随岩性、地形等的变化而变化。同一地区，砂岩地段比泥岩地段大，同一岩性地区，由分水岭至河谷，水量逐渐增加。风化裂隙水分布的下界取决于分化带的深度。风化裂隙的数量及张开程度随分化深度的增加而减少，一般在微风化带其性质近似于隔水层。风化带深度各地不同，一般为 10 ～ 50 m。

2. 层状裂隙水

层状裂隙水是埋藏在成岩裂隙和构造裂隙中的地下水，其分布一般与岩层的分布一致，因而常有一定的成层性。层状裂隙水在不同的部位和方向上，因裂缝的密度、张开程度和连通性有差异，其透水性和涌水量有较大的差别，具有不均匀的特点。层状裂隙水的分布受岩层产状的控制，在岩层的浅部可形成浅水，在地下深处埋藏在隔水层之间可形成承压水。层状裂隙水的水质受埋深控制。浅部主要为重碳酸盐型，向下逐渐过渡为硫酸盐型，深部为氯化物型。总矿化度随深度增加而增高。

3. 脉状裂隙水

脉状裂隙水埋藏于构造裂隙中，主要特征如下：一是沿断裂带呈脉状分布，长度和深度远比宽度大，具有一定的方向性；二是可切穿不同时代、不同岩性的地层，并可通过不同的构造部位，因而导致含水带内地下水分布的不均匀性；三是地下水的补给源较远，循环深度较大，水量、水位较稳定，有些地段具有承压性脉状裂隙水，水量比较丰富，常常是良好的供水水源，但往往会对隧道工程造成危害，如水突涌事故等。

### （二）裂隙水的富集条件

某些部位的地下水聚集，形成水量较丰富的富集区，而另一些部位的地下水相对分散，形成水量甚少的贫水区。地下水富集区的形成，必须具备三个条件：一是有较多的储水空间；二是有充足的补给水源；三是有良好的汇水条件。

裂隙水的富集主要受岩性、构造、地貌等因素的影响。不同岩性的裂隙发育程度有差异，因而富水性不同。不同构造部位的裂隙发育程度有差异，因而导致富水性的不同。与其他部位相比，褶曲轴部的裂隙发育较好，往往是富水的地方。断裂多次活动的部位，岩石破碎、裂隙发育，有利于地下水的富集。不同地貌部位，地下水的补给、汇聚条件不同，岩石裂隙发育程度不同，因而富水性不同。盆地、洼地、谷地常常具备富水的有利条件。

## 二、岩溶水

岩溶水是储存和流动于岩溶介质的地下水，因此研究岩溶水的首要问题是分析岩溶介质的形成条件和岩溶水的贮存特征。

### （一）岩溶介质的形成条件

岩溶介质的形成必须具备以下四个条件。

一是岩石的可溶性。岩溶的形成必须具备有可溶性的岩石，包括分布最广的碳酸岩类、卤岩类岩石。二是水的侵蚀性。纯水对碳酸岩的溶解是很微弱的，但当水中溶解有 $CO_2$ 时，水对碳酸岩有明显的溶解作用。三是岩石的透水性。如果可落岩透水性很差，甚至不透水，那么水与岩石的接触面有限，仍然不能产生岩溶。四是水的流动性。如果地下水流动很缓慢，甚至成停滞状态，那么水中的侵蚀性 $CO_2$ 将不能消耗，水失去侵蚀能力。

### （二）岩溶水的赋存特征

岩溶水赋存的最大特征是在空间、平面和时间上的不均匀。

在空间上，岩溶水的赋存沿剖面分为四个水动力带。一是垂直入渗带。位于地下水最高水位以上的包气带，主要赋存垂直下渗暂时性水流，岩溶以垂直形态的溶隙、落水洞为主。二是垂直水平交替带。位于地下水最高水位与最低水位之间的季节变动带，主要赋存垂直下渗和水平流动的暂时性水流，枯水期以前者为主，丰水期以后者为主。岩溶兼有垂直形态和水平形态，常形成间歇性地下暗河。三是水平循环带。位于地下水最低水位以下的饱水带，赋存的地下水流向最低侵蚀基准面，岩溶以水平发育的溶洞暗河为主。四是深循环带。位于局部侵蚀基准面以下的深部，地下水在水头压力的作用下向远处的区域性基准面缓慢流动，岩溶以细小的溶隙和溶孔为主。

在平面上，一般可分为三个区。一是垂直入渗区。远离河谷的分水岭地区，多发育漏斗、落水洞等垂直岩溶，降水入渗后做垂直运动，地下水埋深较大。二是水平运移区。河流中游地区赋存的地下水水流分散，无统一的水位，因此，岩溶发育成水平管道，连通性较差。三是排泄区。河流下游及河谷地区以水平岩溶为主，溶蚀作用强烈，岩溶介质的渗透具有较强的非均质性和各向异性，赋存的地下水水流集中，形成统一的水位，以及集中排泄的岩溶大泉。另外，平面上断裂构造发育带、背斜轴部，以及地表水体或岩溶大泉排泄区等的岩溶水赋存很丰富。

在时间上，尤其是在南方，岩溶水的水位、水量变化幅度大，变化频率高，反映出赋存的岩溶水的水位、水量在时间上明显的不均匀，雨季水位较高，流量大，而旱季水位低，流量小。

### 三、孔隙水

孔隙水主要赋存在松散沉积物中，随着沉积物的类型、地质结构、地貌形态以及地形位置的不同，孔隙水的分布显示出一定的差异性，如洪积物中赋存的孔隙水一般较丰富，地下径流较强。河谷冲积物中赋存的孔隙水的富积程度与含水层的位置关系密切，一般河道冲积物中孔隙水较丰富。然而，无论孔隙水分布差异如何，它渗透的非均质性和各向异性都不如裂隙水和岩溶水，基本可以认为其渗透为均质各向同性。由于隧道大多分布在山区的基岩地区，孔隙水对隧道的危害相对较小，但是孔隙含水介质为松散沉积物，释放后具有压密的特性，常形成地面下沉或塌陷。

## 第三节　地下水对隧道的影响

地下水的存在可能引起隧道围岩发生溶解、溶蚀、冲刷、软化、静水压力及膨胀压力，改变围岩的物理性质、化学性质，降低围岩的强度和稳定性，对隧道结构构成威胁；地下水的存在给施工带来较大困难，不仅会增大施工难度，还可能带来安全隐患；侵蚀性地下水会对衬砌结构造成侵蚀，影响隧道工程结构的耐久性；渗漏地下水会恶化隧道的运营环境，降低隧道服务质量，增加隧道的维护费用。

### 一、地下水对隧道围岩的不良影响

地下水的存在可能使隧道所处的围岩条件发生改变。当围岩为软弱岩体时，地下水对软弱围岩的影响比对完整性较好的硬岩的影响更显著。在地下水的冲刷下，岩石产生软化或泥化，从而降低岩体的强度，岩石呈不稳定的状态，易出现塑性变形或崩解，引起塌方。对破碎的围岩来说，由于围岩饱含地下水，裂隙水压力增大，从而增加了围岩的自重荷载，增大了破碎围岩发生塌方的可能性。当围岩为膨胀性岩体时，在地下水存在的条件下，易产生吸水膨胀现象，含水越多，围岩膨胀越严重。由于膨胀围岩的强度会显著降低，隧道支护结构下沉或在膨胀压力的作用下发生破坏，隧道临空面因岩体风干脱水而收缩裂缝。在湿陷性黄土地区修建的隧道，地下水对其影响更为显著。一方面，黄土中存在的溶洞、陷穴可能使隧道基础下沉或冒顶；另一方面，在干燥状态下，黄土很坚固，承载力很高，隧道施工可以顺利进行，一旦浸水，黄土将呈现不同程度的湿陷性，从而发生下沉，开挖后的围岩迅速丧失自稳能力，如果支护措施不适用于变化后的情况，很容易造成坍塌。当围岩存在软弱结构面时，软弱结构面的强度决定着岩体整体的强度和稳定性。地下水能将软弱结构面中的物质软化、泥化，使得结构面的抗剪强度和稳定性减弱，摩阻力和内聚力减小，进一步影响了围岩的稳定性。

## 二、地下水对隧道结构的影响

地下水会对隧道结构产生较大的静水压力、动水压力，侵蚀性地下水对隧道结构的影响不可忽视。由于混凝土是多孔的，固液气三相共存的非均质材料所处环境的某些侵蚀性物质很容易进入混凝土内部，与混凝土、钢筋发生各种物理、化学反应，从而引发混凝土的破坏，影响混凝土结构的耐久性，降低工程结构的使用年限。常见的溶入地下水的侵蚀性物质有硫化物、硫酸盐、氯化物、碳酸物，以及这几种物质的组合。

## 三、地下水对隧道运营环境的影响

地下水除了影响隧道围岩的强度和稳定性，对隧道衬砌结构产生腐蚀作用以外，还通过混凝土损伤部位、施工缝、变形缝等薄弱部位进入隧道内，影响隧道运营环境地下水对对隧道运营环境的影响包括以下几个方面。

一是造成隧道内部环境潮湿，给人以不舒服的感觉。二是恶化隧道行车环境，造成路面湿滑，降低汽车轮胎与地面的摩阻力，影响行车安全；隧道内部的水雾使得空气能见度降低，给行车构成威胁；当发生冻害时，对行车环境的影响更为严峻。三是对隧道内的电气设施造成不良影响。渗漏水将影响隧道内安装的各种电气设备，降低它们的使用效率与使用寿命，增加相应的维护费用。同时，隧道渗漏水可能引发火灾等灾害性事故。

## 第四节　公路隧道防排水工艺

### 一、围岩注浆堵水

由地下水运动规律可知，通过改变隧道周围岩体的渗透系数，就可以减少地下水流向隧道的水流量，从而达到限量排放的目的。

围岩注浆堵水指在隧道围岩的富水区段的地层进行灌注浆液，通过封堵地层中的渗水裂隙，减少围岩流向隧道的渗水。围岩注浆堵水既可在隧道开挖前通过地表钻孔实施，也可在隧道开挖后通过径向或超前向围岩钻孔实施。

#### （一）地下水外泄的不良后果

第一，洞内排水会破坏地下水的原有平衡，造成地下水资源流失。隧道在施工过程中会遇到各种各样的水文地质条件，出水量较大的区段多为裂隙发育的岩层或断层破碎带，它们与地下水有着不同的复杂的联系，如果地下水以排为主，则会造成当地地下水水位的下降，影响植被的生长和生态平衡，对当地工农业生产造成不良影响，且使地下水源隙流失。

第二，地下水外泄可能冲蚀围岩裂隙和软弱夹层，不利于围岩的稳定。一般来说，隧道的修建加快了地下水的流速，地下水渗流会夹带着泥沙或岩层中的软弱填充物。这些填充物的流失造成围岩黏聚力的下降，围岩强度和自稳能力降低，围岩对衬砌的压力增大，威胁衬砌的安全。

第三，地下水携带大量泥沙，不利于隧道通畅排水。流速较快的地下水携带大量的泥沙进入隧道排水系统，泥沙在流动过程中淤积在排水管道的低凹处，长时间的积累会导致排水管道的堵塞，使衬砌背后水压增大，导致隧道渗漏。

#### （二）围岩注浆堵水的优点

第一，围岩注浆充填园岩裂隙，封堵渗水通道，在隧道周围形成隔水保护圈，防止地下水外泄，并减轻隧道结构外水压力。在渗流水量较大或达到一定标准的区段，采用各种注浆方法填充围岩中的裂隙，渗流通道堵塞，地下水在围岩之外寻求通路并建立新的平衡。注浆可使隧道外形成一个环形保护圈层，增强围岩抗渗能力，减少地下水向隧道区域的汇集、渗出，从而减轻隧道外水压力。

第二，围岩通过注浆可使岩层中的裂隙被浆液充填，浆液固化后变成岩块之间的胶结材料，从而使围岩的力学性质得到改善，抵御地压力的能力增强，减少了作用在衬砌结构上的荷载。

### （三）隧道围岩注浆施工工艺

围岩注浆施工工艺包括 4 个方面的内容：注浆材料的选择、注浆浆液、注浆参数、注浆施工。

#### 1. 注浆材料的选择

注浆材料在很大程度上直接影响堵水防渗和固结的效果，并关系到压浆工艺、工期及工程费用。选择注浆材料时，应考虑下列要点：一是浆液在受压的岩层中具有良好的渗入性，即在一定的压力下，浆液能渗到一定宽度的裂缝或空洞中；二是浆液凝结成石后，应具有一定的强度和黏结力；三是为便于施工和增大浆液的扩散半径，浆液应具有良好的流动性；四是浆液应具有良好的稳定性，以免过早产生沉淀，影响浆液的压铸。

#### 2. 注浆浆液

目前常用的注浆浆液有水泥浆液、水泥－水玻璃浆液以及各种化学浆液。

（1）水泥浆液。水泥浆液具有结石强度高、工艺简单、浆液配制容易、材料来源丰富、成本低等优点，但存在颗粒较粗、易沉淀析水、稳定性差、浆液凝结时间较长、易被水冲失、早期强度低、结石率低等不足之处。

水泥浆液适用范围：一是粗砂和裂隙宽度大于 0.2 m 的岩层；二是单位吸水量大于 0.01 L/min 的岩石或渗透系数大于 110 的岩层；三是地下水流速不大于 80 m/d，若地下水流速大于 80 m/d，可在浆液中掺加速凝剂；四是地下水的化学成分不妨碍水泥浆的凝结和硬化。

（2）水泥－水玻璃浆液。水泥－水玻璃浆液的料源丰富，结石率高，强度高；无毒，不污染环境，可灌性好，易于配制，注浆设备简单；浆液的凝固时间可以准确调节，可控制浆液的扩散范围；条件适应性强，对于粒径 0.2 m 以上的裂隙和粒径 1 m 以上的砂层，改变水泥与水玻璃的配比，均可适用。

（3）化学浆液。化学浆液的黏度低，凝胶时间可以控制，凝胶体化学性能稳定，抗渗性好，易结石，结石强度较高，但是化学药品一般都具有一定的毒性，在配制和操作时必须注意安全。

3. 注浆参数

（1）注浆扩散半径。注浆扩散半径与岩石裂隙大小、浆液黏度、凝结时间、注浆速度和压力、压铸量等因素有关。浆液在孔隙性岩层中是规则、均匀的，在岩层裂隙中是不规则的。在其有效扩散范围内，浆液充塞、水化后的固体能有效地封堵涌水。注浆扩散半径随着岩层渗透系数、压浆压力、压入时间的增加而增大，随着浆液浓度和黏度的增加而减小。

（2）注浆压力。注浆压力影响注浆效果，其取决于涌水压力、裂隙大小、粗糙程度、浆液的性质和浓度、扩散半径等。溺水压力越大，浆液填充越饱满，结石体强度越高，不透水性越好，并能增大扩散半径，减少注浆孔数。然而，压力过高会使裂缝扩大，浆液流失、工作面冒浆等。因此，注浆压力一般比水压高 0.2 ～ 0.4 MPa。

4. 注浆施工

（1）注浆孔的布置。注浆孔的数目及其布置直接影响注浆效果和成本。布孔时应根据设备能力、地下水情况、浆液有效扩散半径、岩层裂隙状态、偏斜率、注浆孔密度等条件，采用作图与计算相结合的方法，进行反复比较后再确定。注浆孔宜长短结合并呈伞形辐射状，其倾斜角度随注浆段长度而异。具体布置时，应根据涌水方向、渗水及地质情况进行调整。裂隙密小，孔数应增多；反之应减少。注浆泵压力低，孔数也应适当增多。

（2）注浆方式。注浆方式有分段注浆和全段注浆。分段注浆的顺序有上行式和下行式。施工时应根据钻孔出水情况、裂隙发育程度、注浆设备等确定注浆方式。

## 二、喷射混凝土与防水层之间的排水

喷射混凝土的密实度较差，强度低，在围岩变形过程中容易产生大量裂缝，因而其抗渗性能比较差，因此工程中通常不考虑喷射混凝土的抗渗性。从围岩中出来的地下水很容易就能渗入喷射混凝土与防水层之间，由于防水层的阻挡，地下水不能沿径向渗入隧道，而是在重力的作用下沿着喷射混凝土与防水层的间隙下渗。如果隧道围岩渗水量不大，则此间隙能够将其下排；如果隧道围岩的渗水量较大，在喷射混凝土与防水层间隙设置的环向排水管，可以增大渗水的下排能力，减少喷射混凝土与防水层间隙的水压，进而减小渗水穿越防水层的可能性。

### （一）防水层

目前隧道防水技术的核心是在复合式衬砌中设置防水层，防水层由防水板和土工布垫层组成，防水板的作用是将地层渗水拒于二次衬砌以外，以免水与二次衬砌接触并通过二次衬砌中的薄弱环节渗入隧道。垫层的主要作用是保护防水板，使防水板免遭尖锐物刺伤，同时充当喷射混凝土与二次衬砌之间的渗水下排通道。其中，防水板是防水的关键，因此防水板材料的选取、合理施作对防水效果有着直接的影响。

### （二）防水卷材

防水层在施工过程中会遭受拉和撕裂，在使用期间会受压、受剪，防水材料越脆越容易损伤，在低温条件下高分子材料容易变脆，因此在隧道施工中应选择低温柔性好的防水材料。目前，采用较多的塑料类防水卷材有 PVC、EVA、LDPE、HDPE，最近出现了 BAC 防水卷材。

BAC 防水卷材在九华山隧道中的防水效果显著，塑料防水板的结构如图 2-1 所示，结构的所有裂缝和缺陷都将暴露在地下水中，可以说是“不裂不漏，裂缝必漏”。从防水角度看，塑料板耗费的每一分钱都失去了意义，自防水也成了一句空话。

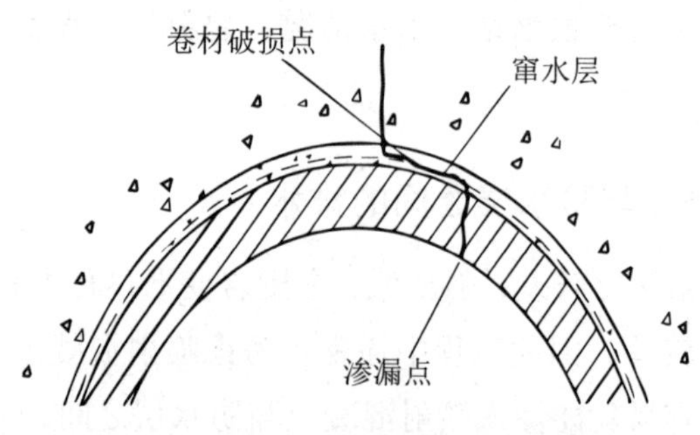


图 2-1 塑料防水板

与此相反，由于 BAC 防水卷材反粘于二次衬砌结构混凝土上，结构的缺陷基本上都被这层牢固附着的“皮肤”掩盖，而皮肤破损处出现裂缝的概率微乎其微，依靠其自防水能力有效地防止了水的扩散和入侵。可以说，BAC 防水卷材和结构混凝土相得益彰。混凝土结构不再想当然地、被动地依靠“完美的”附加柔性防水层，而是主动发挥其自身抗渗作用，与 BAC 防水卷材共同抵御“外敌”。

喷射混凝土表面的粗糙度对防水层的长期完好性有着至关重要的影响，因此应根据隧道围岩的类别，采取不同的措施，对喷射混凝土表面进行光滑处理。

IV 级以上围岩表面抹光，IV 级以下围岩在应力重新分布的过程中变形较大，这意味着衬砌完工后防水层会受到较大的围岩压力，因此在这种情况下，宜对喷射混凝土的表面进行光滑处理，可用砂浆抹光喷射混凝土表面，以达到降糙的目的。II 级围岩环向冲筋抹光。与 V 级以下围岩相比，II 级围岩的变形相对较小，可考虑在喷射混凝土的表面沿环向用水泥砂浆冲筋，筋带表面抹光，筋带宽 20 cm，厚 1.5 cm，筋带间隔 60 cm。II 级以上围岩表层喷砂浆。II 级以上围岩在应力重新分布的过程中变形量较小，但仍需要对喷射混凝土的表面进行降糙处理，比较简单的方法是在有的喷射混凝土表面，再喷射一层水泥砂浆，并尽量使砂浆表面平整。

加大防水板垫层一土工布的厚度，隧道工程防水板的垫层多为土工布，其作用是缓冲围岩压力、过滤围岩渗水。目前，公路隧道中常用的规格为 300 ～ 400 g/m。垫层的厚度是一个变化的值，压力越小，厚度越大，压力越大，厚度越小。在复合式衬砌防水层力学性态模拟试验中表明，400 g/m 规格的土工布并不能有效地保护防水板免遭损伤。为了保证防水板在服务期间的完好性，应在抹光铺设基面的基础上，加大防水板垫层的厚度。加厚垫层的目的不是防止围岩冰冻，而是防止防水板破损。

### （三）防水卷材的铺设工艺

目前，防水卷材的铺设工艺有三种：无钉热合铺设法、有钉冷粘铺设法、多点复合免钉穿铺设法。

#### 1. 无钉热合铺设法

塑料垫片和防水板为同质材料，固定防水板时，电烙铁从防水板表面加热防水板和垫片，经过加热，防水板先处于熔融状态，然后由于热传导，垫片进入熔融状态，最后二者融合。一般垫片的熔点要低于防水板的熔点，这样可以防止防水板“过热”。

2. 有钉冷粘铺设法

固定防水板时，先采用射钉枪固定塑料垫片，塑料垫片外压防水卷材，卷材与垫片之间的粘接采用卷材厂家提供的专用胶，可冷涂施工。最后，用比固定塑料垫片稍大的卷材块涂胶后修补射钉孔。这种工艺的特点是防水卷材铺成的表面留有钉疤，接茬时用胶冷粘。

3. 多点复合免钉穿铺设法

垫片与防水板的复合有两种形式：一种是面复合，防水板和土工布完全黏结在一起；另一种是多点复合，防水板和土工布有规律地在若干点上用专用胶复合在一起。

目前，防水层施工中经常采用单一的方法，即防水板接缝热焊，“补丁”也热焊；防水板接缝冷黏，“补丁”也冷黏。这种方法不是很好，不利于发挥各种黏结技术的长处。热焊法焊缝质量高，而冷黏法打“补丁”质量高，施工方便，速度快。因此，在施工中可以将两种黏结方法结合起来，接缝用热焊法，打“补丁”用冷粘法。

## 三、防水层与二次衬砌之间的排水

由于防水层在隧道施工期间和运营期间均有可能受到损伤，一旦防水层出现缺陷，防水层外的有压水就会穿过防水层渗流到二次衬砌混凝土。由于二次混凝土与防水层之间的空隙小，缺乏土工织物充当排水通道，二次衬砌混凝土与防水层之间的渗水下排到纵向排水管的阻力很大。在这种情况下，渗水很容易沿隧道纵向扩散，通过混凝土衬砌的缺陷部位，尤其是衬砌施工缝，向隧道内空渗漏。因此，防水层与二次衬砌之间的排水也很重要。目前，隧道防排水体系大都采用止水条及止水带。

### （一）止水条

止水条是以改性橡胶为主要原料而制成的一种新型条状防水材料。改性后的橡胶除了保持原有橡胶防水制品优良的弹性、延展性、密封性外，还具有遇

水膨胀的特性。结构变形量超过止水材料的弹性复原时，结构和材料之间就会产生一道微缝，止水条遇到缝隙中的渗漏水时，其体积能在短时间内膨胀，将缝隙胀填密实，从而阻止渗漏水通过。因此，止水条能在其膨胀倍率范围内起到防水的作用。目前常用的止水条有 SPJ 型止水条和 BW 型止水条。

### （二）止水带

止水带是一种新型防水材料，主要应用于隧道及地下工程工作缝（包括环向工作缝、水平工作缝），同时具备堵水、排水的功能。止水带是一种复合橡胶产品，相对于传统的止水带，它增加了绕道、排水通道、止浆滤水带、翼缘等构造（图 2–2）。

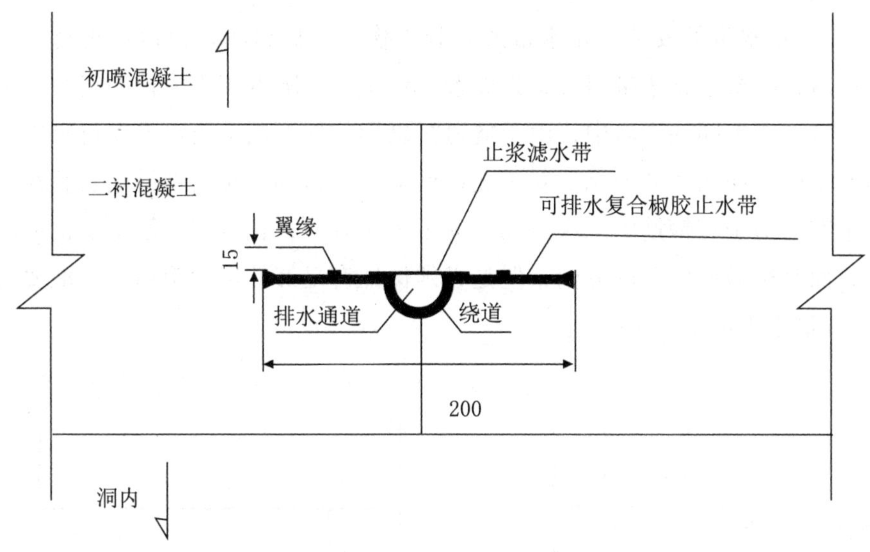


图 2–2 止水带的构造

在使用时，可将止水带安装在工作缝中间。翼缘部分和止水带两端的加厚端，使止水带与混凝土黏结得更加紧密。翼缘的凸起构造，可以有效防止渗水沿着止水条与混凝土的接触面缓慢渗透。绕道的设置使止水带形成了一个中央排水通道，排水通道与隧道排水体系连接，可以将渗水通畅地排到隧道排水体系中，做到无压止水。止浆滤水带的主要作用是防止水泥浆进入排水通道，堵塞通道，同时滤水带是透水材料，工作缝渗水可以很方便地透过滤水带，进入排水通道。

1. 止水带的施工工艺

止水带是一种新型止水材料，在樊村二号隧道和沐尘隧道的试验是其首次在实际工程中的应用。止水带对安装工艺提出了新的要求。除了保证止水带与混凝土黏结牢靠、安装平整之外，还应保证整个排水体系的完整性、畅通性。

（1）止水带的安装要求。第一，止水带的中央排水通道应当与工作缝对齐。这样才能保证从工作缝中出来的渗漏水被止水带堵住后能够透过滤水带流入排水系统。第二，止水带的下部必须与排水管连接牢靠、畅通。这样才能保证渗漏水顺畅地进入纵向排水管，从而排出洞外。第三，避免在施工时截断止水带。应当尽量做到一条工作缝、一条止水带，避免搭接，这样可以避免接头位置的安装缺陷。

（2）止水带的安装。止水带的安装工作在衬砌台车定位以后进行。台车定位以后，将整条止水带展开，先放置于台车上，随着端头模板的安装逐步固定止水带。在不同的围岩中，由于隧道衬砌形式的不同，止水带在衬砌中的位置略有不同，如图 2-3 所示。对于无钢筋的二次衬砌，止水带尽量安装在衬砌厚度中间；对于有钢筋的二次衬砌，为了操作方便，止水带一般不从钢筋网中穿过，而是略微偏向洞内方向，但是必须保证有足够的保护距离，一般要大于 15 cm，最小不得小于 10 cm。

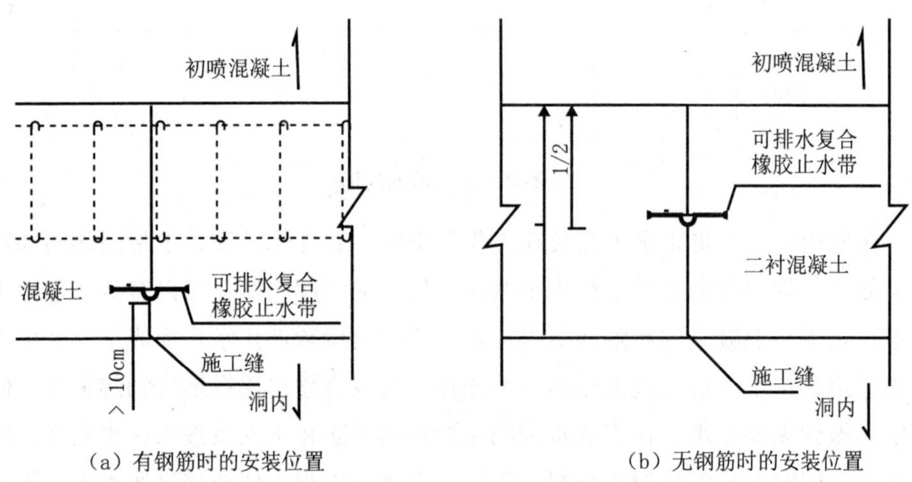


**图 2-3　止水带在不同衬砌中的安装位置**

止水带在端头模板上的固定是止水带安装的关键。止水带固定的好坏，直接关系到止水带在衬砌中是否基本垂直于工作缝，是否能使排水通道与工作缝吻合。

铁丝固定法如图 2–4 所示用细铁钉将止水带的一侧钉于端头模板，另一侧用 8 号铁丝牵引，固定于端头模板顶在防水板上的一端，同时 8 号铁丝的另一端穿过止水带，绕圈后反扣于止水带上。这种方法操作简单，通过 8 号铁丝的反扣，可以保证埋在混凝土中的一半止水带保持与工作缝的垂直。在安装时应当注意，铁钉和铁丝穿孔的位置都不能在止水带翼缘内，防止破坏止水带。

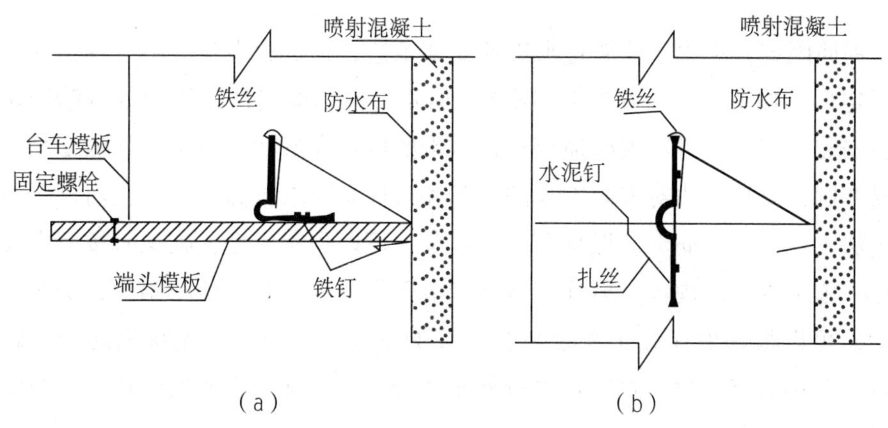


**图 2–4 铁丝固定方法**

扎丝固定法如图 2–5 所示。

这种方法基本上类似于钢丝固定方法，主要用扎丝取代了 8 号铁丝，节省了材料。此外，扎丝的固定位置也有所改变。由于扎丝较软，可以很方便地固定于端头模板上的钉子上。相比较而言，这种方法在保持止水带平整、与工作缝垂直方面不如钢丝固定方法。

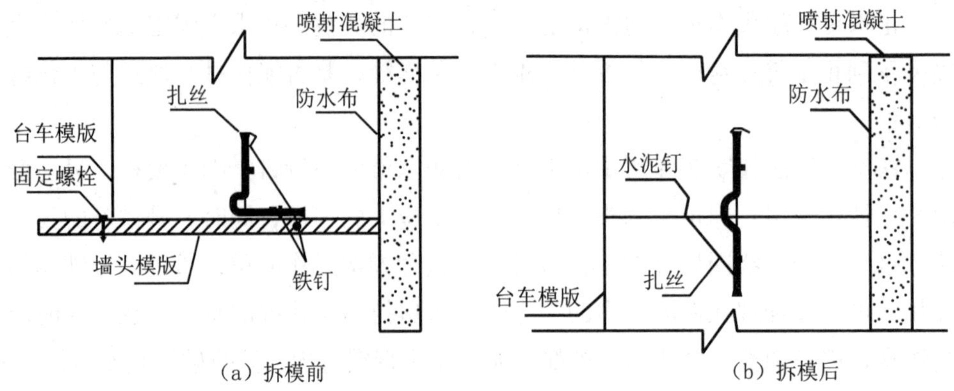


**图 2-5　扎丝固定法**

钢筋固定方法源于传统止水带的安装工艺，在试验中尝试了三种不同的钢筋固定形式如图 2-6、图 2-7、图 2-8 所示。钢筋固定法采用 $\phi$6 钢筋固定。只要安装可靠，就可以很好地保持止水带的位置和形状。由于钢筋强度高，不容易弯制，此种方法对安装工人的技术和责任心要求较高。相比较而言，钢筋固定法（三）中钢筋卡的形状和尺寸规范，可以预制成型，施工时按要求安装即可，施工方便、规范。另外，钢筋卡由于本身强度和形状的制约，浇筑混凝土后，可以很好地保证止水带与施工缝的垂直；拆模后，先将钢筋卡外露段扳直，并用其将自然伸直的止水带外露部分卡紧。这样就能保证在下一模浇筑混凝土的过程中止水带不走形，从而保证止水带功能的良好发挥。

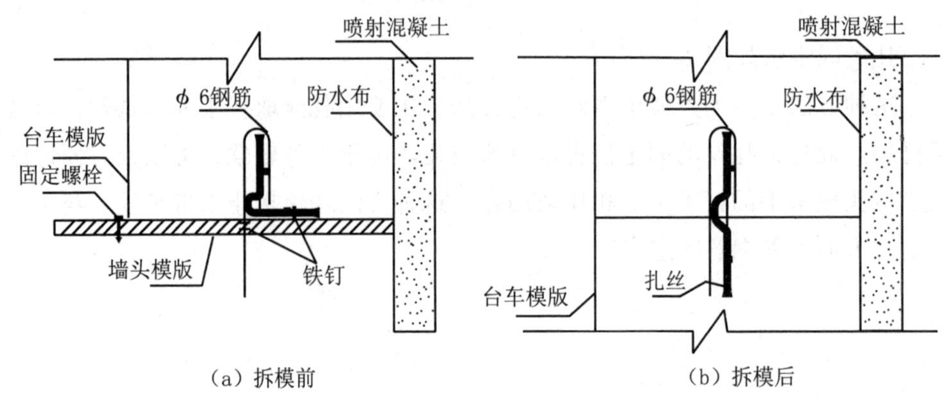


**图 2-6　钢筋固定法（一）**

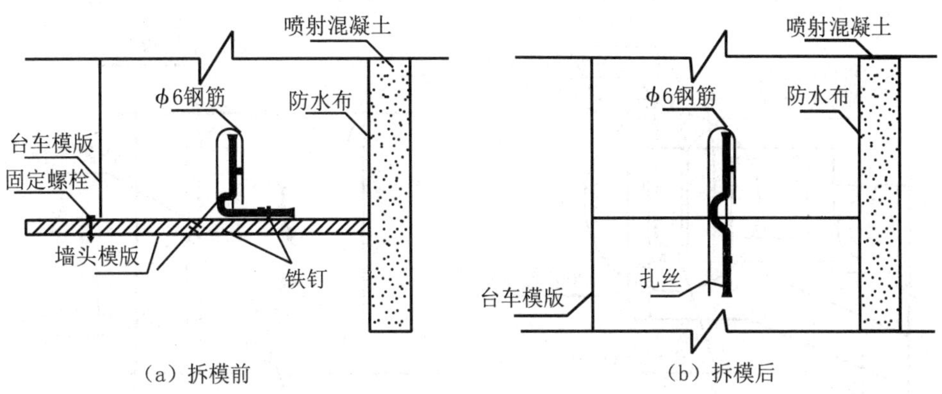


图 2-7　钢筋固定法（二）

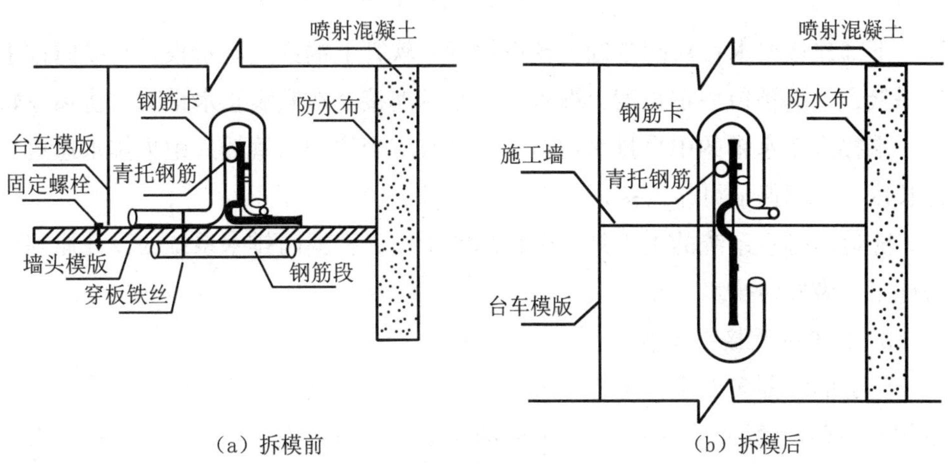


图 2-8　钢筋固定法（三）

2. 止水带与排水通道的连接

止水带的另一个关键技术是与排水通道的连接。只有下部连接牢靠、畅通，才能保证排水作用的发挥，水带的下部连接构造如图 2-9 所示。

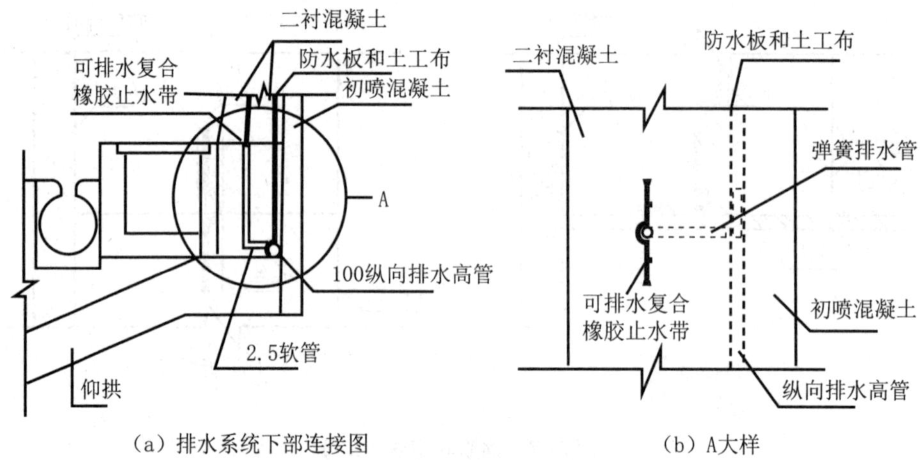


**图 2-9 止水带的下部连接构造**

下部连接要求在衬砌基础上预埋软管，软管下端穿过防水板，与纵向排水管搭接，上端预留一定长度，准备与止水带连接。在安装止水带时，将预埋软管一端接入止水带的中央排水通道。连接时应当注意软管插入中央排水通道一定长度，从而保证可靠连接，防止水泥浆堵塞。

隧道防排水系统的施工是一个精细的工作，根据防排水系统的设计原理精心施工，做好防排水工作。

3. 止水带无接头安装

隧道的渗漏多发生在施工缝处，寒区隧道也不例外。这表明施工缝处止水带的安装存在问题，其中最常见的问题是止水带在隧道衬砌所围的弧形区内有接头，接头处在施工过程中无法严密搭接，从而引发施工缝渗漏。止水带无接头安装工艺与传统的止水带安装工艺不同，它事先在衬砌基础上按环向施工缝的间距预留止水带安装槽。安装止水带时，将上部止水带用钢筋固定在衬砌混凝土的端头模板上，止水带下端插入预留的安装槽内。然后用防水混凝土固定植入在安装槽内的止水带，最后浇注衬砌混凝土。这样，衬砌混凝土施工结束后，每条止水带的中间均无接头。

止水带的安装要求：一是止水带的中央排水通道与施工缝对齐，这样能保证从施工缝出来的渗漏水被止水带堵住后能够透过滤水带流入排水系统；二是止水带的下部必须与排水管牢靠、畅通连接这样能保证渗漏水顺畅地进入纵向排水管并排出洞外。

### （三）防水层与衬砌之间的环向排水管

隧道的防排水应是层层设防、层层排泄。目前在设计中普遍被忽视的问题是防水层与衬砌之间没有排水通道，穿过防水层的地下水难以流向隧道的排水系统。因此，应在围岩渗水量大的衬砌段的中部、防水层与衬砌之间设环向排水管。具体方法是用土工布包裹带孔的 $\phi 2$ 波纹排水管，再用专用胶将其粘在防水层的表面。环向排水管示意图如图 2-10 所示。

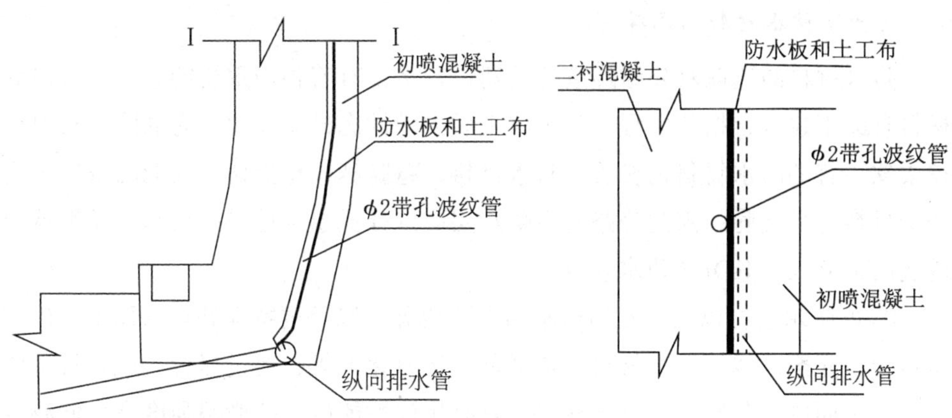


图 2-10　环向排水管示意图

### （四）衬砌混凝土自防水

除了上述防排水措施以外，衬砌混凝土自防水也是防排水体系中的重要一环，衬砌混凝土既是外力的承载结构，也是防水的最后一道防线，因此衬砌既要具有足够的强度，也要具有一定的抗渗性。衬砌混凝土抗渗性的提高是通过调整普通混凝土配合比、掺用外加剂的方法来实现的。

## 第五节　隧道防水层施工技术研究

隧道渗漏的原因有很多，但主要原因是防水层（第一圈层）破损，以及由衬砌混凝土与止水带组成的防水圈层（第二圈层）不严密。如果两个防水层都很严密，或者其中一层很严密，即便是富水的隧道，也不应出现渗漏水。现实中的隧道常常发生渗漏，这说明两个防水层都存在问题。这些问题可能出现在认识、技术和施工三个方面。如果问题出现在施工方面，则相对容易解决，认真施工并加强管理即可。如果问题出现在认识方面或技术方面，则需要进行仔细研究。本书在长坂坡隧道的防水方面，进行了防水层完好性保护和防水层铺设技术的研究。

## 一、防水层

### （一）防水材料的选择

防水材料的选取对公路隧道的后期运营来说有着相当重要的意义，合格的材料有助于建成合格的工程，防水层工后力学性态试验发现，有的防水材料比较柔软，有的防水材料则相反。防水材料，越脆越容易损伤，在低温条件下高分子材料容易变脆，因此公路隧道防水层应选择低温柔性好的材料。长坂坡隧道选用了 PVC、HDPE 防水卷材。

PVC 防水卷材以聚氯乙烯树脂为主要成分，以经过特殊处理的黏土类矿物粉料为填充剂，掺入改性材料、增强剂、抗氧化剂等，经过捏合、压延等主要工艺加工而成。其属于高分子材料，具有抗渗性能好、抗撕裂强度高、低温柔性好的特点。其物理力学性能指标如表 2-1 所示。

表 2-1　PVC 防水卷材的物理力学性能指标

| 序号 | 项目 | P 型 | | | S 型 | |
|---|---|---|---|---|---|---|
| | | 优等品 | 一等品 | 合格品 | 一等品 | 合格品 |
| 1 | 拉伸强度（MP）≥ | 15.0 | 10.0 | 7.0 | 5.0 | 2.0 |
| 2 | 断裂伸长率（%）≥ | 250 | 200 | 150 | 200 | 120 |
| 3 | 热处理尺寸变化率（%）≥ | 2.0 | 2.0 | 3.0 | 5.0 | 7.0 |
| 4 | 低温弯折性 | −20 ℃，无裂纹 | | | | |
| 5 | 抗渗透性 | 不透水 | | | | |
| 6 | 抗穿孔性 | 不渗水 | | | | |
| 7 | 剪切状态下的黏合性 | ≥ 2.0 N/mm 或在接缝处断裂 | | | | |

HDPE 防水卷材以高密度聚乙烯为基料，其中含有大约 97.5% 的聚合物和 2.5% 的黑炭，以及抗氧化剂和热稳定性物质。其具有高度的韧性和优良的耐化学侵蚀、抗老化性能，不易腐蚀。其技术性能指标如表 2–2 所示。

表 2–2　HDPE 防水卷材的技术性能指标

| 项目 | 性能指标 |
|---|---|
| 断裂拉伸强度/MP | 28 |
| 断裂伸长率/% | 700 |
| 屈服拉伸强度/MP | 16 |
| 屈服拉伸率/% | 13 |
| 变脆温度/℃ | −80 |
| 吸水性/% | 0.1 |
| 热老化加热保持率（80 ℃ ±2 ℃）/ % | 92 |
|  | 90 |
| 渗透系数 K/（cm·$s^{-1}$） | $2.7\times10^{-13}$ |

（二）防水层的保护研究

目前隧道工程上所采用的防水材料种类比较多，为了检验其性能与质量，在设计和施工前，一般都对防水材料进行撕裂强度、拉伸强度、断裂伸长率、抗渗性等方面的试验。这些试验虽然能从不同的角度反映防水材料的性能和质量，但是不能反映防水层在隧道工程实际工作中的性能，以及防水层在其长期服务期内可能出现的各种损伤。因此，人们对隧道复合式衬砌防水层的工作性态进行了模拟试验。

防水层工作性态模拟试验表明，虽然防水板在室内检验中能呈现出较好的抵抗拉伸、撕裂、顶破的能力，但是由于测试方法不能很好地模拟防水板在实际工程中的受力和变形条件，这些指标只能说明防水卷材本身的材质符合要求，并不能说明防水卷材能够满足长期运营的工程需要。在实际工程中，由于隧道衬砌混凝土接触面的不光滑、隧道衬砌接触面法向和切向的应力和变形，防水板在运营过程中容易损伤，从而造成隧道在运营期间的渗漏水。喷射混凝土表层不光滑是防水层在长期运营过程中损伤的首要原因。

隧道竣工后，近期不渗水而在远期出现严重渗水的原因是防水板在隧道衬砌的长期变形过程中受到损伤，造成这种损伤的根本原因是初期支护表面平整度不够。在施工中为了保护防水板在长期运营中不受损伤，有必要采取相应的工程措施。

长坂坡隧道防水板的铺设，按照目前普遍采用的方法：在设防水板之前，对喷射混凝土表面的锚杆、钢筋头等坚硬物端头进行截断、抹平处理，同时对喷射混凝土表面凸起明显的地方进行喷补处理。然而这样的工作只能局限在局部明显部位，不能从整体上降低喷射混凝土的粗糙程度。为了探索喷射混凝土表层降粗处理工艺，人们对长坂坡隧道局部初期支护段进行了喷射混凝土表层处理试验。

在对长坂坡隧道喷射混凝土表面降粗中，本书采取了以下几种方法：一是在喷射混凝土时，加大用水量；二是在喷射混凝土表层时，采用砂子作为骨料，不掺入卵石等粗骨料；三是在喷射混凝土完成以后、混凝土初凝以前，对表面进行抹平处理。

为了比较这三种方法的效果和施作工艺的难易程度，本书在试验中分别尝试了三种喷射混凝土表层处理方法。图 2–11 是按照不同方法进行喷射混凝土表层降粗处理的照片。

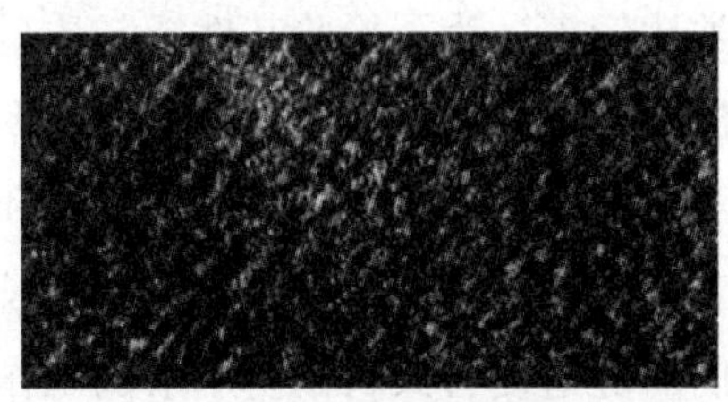

（a）原喷层表面

（b）喷细砂效果 1

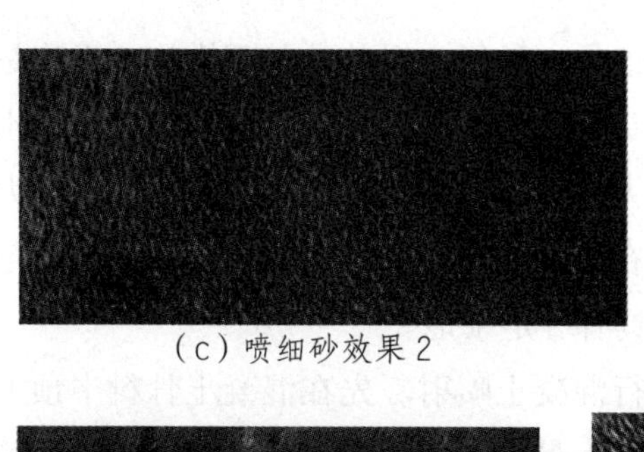

（c）喷细砂效果 2

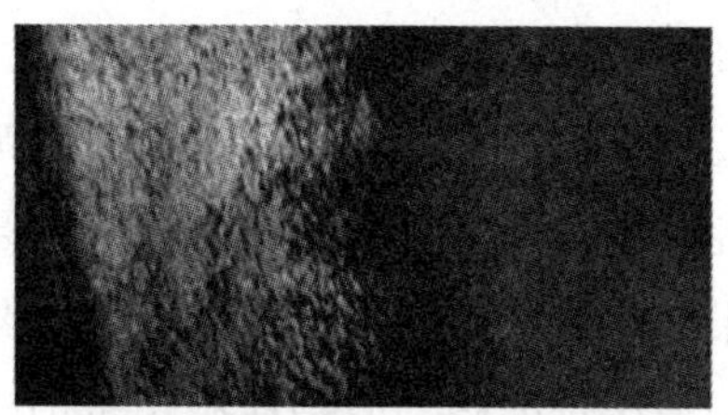

（d）喷细砂与原喷层表面对比

（e）铁锹找平效果

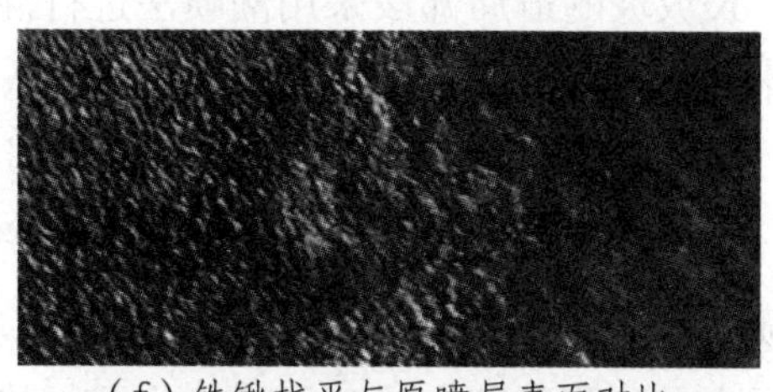

（f）铁锹找平与原喷层表面对比

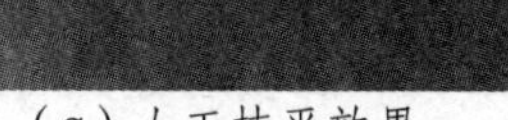

（g）人工抹平效果

（h）人工抹平、铁锹找平与原喷层表面对比

**图 2–11　按照不同方法进行喷射混凝土表层降粗处理的照片**

从现场试验的结果来看，在喷射混凝土初凝之前进行抹平的效果最明显，宏观平整度和微观平整度都能够得到明显提高。喷射混凝土表层抹平技术的操作方法：首先将喷射混凝土分层喷射，按照常规方法和设计的配合比喷到接近设计的厚度，然后进行表层喷射，这样可以加快表层喷射速度，节省表层喷射时间，为表层抹平争取时间。混凝土表层抹平应当在混凝土初凝之前进行。一般掺加速凝剂的喷射混凝土初凝时间在 5 min 左右，因此必须在表层喷射完成后，迅速对表层进行抹平。抹平采用瓦工用钢抹或者木抹的形式进行。由于喷射混凝土一次施作面积在 10 $m^2$ 左右，抹平喷射混凝土在时间上完全来得及。应当指出，这种方法增加了一道工序，增加了工作量，并且在施工时应当注意掌握时间，避免扰动初凝后的混凝，从而影响喷射混凝土的强度。

在喷射混凝土过程中，增加用水量的效果较好，宏观平整度能够得到明显提高，微观平整度也有较好的改善，这是一种行之有效的处理措施。无论是干喷还是潮喷，混凝土用水量都是在喷头处由操作工人控制。在喷射时，用水量的控制是一项关键技术。如果用水量太少，喷头容易堵塞，喷射反弹率增大；如果用水量太多，喷射混凝土不容易在壁面黏结成形。虽然用水量的波动范围限制得比较严格，但是在操作时仍然具有一定余地。

长坂坡隧道局部段采用潮喷法进行混凝土喷射。先在混凝土骨料中预加少量水，使之呈潮湿状，再加水泥拌和。大量的水是通过喷头处加入的。潮喷法可以减少喷射时的上料和粉尘。

在试验中，要求按设计配合比和传统工艺，先分层喷至接近设计的厚度，再喷射混凝土表层。喷射混凝土表层时，要求操作工人在允许的范围内尽量加大用水量。用传统方法喷射时，为了加快喷射成形速度，工人总是按照最低的用水量进行喷射。加大用水量以后，喷射表面水泥浆明显增加，水泥浆的增加对混凝土表层微观平整度的改善具有重要作用。同时，由于水量的增加，混凝土的流动性增强，喷射混凝土表层的宏观平整度得到了显著改善。总体来说，此种方法具有操作简单、效果明显的特点，适合在实际工程中大面积采用。为了保证施工质量，必须增强施工人员的责任心，加强喷射过程的监管力度。

单纯使用砂子作为混凝土表面的骨料 [ 图 2-11（c）]，宏观平整度没有明显改善，但是微观平整度有较大改善，在喷射过程中容易出现堵管现象。混凝土喷到墙面以后，表层水泥浆比较丰富，由于砂子粒径较小，混凝土表层的微观平整度有较好的改善。然而，如果不增加用水量，混凝土的流动性仍然得不到有效的改善，混凝土表层宏观平整度没有明显改善。

根据试验结果的分析，并结合试验过程中的综合考虑，得出以下结论。

第一，为了改善喷射混凝土表层平整度，采用增加喷射用水量的措施，并且适当增加骨料中细集料的比例，在施工过程中加强监督管理减少。

第二，为了混凝土表层尖锐物的数量，采用卵石作为粗集料，在卵石地区不得使用碎石。同时，在喷射表层适当降低粗集料粒径减少掺入量。

第三，喷射角度对平整度有很大的影响。以初期支护喷射混凝土为例，下方 2 m 范围内的平整度明显优于 2 m 以上的部分。这是因为喷射下方时能够基本做到与壁面垂直喷射，而对于上部，一般采用一定仰角进行喷射。因此，在以后的隧道建设中，尽量做到垂直喷射，相关技术人员和监理人员应当切实做好指导、管理和监督工作，保证喷射混凝土表层质量。

### （三）防水层的保护措施

在服务期间，一侧先于其铺设的喷射混凝土，另一侧后于其铺设的二次衬砌混凝土。两侧虽然同是混凝土，但是由于施工方法的不同，它们与防水层相邻面的粗糙程度不同。喷射混凝土表面十分粗糙，局部还会呈“葡萄状”与“泼粥状”。二次衬砌混凝土与防水层的接触面相当光滑，这是因为浇注的混凝土混合料呈流动态。隧道建成后，由于隧道围岩的流变性质，围岩内的应力与位移逐渐调整。二次衬砌是人工结构，其整体性较好并相对来说变形较小。由于喷射混凝土与二次衬砌之间的变形不协调，局部喷射混凝土会对二次衬砌施加很大的压力。当然，介于两个承载结构之间的防水层也要承受很大的压力。在围岩应力重分布过程中，喷射混凝土与二次衬砌之间还可能出现相对错动；另外，二次衬砌还会因季节变化而纵向伸缩，同时引发二次衬砌与喷射混凝土之间的相对错动。这些错动会使防水层承受较大的剪力。不论是两个承载结构之间的压力还是其间的剪力，都会在应力值达到一定限度时，因喷射混凝土表面的粗糙不平，导致防水板损伤。另外，受工程原料来源的限制，碎石常被用作喷射混凝土的粗集料，这虽然有利于就地取材，但是给隧道防水层的长期完好带来不利影响。碎石棱角锋利，其粒径常在 10 mm 左右，若浮于喷射混凝土表面的碎石有 2/3 长度外露，当围岩来压时，这些碎石便足以刺破土工布垫层，然后再挤破 1 mm 左右厚的防水板。因此，为了保证防水板在服务期间的完好性，首先应使防水层的铺设基面——喷射混凝土表面平整、光滑。采用砂浆等材料为喷射混凝土罩面，并人工压光。根据围岩的实际情况，采取不同的措施，对喷射混凝土表面进行光滑处理。

## 二、防水层铺设技术

通过对长坂坡公路隧道防水层铺设工艺的深入研究，研究者创造性地提出了自带水密塑料组件的防水层，此防水层是在原有防水层上按照一定的规律安装自带水密塑料组件。目前，隧道与地下工程防水的重要技术之一是在主体结构外侧铺设防水层。现有的隧道与地下工程防水层铺设方法主要有两种：吊挂铺设法、热合铺设法。

吊挂铺设法需要在防水层的背后设置用于吊挂防水层的吊带，铺设时先在铺设基面上植钉，然后通过吊带吊挂防水层。其不足之处：一是吊挂施工不便，通常射钉要出露喷射混凝土表面 1 cm 左右，出露部分应进行细致处理，使其不成为防水层与喷射混凝土的尖锐接触点，保证该点在防水层施工与运营期间不损伤防水层的完好性；二是施工质量难以保障，由于吊挂点处的防水层未能与喷射混凝土表面贴紧，在二衬混凝土浇筑过程中，隧道顶部因防水层紧绷而形成空腔。

热合铺设法需要在防水层铺设基面上按一定的形状与间距，用射钉固定圆形塑料垫片，塑料垫片的材质与防水卷材的材质相同，铺设防水卷材时，从其外侧用平头烙铁逐点将防水卷材与同质塑料垫片热合，借以固定防水卷材。其不足之处表现在两个方面：一是热合过程中容易烫伤防水卷材，致使其防水不严；二是若防水卷材不透明，此法不能应用。

两种现有技术在公路隧道防水体系中均未取得理想的工程效果。自带水密塑料组件防水层铺设简便，且能很好地发挥防水板的防水性能。

### （一）自带水密塑料组件材料的选择

水密组件我们选用 PVC 硬质塑料作为自带水密塑料组件的原材料，该塑料是一种阻燃性好，化学稳定性好，只产生低张裂内力的材料，具有高强度、高刚度、高硬度、良好的电气绝缘性、易粘接、价格低廉的特点。工作温度范围从 -25 ～ 70℃。其特性是耐腐蚀性强、抗老化性强、表面光滑，一般用于化学工业和防腐蚀性设备。

### （二）自带水密塑料组件防水层的结构

自带水密塑料组件防水层是在原有防水层上按一定的规律固定若干塑料组件。每套塑料组件由三块组成，其中两块将防水层夹持，另一块用于密封堵水。夹持防水层的塑料块用螺纹连接，其中一块的中间留有供后期固定的钉孔。铺设防水层时，将带有固定塑料组件的防水卷材逐渐打开，并将其按压在铺设基面上，在塑料组件的钉孔处用可植入混凝土的钢钉固定夹持防水卷材的塑料块，同时防水层得以固定。为了防止钉孔后期渗水，将密封用的第三块塑料块通过螺纹拧紧于钢钉尾端。逐点完成塑料组件的固定与密封，从而实现防水层的铺

设。其结构示意图如图 2-12 所示。

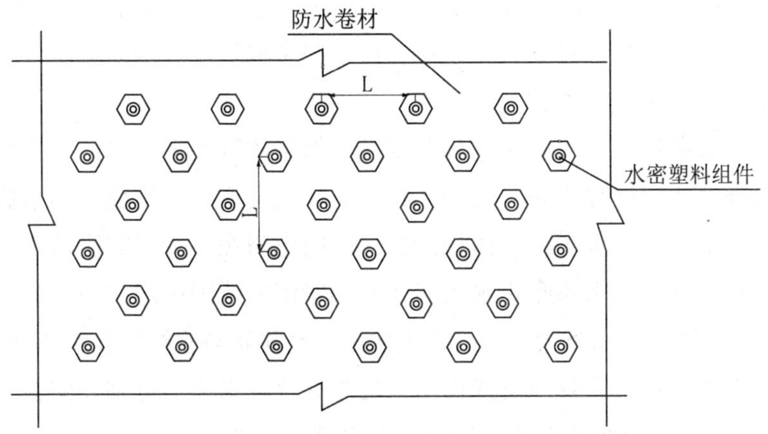


图 2-12　自带水密塑料组件防水层结构示意图

### （三）自带水密塑料组件防水层的施工工艺

在铺设防水层之前，需要在防水层上固定塑料件 A 和塑料件 B 塑料件 A 和塑料件 B 之间用丝扣连接。为了防止防水层与塑料件 A 之间发生渗水，在塑料件 A 上设止水棱，在塑料件 B 上设止水槽。铺设时，将防水层按压在铺设基面上，用钢钉通过塑料件 A 中部留设的钉孔固定防水层。在钢钉的尾端设有垫片，用以保证防水层的可靠固定。防水层固定后，用塑料件 C 密封塑料件 A 内侧可能渗水的通道。塑料件 C 和塑料件 A 之间用丝扣连接，拧紧塑料件 C 尾端的六方头。

## 第六节　橡胶止水带技术研究

防水层在隧道施工期间和运营期间均有可能受到损伤，防水层一旦出现缺陷，防水层外的有压水就会穿过防水层渗流到二次衬砌混凝土。由于二次衬砌混凝土与防水层之间的空隙小，缺乏土工织物充当排水通道，二次衬砌混凝土与防水层之间的渗水下排到纵向排水管的阻力很大。在这种情况下，渗水很容易沿隧道纵向扩散，久而久之渗水水压不断增大，致使渗水在一定水压力作用下通过混凝土衬砌的缺陷部位，尤其是衬砌施工缝，向隧道内空渗漏。因此，防水层与二次衬砌之间的排水很重要，以前的隧道工程都采用遇水膨胀止水条、中埋式可排水止水带、背贴式止水带，但是都未取得较好的防排水效果。其原因主要包括以下几个方面。

第一，遇水膨胀止水条通过其遇水发生膨胀的特性来防水，当结构变形量超过止水材料的弹性复原时，结构和材料之间就会产生一道缝，遇水膨胀止水条遇到缝隙中的渗漏水时，其体积能在短时间内膨胀，将缝隙胀填密实，从而阻止渗漏水通过。遇水膨胀止水条能在其膨胀倍率范围内起到防水的作用，然而在枯水期，膨胀止水条会收缩，在止水条反复膨胀与收缩的复杂工作环境下，遇水膨胀止水条很难有效地发挥作用，最终导致止水条与衬砌环向施工缝两侧出现间隙，渗水沿此间隙渗出，从而引发施工缝的渗漏。

第二，中埋式可排水止水带，考虑到了防水层与二次衬砌之间的排水，但衬砌端头模板不好施作，容易造成止水带周围的不密实，这是因为衬砌端头模板由木板拼装而成，端头模板在止水带两侧不够严密，混凝土浇筑时容易漏浆，从而导致渗水绕过止水带从混凝土中渗出。

第三，原有的背贴式止水带不具备衬砌壁后的排水功能或排水能力较差，衬砌壁后水压较大并导致隧道渗漏水；背水面上的止水条材质柔软，混凝土浇筑过程中易被压倒而不能发挥其止水功能；造型使渗水从衬砌壁至工程缝的沿程阻力减小，地下水容易沿止水带的背水面渗出。

通过对吉林省营松高速公路长坂坡隧道的大量实践和试验，研究者提出了主要用于隧道混凝土施工缝、伸缩缝和沉降缝的准中埋背贴式可排水橡胶止水带。

## 一、准中埋背贴式可排水橡胶止水带的构造与特点

准中埋背贴式可排水该新型背贴式橡胶止水带，能通过自身带有的排水通道排水降压，通过新的造型增大止水带背水面的渗水阻力，提高自身刚度，易于模板支护，并减少材料消耗，能起到分区防水的作用，有利于运营期间的维修。图 2-13 是准中埋背贴式可排水橡胶止水带的横断面示意图。

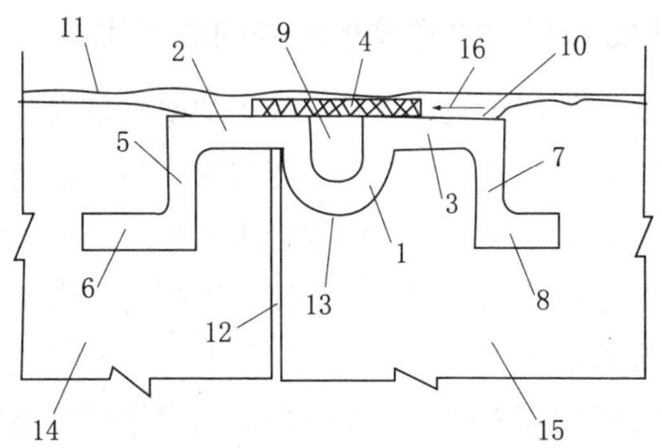


1—绕道；2—左翼；3—右翼；4—止浆滤水布；5—左竖段；6—左平段；
7—右竖段；8—右平段；9—排水通道；10—迎水面；11—基面；
12—工程缝；13—背水面；14—左边衬砌段；15—右边衬砌段；16—地下水。

**图 2-13 准中埋背贴式可排水橡胶止水带的横断面示意图**

该止水带的设计为非对称性，以渗水从两侧流经的路径大致相等为原则，止水带具体的细节及其工作情况如下。

该止水带由绕道、左翼、右翼、止浆滤水布、左竖段、左平段、右竖段和右平段组成。其中绕道、左翼、右翼、左竖段、左平段、右竖段和右平段形成止水带的主体，止浆滤水布贴在左翼和右翼上，并与绕道形成排水通道。

该止水带为背贴式止水带，止水带的迎水面紧贴衬砌混凝土施工时的基面。工程缝在绕道背水面的左侧与止水带左翼正交。工程缝的左边衬砌段为先浇段，右边衬砌段为后浇段。地下水沿止水带的迎水面流动至止浆滤水布时，由于止浆滤水布可透水，渗水很容易进入排水通道，并由其排向隧道与地下工程的排水系统。如果渗水要经左边的左竖段、左平段、经左翼的背水面至工程缝，或经右竖段、右平段、右翼的背水面至工程缝，则不但流程长，而且阻力大。因此，准中埋背贴式可排水橡胶止水带可避免或减轻工程缝的渗漏水。

## 二、准中埋背贴式可排水橡胶止水带的性能指标

为了保证该止水带的工作性能，防止橡胶在隧道运营期因为老化而影响其使用性能，必须严格把控止水带的质量。止水带的主要技术指标包括拉伸强度、断裂伸长率、压缩永久变形、硬度、撕裂强度等。

## 三、准中埋背贴式可排水橡胶止水带的施工工艺

该止水带的工作原理：止水带横断面的中部留有排水通道，通道的上方贴有止浆滤水带。当渗水在衬砌壁后流向工程缝时，渗水在止水带的两侧有两种流程：一是沿止水带的迎水面经止浆滤水带进入排水通道，由排水通道再流入隧道的排水系统；二是沿止水带的背水面流向工程缝。由于前者的水流阻力小于后者，且在止水带的迎水面上没有较高的水压，水流很难从后者渗出。

该止水带左侧翼缘的迎水面在挡头模板的固定作用下能很好地紧贴喷射混凝土表面，而对于右侧翼缘，浇筑下板模筑混凝土时应该采取固定措施，以免在浇筑混凝土时此段止水带变形，不能很好地贴紧喷射混凝土表面，从而失去堵水、排水的效果，在长坂坡隧道止水带的实际安装中，本书项目组采用 $\phi$25 钢筋环向紧贴右侧翼缘下部的方式进行固定，其固定结构如图 2-14 所示。

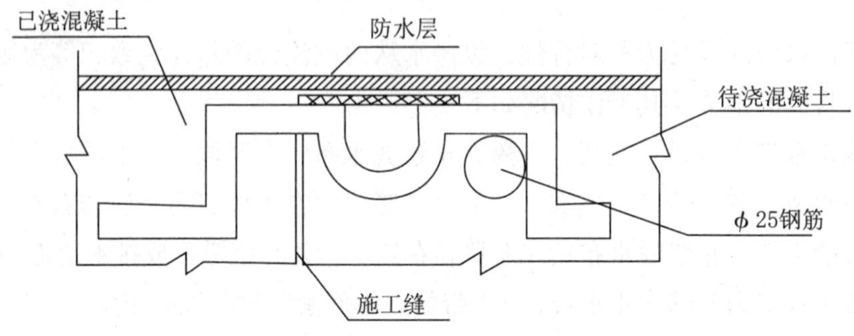


图 2-14　止水带右侧翼缘固定结构图

## 四、分区防水

在城市地铁区间隧道修建中，隧道的埋深通常在地下水位以下，隧道周围的地下水不能像山岭隧道那样通过纵向排水管自然排出，因此城市地铁区间隧道经常采用封闭的方式防水，即用防水层在隧道横断面将隧道全周包裹。在这种情况下，为了防止已经穿过防水层的渗水在衬砌背后沿隧道纵向窜流，并从衬砌防水的薄弱环节渗漏至隧道净空，工程界提出了分区防水技术。

分区防水的思想是在防水层上每隔一定的间距粘贴或焊接垂直于防水层的止水带，然后浇筑衬砌混凝土。准中埋背贴式可排水橡胶止水带具有一定的高度和刚度，即使衬砌段背后有渗水，这些渗水也只能在一定范围内纵向窜流。

如果混凝土的防水性能很好，那么即使分区内防水层有损伤，该分区也不会发生渗漏，从而减少隧道的渗漏机会。

准中埋背贴式可排水止水带能够很好地发挥分区防水的作用，每个衬砌段内的渗水基本只能存在于本段范围内，当渗水纵线窜流至施工缝时，由于止水带可排水，渗水很容易向水压低的方向流动，从而阻止了衬砌背后渗水纵向的任意窜流，减少隧道渗漏机会。同时，为了提升渗水下排能力，项目组建议在防水区内，即在一个衬砌段内，设置一根向下的排水管。这样，该分区内的水压达到一定程度时，排水管势必导通，从而减少渗水压力，防止隧道渗漏。

# 第三章　隧道施工光面爆破工艺

## 第一节　光面爆破技术

光面爆破和预裂爆破是一种能精准控制爆破轮廓线的爆破工艺，与普通控制爆破工艺相比，其能有效地控制爆破作用范围，减少对圈岩的破坏作用，使炸药爆炸所产生的能量得到更加充分的利用，自出现以来得到长足的发展应用，特别是在采矿工程和土石方爆破工程中。爆破技术在产生经济效益的同时，也存在不足之处。一方面，爆破技术容易产生安全事故；另一方面，由于围岩可爆性的差异，爆破工艺本身能量难以控制，容易使围岩受到损伤，在连续的爆破施工作业中，围岩原有的节理裂隙发生扩展，岩石的各项性能降低，给生产作业、支护和维护工作造成困难和隐患，甚至可以引起严重的事故。光面爆破属于井巷掘进使用的控制爆破。光面爆破工艺具有以下优点：一是爆破后的开挖面光滑，轮廓线清晰，保证了工程的施工质量，为后续施工作业创造了良好条件；二是将超欠挖量控制在较小的范围内，有效地节约了钢筋混凝土等材料，降低了支护工作的难度，经济效益好，加快了施工进度；三是对围岩的扰动小，不会使围岩原有裂隙扩展，并且不产生或少产生次生裂隙，克服不良地质条件带来的困难，围岩的稳定性和安全性得到保障，可以有效地减少由爆破作业而引起的塌方事故。

在工程实践中光面爆破技术一般有两种用法，即全断面开挖法和预留光爆层法。全断面开挖法指将硐室一次性爆破开挖成型，适用于中小断面井巷；而预留光爆层法则是将光爆层炮眼和其余炮眼分为两次起爆，适用于大断面井巷。

## 一、光面爆破技术原理

国外学者将低威力、低爆速的特制炸药、小直径药卷等，用于研究光面爆破技术，采用此技术爆破后可形成光滑的轮廓线，围岩不受损伤或只受轻微损伤。中国近代也开始发展光面爆破技术。光面爆破技术可充分发挥隧道围岩自身的承载作用，并减少成本，达到经济、安全和高效的目的。光面爆破技术被广泛应用的同时，其理论也得到广泛的研究和讨论，现代爆破理论认为，炸药爆炸时爆生气体和爆炸应力波同时对岩石施加载荷，造成岩石产生裂纹并发生扩展，最后产生破坏。

### （一）应力波叠加理论

相邻炮孔爆炸时产生的应力波在岩石内叠加，导致破坏，研究者用实验法进行了验证。当炮孔同时爆炸时，爆炸应力波在炮孔连线上相向传播，并在两炮孔的连线上叠加，叠加的应力波达到峰值时，炮孔间的爆炸应力场达到最大，导致岩石产生贯穿裂缝，从而发生破坏。应力波叠加模型如图 3–1 所示。

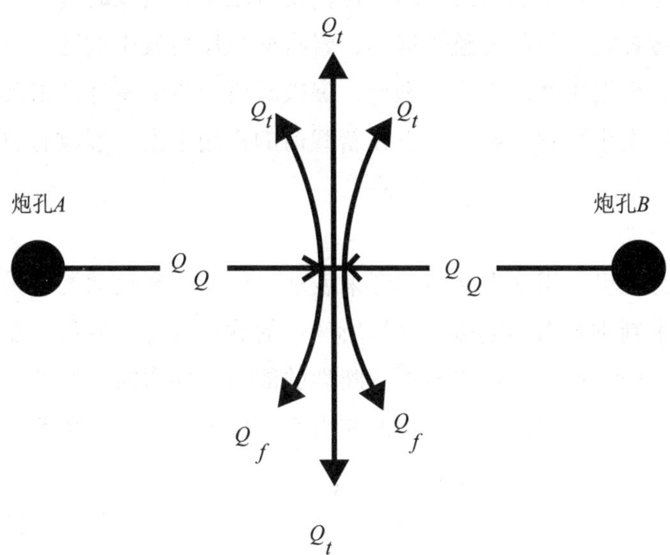


图 3–1　应力波叠加模型

当两炮孔连线上的应力波叠加时，$\Delta t=a/C_p$（$\Delta t$ 为 $A$、$B$ 两孔起爆时差，$a$ 为炮孔间距，$C_p$ 为纵波波速）。此时应力波充分叠加，由于炮孔间距 $a$ 相对

于 $C_p$ 很小，得出的 $\Delta t$ 很小，可以认为炮孔同时起爆，此种情况利于光面爆破形成光滑的轮廓面。

当 $\Delta t>a/C_p$ 时，即当 A 孔爆炸产生的爆炸应力波到达 $B$ 孔时，$B$ 孔尚未起爆，根据波的折射和反射定律，此时在 $B$ 孔的孔壁上，$P$ 波发生反射并沿着炮孔连线向 $A$ 孔传播，并在炮孔连线上的 $M$ 点发生应力波的叠加。应力波的衰减，导致贯穿裂缝的强度不高。

第一种情况的爆破效果明显，贯穿裂隙沿着炮孔连线方向拓展，在不耦合装药的情况下，爆破对连线方向外岩石的破坏作用很弱，第二种情况也可以达到一定的效果，但不如第一种情况的效果好。光面爆破需要周边炮孔同时起爆，导爆管雷管延期采用炸药，误差较大，而且周边炮眼在隧道掘进时最后爆破，炮孔起爆时间有较大差别，不利于相邻炮孔间形成贯穿裂缝，目前一般采用导爆索或电子雷管，来控制周边孔的起爆时间。

### （二）爆生气体的破岩机理

岩石破碎的过程是裂纹运动的过程，换言之就是裂纹起裂、扩展和止裂的过程，这个过程将岩石的完整性破坏，岩石的性质也发生改变。自然界的岩石存在着裂隙，根据工程断裂力学理论，爆破时所产生的爆炸冲击载荷，使岩体结构的应力场发生变化，导致岩石在新载荷的作用下发生裂纹起裂，在爆生气体的作用下扩展，最终产生贯穿裂缝。

#### 1. 裂纹起裂

在断裂力学里，用动态断裂韧度来表示材料承受裂纹动态扩张的能力，常以最小韧度来判别岩石的起裂，爆炸所产生的载荷为冲击载荷，在爆破领域，一般以冲击断裂韧度来度量岩石抵抗断裂的能力，冲击断裂韧度为静态应力强度因子，炸药爆炸产生的爆炸应力波在岩石中传导，当冲击载荷大于岩石的冲击断裂韧度时，岩石发生起裂。

岩石起裂时，爆炸冲击波和爆生气体共同作用于裂缝尖端，将受力分解为径向应力 $P$ 和切向应力 $\delta$，其中切向应力 $\delta$ 很小，基于岩石起裂时裂隙的受力特征，忽略切向应力 $\delta$，只探讨径向应力 $P$ 的作用，得出裂缝尖端的应力强度因子 $K$ 的公式

$$K = P_0 \cdot m \cdot \sqrt{\pi r} \tag{3-1}$$

根据断裂力学理论，把实际应力大小和岩石静态断裂韧度的比值作为裂纹起裂的依据据，当比值大于 1 时，岩石发生动态断裂，裂缝开始起裂，反之岩石不发生起裂。

$$K_2 = \frac{K_1}{1-D} \tag{3-2}$$

式中：$K_2$ 为考虑损伤的应力强度；$K_1$ 为不考虑切向应力情况下的取值；$D$ 为岩石的拉伸损伤。

考虑应力时，$K_2$ 值略小，事实上爆破时产生的爆炸应力波在岩石内传播，产生强大的应力场，应力场的分布随着应力波的传播速度而改变，当应力波传播方向与裂隙尖端不垂直时，产生应力，在强大的应力作用下产生分叉裂隙，并迅速扩张，造成岩石损伤。

在工程实际情况下，岩石破坏的难易程度低于理论值，炮孔压力得到更为有效的利用。当岩石实际应力强度因子大于动态断裂韧度，$P_0$ 大于临界值时，岩石在动态载荷的作用下发生裂纹起裂。

2. 裂纹扩展

炸药在岩石中爆炸时首先产生爆炸应力波，随即在炮孔壁的岩石裂隙尖端产生微小裂隙群，在爆生气体还未侵入裂隙空间时，实际应力强度因子如公式 3–3、公式 3–4 所示。

$$K_3 = m \cdot p \cdot \sqrt{\pi r} \tag{3-3}$$

$$K_4 = \frac{mP}{1-D}\sqrt{\pi r} \tag{3-4}$$

式中：$K_3$ 为不考虑预损伤时的实际应力强度因子；$K_4$ 为考虑预损伤时的实际应力强度因子；$m$ 为修正系数。

在爆生气体的作用下，裂隙群得到扩展，爆生气体在裂隙产生过程中起主要作用，爆生气体通过的各个方向产生的长度和直径最长的主裂隙决定裂隙的扩展方向，爆破时爆生气体在围岩中产生裂隙并进一步扩展。裂纹扩展如图 3–2 所示。

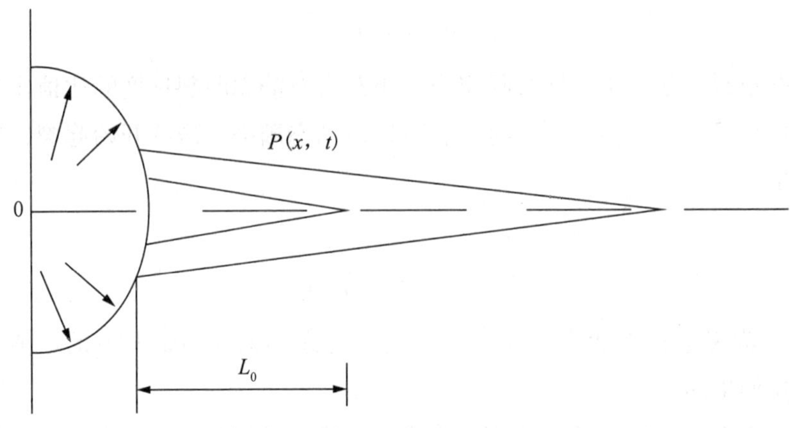


图 3–2　裂纹扩展

将爆生气体作用于岩石裂隙的过程看成微分过程，对裂隙扩展速度 $V_1$ 与爆生气体入侵速度 $V_2$ 积分得到裂隙长度微分方程，通过对应力 $P(x, t)$、$\delta$ 和裂隙长度 $L$ 进行积分，建立应力强度因子的微分方程式。当 $V_1$ 大于 $V_2$，时裂隙稳定传播，实际应力强度因子不断增大；当 $V_1$ 等于 $V_2$ 时，裂纹继续扩展；当 $V_1$ 小于 $V_2$ 时，岩石裂纹扩展停止。假设裂纹在岩石中的扩展长度为 $L_1$，爆生气体在裂缝中的侵入长度为 $L_2$，裂隙扩展速度与爆生气体侵入速度的关系式如公式 3–5、公式 3–6 所示。

$$L_1 = \int_0^1 V_1 t \mathrm{d}t \tag{3–5}$$

$$L_2 = \int_0^1 V_2 t \mathrm{d}t \tag{3–6}$$

（三）爆炸应力波与爆生气体共同作用

爆炸会产生爆炸应力波和爆生气体，爆炸应力波的传播速度快，首先产生初始裂隙并以较高的速度向前传播，而爆生气体则侵入裂隙中，在准静压力的作用下使裂隙得到扩展和传播，随着应力波的衰减，爆生气体的侵入速度逐渐接近应力波波速，最后两者相等。爆炸应力波与爆生气体作用原理如图 3–3 所示。

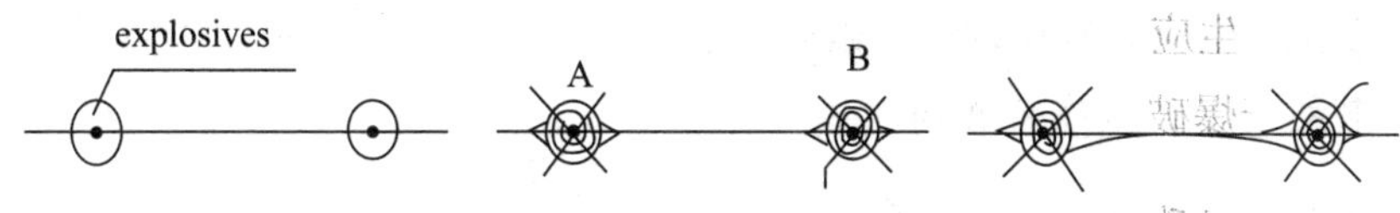


图 3-3 爆炸应力波与爆生气体作用原理

## 二、光面爆破技术的影响因素

围岩性质是影响光面爆破技术的客观因素，是不可改变的，对于较硬且完整性好的围岩，围岩自身的承载能力强，最小抵抗线、炮孔间距以及装药量相应增大；对于节理裂隙发育岩体，其整体性较差，宜采用缩小孔间距、减少装药量的方法进行爆破。另外，周边孔间距、不耦合系数、装药结构等可变因素，对爆破效果有着更大的影响，表现在以下几个方面：①影响单次循环掘进量；②影响爆破块度的均匀程度，以及大块出现的数量；③影响爆堆形状、飞石抛掷距离；④影响周边轮廓的平整程度；⑤影响隧道的安全性能。

单循环进尺决定着隧道的生产速度，直接影响着隧道的经济效益，因此在条件允许的情况下应尽可能选择大进尺；爆破块度的大小影响着爆堆清理难度和速度；爆破飞石的产生既影响着爆破作业的质量，也影响着隧道器械的安全；爆破后隧道轮廓影响着后续施工的难易程度和隧道围岩的稳定性。

### （一）围岩地质条件对

围岩对光面爆破技术的影响主要体现在两个方面。

一是岩石性质对爆破作用的影响。岩石的硬度越大，密度越大，其弹性模量、波阻抗等参数越大，抵抗岩石破碎的能力越强，不容易产生冲击波，反之，则容易破碎。不同性质的岩石爆炸载荷的传递效率及衰减速度也不同，岩石弹性极限及波阻抗不同，爆生气体在岩石中的作用时间不同。这些差异决定着爆破工艺的特征存，工程施工。需要根据岩石的性质采用不同的爆破工艺。

二是岩体本身存在的结构面对光面爆破技术的影响。岩体的结构面包括节理裂隙、层理、软弱夹层、溶洞等，当裂隙位于炮孔与自由面之间且平行于炮孔连线时，爆炸应力波在节理面处发生反射，对其上的径向裂纹产生阻隔作用，随后在爆生气体的作用下产生超挖现象；节理裂隙发育的岩体，其本身强度会降低，容易产生应力集中现象，破碎难度小；软弱夹层的存在使爆破产生飞石，同时也不利于爆破工作者装药。

### （二）周边孔间距及装药量

周边孔作为距离隧道设计轮廓线最近的炮眼，对光面爆破技术起着决定性影响，光面爆破技术采用低威力、低爆速的炸药，间隔装药、不耦合装药等结构，使爆破后形成光滑的边壁。根据爆炸应力波叠加理论，爆炸时应力波在相邻周边炮孔连线处叠加，贯穿裂纹主要在炮孔连线方向扩展，这样有利于光面的形成。周边孔间距过大，则对应单孔装药量增大，爆破后容易对围岩产生扰动；周边孔间距过小，则钻孔成本增加。为了减小爆破危害，周边孔距及装药量应小于其余炮眼。

不同条件所采用的周边孔间距和装药量不同，为了保护岩体不受扰动，减少围岩的过粉碎，合理利用爆炸能量，将超欠挖控制在 15 cm 以内，根据工程实际探索正确的周边孔参数。

### （三）装药结构

装药结构分为底部集中装药和间隔装药两种，底部集中装药在常规爆破工程中运用广泛，间隔装药常见于光面爆破。根据不耦合系数的取值情况，间隔装药分为间隔耦合装药和间隔不耦合装药。光面爆破中光面眼的孔距为 40 ～ 60 cm，据断裂力学理论和岩石成缝机理规律，爆炸时产生的应力波和爆生气体对炮孔壁岩石产生作用，间隔不耦合装药能降低药卷所产生的冲击波，通过增大空气与炮孔内自由空间，增加爆生气体的作用时间，从而减小爆炸能量对围岩的破坏作用。与连续装药相比，间隔装药能减少因爆破作用而产生的围岩损伤和超贝哇孔壁压力 – 时间曲线如图 3–4 所示。

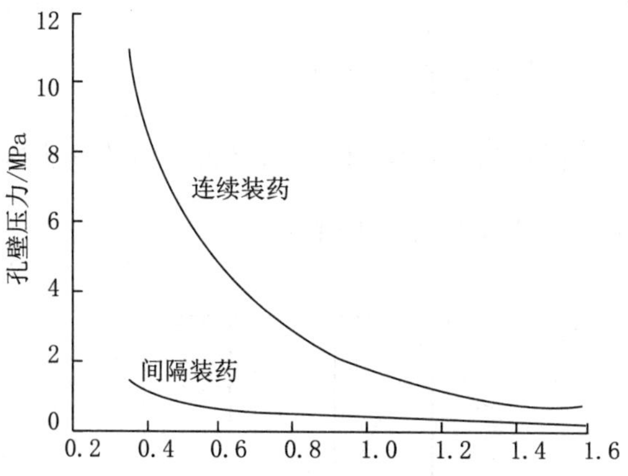


**图 3-4　孔壁压力－时间曲线**

### （四）不耦合系数

不耦合系数常用 $B$ 来表示，计算公式如下。

$$B = \frac{D_1}{D_2} \tag{3-7}$$

式中：$D_1$ 为炮眼直径；$D_2$ 为药卷直径。当耦合装药进行爆破时，爆炸产生的冲击波直接进入岩石中，此时的冲击波为压缩波，岩石与炸药阻抗匹配，炸药爆炸传递给岩石的能量最大，即 $\rho_r$ 近似等于 $\rho_e$。

$$P_1 = \frac{2\rho_r C_p}{\rho_e D + \rho_r C_P} P_2 = \frac{2}{1+R} P_2 \tag{3-8}$$

$$P_r = \frac{\rho_r C_p - \rho_e D}{\rho_e D + \rho_r C_P} P_2 = \frac{1-R}{1+R} P_2 \tag{3-9}$$

式中：$P_2$ 为爆轰压力；$P_1$ 为透射波压力；$\rho_r$ 为反射波压力；$\rho_r C_P$ 为岩石的声阻抗；$\rho_e D$ 为炸药的波阻抗；$R$ 为炸药和岩石的波阻抗之比。

从上式可以看出，在耦合装药时，爆轰压力 $P_2$ 接近于反射波压力 $\rho_r$，若在光面孔采用此结构，容易对孔外围岩产生过度粉碎，造成超挖现象，固光面爆破中周边孔采取不耦合装药方式。采用不耦合装药方式时，炮孔压力 $P_b$ 的计算公式如下。

$$P_b=\left(\frac{V_e}{V_b}\right)^k \bar{P_2}=B^{-k}\bar{P_2} \qquad (3\text{–}10)$$

式中：$P_2$为爆轰压力；$V_e$为药包体积；$k$为爆轰产物的绝热指数。不耦合装药结构中炮孔压力－时间曲线如图 3–5 所示。

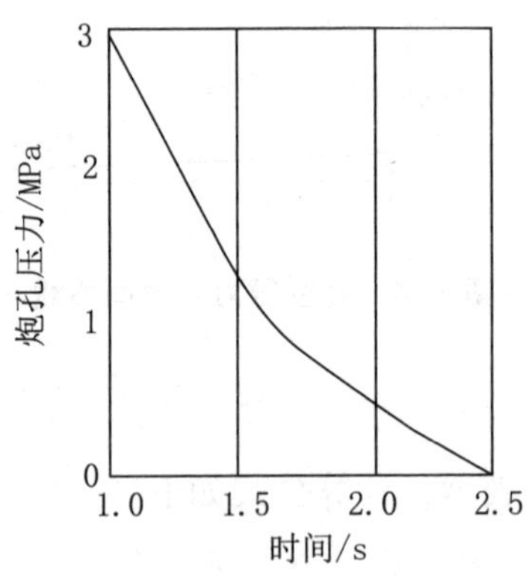


**图 3–5　炮孔压力－时间曲线**

由上图可知，不耦合装药可以延长爆生气体作用时间，减弱爆轰压力，对光面爆破一次成型是有利的。

### （五）炮孔密集系数及光爆层厚度

炮孔密集系数指炮孔间距与抵抗线的比，用 $m$ 表示，当炸药爆炸时，孔网参数的选取对爆破后爆堆的块度影响很大，炮孔密集系数的计算公式。

$$m=\frac{a}{w} \qquad (3\text{–}11)$$

式中：$a$ 为炮孔间距；$w$ 为抵抗线

合理的光爆层厚度，有利于光面孔之间形成贯穿裂缝。$m>1$ 时，光面爆破变为漏斗爆破，爆破后的围岩呈坑状，平整度降低；$m<0.8$ 时，则不利于光爆层的崩落。

### （六）炮孔堵塞

在爆破工程中，装药完成后，需要对炮孔进行填塞处理，填塞炮泥一般为

黏土，炸药在填塞炮孔与未填塞炮孔中的爆炸应力曲线如图 3-6 所示。

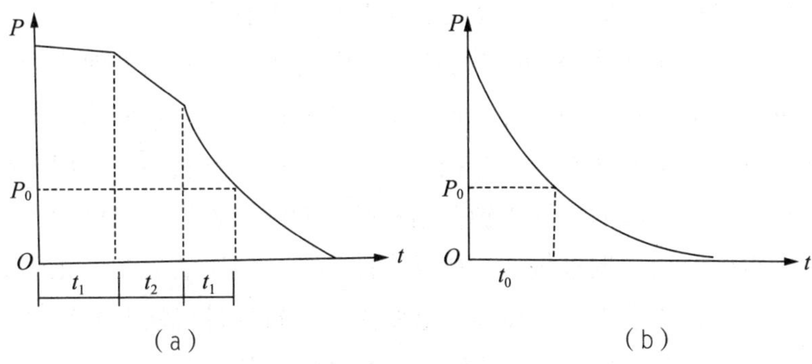


图 3-6　填塞炮孔与未填塞炮孔爆炸应力曲线

炮孔堵塞对爆破有如下作用：

一是阻止爆生气体从炮孔口溢出，增加炮孔内气体的压强，加强爆生气体的气楔作用，充分利用爆炸能量；二是维持炮孔温度，提高炸药的热效率，防止产生爆炸冲孔现象，提高爆破安全性。

## 第二节　隧道施工技术及控制要点

### 一、隧道施工技术

#### （一）隧道施工方法

根据穿越地层的不同，隧道主要分为山岭隧道、浅埋及软土隧道和水底隧道。各隧道所处地质条件的不同和支护结构设计理论的不同，导致隧道修建方法的不同。山岭隧道施工方法主要为钻爆法和掘进机法；浅埋及软土隧道施工方法主要为浅埋暗挖法、明挖法、盖挖法、地下连续墙法和盾构法；水底隧道施工方法主要为沉埋管段法和盾构法。隧道建设中遇到的情况大多为山岭隧道，因此钻爆法和掘进机法在隧道建设中应用较多。

钻爆法爆破开挖的主要工序为钻孔、装药、爆破，充分发挥围岩的自承作用，采用复合式衬砌结构作为支护设计手段。钻爆法的作业流程主要为钻爆开挖、装渣运输、初期支护与防排水作业、二次模筑衬砌和辅助施工。钻爆法适用性强、应用范围广、开挖成本低，是目前隧道施工的首选手段。

掘进机法主要采用 TBM 机进行施工，应用新奥法为施工理论指导，充分利用围岩的自承能力，采用复合式衬砌作为隧道的支护设计结构。施工过程中利用开敞式掘进机来实现破岩、开挖、支护，该施工方法主要适用于硬质岩类的特长隧道。掘进机法的机械维护费用较高、初级投资高、但机动性差，很难在短隧道中得到应用。掘进机施工要求岩性为单一硬质的岩体，无法适应复杂的地质环境，而且要求人员素质高。这些因素导致掘进机法不能得到大范围的应用，目前国内大部分公路隧道的施工开挖仍以钻爆法为主。

目前，中国公路隧道工程采用钻爆法进行开挖，基本采用新奥法作为理论基础来指导施工。新奥法以岩石力学的理论和既有的隧道施工经验为基础，充分利用围岩的自承能力，以锚杆和喷射混凝土结合的支护手段，使围岩成为支护体系的组成部分。根据新奥法的指导原则，以及具体施工过程中的开挖顺序，可将隧道施工方法分为全断面开挖法、台阶开挖法和分部开挖法。

1. 全断面开挖法

全断面开挖法指隧道断面按设计开挖面一次成型。开挖顺序为全断面开挖、喷锚支护、灌注混凝土初砌。全断面开挖法适用于Ⅰ～Ⅲ类硬岩的石质隧道，该法可采用深孔爆破。

全断面开挖法的作业空间比较大，施工时可以采用大型配套机械进行作业。利用机械施工能够提高施工速度、减少施工工序，以及对周围环境的干扰，施工过程便于组织和管理。由于一次性开挖的工作量较大，全断面开挖法会导致围岩的稳定性降低。施工过程对施工单位的要求较高，为了应对循环工作量，施工单位需要有较强的开挖、出渣、运输与支护能力。

全断面开挖法施工时一次性开挖的工作面较大，能提高钻爆施工效率。全断面开挖法施工过程中可采用深孔爆破，这样能加快掘进速度，而且深孔爆破对周围岩体的影响较小，有利于围岩的稳定。深孔爆破所引起的震动较大，为了避免震动带来的各种危害，在施工前需要精心布置炮孔，隧道施工过程中也要严格控制爆破作业。

2. 台阶开挖法

台阶开挖法适用于围岩级别为Ⅲ、Ⅳ类的岩体，在岩体较软且节理发育的围岩中采用台阶开挖法进行施工可以获得较好的施工效果。台阶开挖法施工顺序为先将施工断面划分为上下两个断面，然后分两步先后开挖成型。按照上下两部分施工顺序的不同，可将台阶开挖法分为正台阶开挖法与反台阶开挖法两种，正台阶开挖法先对上部工作面进行超前开挖，形成正台阶，反台阶开挖法则相反。台阶长度一般控制在 1 ～ 1.5 倍洞径，为了尽早使初期支护封闭成环，应当适当缩短台阶长度。当施工条件较好且隧道围岩较稳定时，可将台阶长度缩短到 3 ～ 5 m，这样上下台阶可以同时进行钻爆施工，以达到加快施工进度的目的。

正台阶开挖法先对台阶的上半部进行开挖，开挖完成后对断面的拱部设置锚杆支撑，并进行喷射混凝土支护，最后进行断面拱部的衬砌。依次对下半部中央部分、边墙部分进行开挖，最后对边墙部分进行锚杆喷射混凝土支护及衬砌。

在隧道施工过程中，根据围岩级别可选用适当的台阶长度进行施工。按照台阶长度可将台阶开挖法分为三种：长台阶开挖法、短台阶开挖法和微台阶开挖法（超短台阶法），长台阶开挖法上下台阶距离超前 100 ～ 150 m；短台阶开挖法的上下台阶距离超前 20 ～ 50 m；微台阶开挖法的上下台阶距离超前 3 ～ 5 m。

3. 分部开挖法

分部开挖法有五种变化方案：台阶分部开挖法、上下导坑法、上导坑超前开挖法、单（双）侧壁导坑法。导坑超前开挖能够超前探明前方地质情况，便于改变施工方法，灵活性大，适用性强。

公路隧道开挖的方法多种多样，在选择施工方法时应根据具体工程的地质条件、断面情况、工程大小、运输条件等影响因素进行具体分析判断，选择合理的开挖方法。

### （二）钻孔设备的选择

1. 凿岩机

凿岩机主要利用凿刃反复冲击转动岩石，使岩石破裂成孔。通过调节凿岩机冲击功率和转动速度，适应不同硬度的石质，以此来获得最佳的成孔效果。凿岩机在岩体中钻出炮孔，再在炮孔中装填炸药，以此来实现钻爆的效果。常用的凿岩机主要包括风动凿岩机、液压凿岩机、电动凿岩机和内燃凿岩机，目前隧道施工主要使用风动凿岩机和液压凿岩机，后两种在实际工程中比较少用。

（1）风动凿岩机。风动凿岩机又称风钻，以压缩空气作为动力源。这类凿岩机的优点是结构简单、坚固耐用、维修方便、操作容易、使用安全等。风动凿岩机按照重量、安装方式、适用条件等的不同，可划分为手持式凿岩机、气腿式凿岩机、上向式凿岩机、导轨式凿岩机。手持式凿岩机的重量较轻，利用人力便能够支承住，一般用来钻较浅的小直径炮孔；气腿式凿岩机利用气腿来实现支承及推进，通常用于钻深为 2 ～ 5 m，直径为 34 ～ 44 mm 的水平或稍带一定倾角的炮孔；上向式凿岩机的作用方向与主机在同一纵向轴上，并固结为一体，适用于 60° ～ 90° 的方向向上的炮孔；导轨式凿岩机较重，通常安装在凿岩台车或导轨上进行作业，它能够明显地减轻劳动强度、提高凿岩效率、钻各方向较深的炮孔。

（2）液压凿岩机。液压凿岩机的原理：利用高压油泵带动活塞往复运动，从而对岩体进行冲击。液压凿岩机具有以下优点：能动力消耗较少，能量利用率高；冲击能力强，凿岩速度快；液压系统能自动调节以适应不同性质的岩石，且润滑条件好，各零件使用寿命长；噪声比风钻低且工作环境好，作业过程无油雾喷出，空气较清新。液压凿岩机具有以下缺点：构造较复杂，基本投资高；维护成本高且对技术要求高；本身重量大且附属装置多，灵活性较差。

2. 凿岩台车

凿岩台车实质上是一种可移动的专门的支架设备，在支架上可以同时架设多台凿岩机，这样能够达到多台机器同时作业的目的。凿岩台车的主要优点如下：电能利用率高，钻进速度快，能够满足打中深钻孔的需求；凿岩台车能够省去钻孔时安拆支架和移动支架的时间，节省工期；凿岩机利用推进器自主进行推进，能够减少劳动强度，劳动条件也相对优越。凿岩台车的缺点如下：工程成本高，对施工人员的技术水平要求较高，维修成本高，在软岩中不能充分发挥其技术优势。

凿岩台车按照凿岩钻机装备数量的不同，凿岩台车可分为单臂凿岩台车、双臂凿岩台车、三臂凿岩台车和四臂凿岩台车，山岭隧道多采用二臂、三臂和四臂。单臂凿岩台车多用于小型断面施工，中型断面的施工多采用双臂或三臂凿岩台车，大型断面的施工多采用四三臂凿岩台车。凿岩台车进行方式主要包括轨道式、轮胎式及履带式三种，结构形式主要包括实腹式和门架式两种。

在实际工程中，应用较多的是实腹轮胎式凿岩台车，实腹轮胎式凿岩台车通常可装备一支工作平台臂和四台以内的凿岩机。实腹轮胎式凿岩台车的工作范围能够达到宽 10 ～ 15 m，高 7 ～ 12 m，在实际使用过程中，通过调整平台臂的延伸范围，来满足不同断面隧道的工作需求。实腹轮胎式凿岩台车占用空间大，施工过程中还会与出渣运输车辆交会。在断面不大的隧道中，机械避让往往浪费掉了大量的工作时间，因此实腹轮胎式凿岩台车多用于断面较大的隧道中。

门架轨道式凿岩台车的腹部可以通行出渣运输车辆，节省了机械避让时间。门架轨道式凿岩台车能够安装 2 ～ 3 台凿岩机，适用于中等净空断面隧道的开挖。在实际施工过程中，对于台车的选用，要结合开挖断面的大小、形状、施工条件、出渣方式、出渣设备等多方面的因素进行综合判断。

虽然中国公路隧道修建数量有了大幅度的增长，但是使用凿岩台车进行隧道施工的情况还不多见，大多数隧道仍然采用手持风钻配合自制凿岩台架的形式来进行隧道断面的循环作业。多人多钻在凿岩台架上分层同时钻孔，虽然钻进速度慢、钻孔浅、施工人员多、劳动强度高，但是凿岩台架施工操作简单、维修方便、成本低，且适应能力强。

### （三）起爆方法

起爆指利用炸药这一不稳定化合物，在一定的外部力量作用下，在极短的时间内迅速发生放热反应，变为新的稳定化合物。反应过程释放大量的气体和热能，以此来破坏目标岩体，达到预期的效果。

工程中常用的起爆器材包括雷管、导火索、导爆索和导爆管。雷管是工程中常用的起爆装置，它的爆炸能起爆炸药。按照引爆装置的不同，雷管又分为火雷管和电雷管两大类。火雷管是由导火索来引爆的，电雷管是通过电热装置来引爆的。

导火索是用来引爆火雷管的引爆材料，它以一定密度的黑火药作为药芯，外部包裹棉线、纸条和玻璃纤维、塑料，最外部浸渍沥青防潮剂。导爆索的外观类似导火索，但作用机制完全不同，导火索传导的是火焰，导爆索传导的是爆轰波。导爆索的药芯是黑索金，只能用雷管引爆。塑料导爆管是一种新的起爆器材，实质上它是一种内壁涂有混合炸药粉末的空心塑料软管。

常用的起爆方法有四种：火雷管起爆法、电雷管起爆法、导爆索起爆法和导爆管起爆法。

1. 火雷管起爆法

火雷管起爆法是利用导火索的火花引爆火雷管，然后利用火雷管的爆炸能引爆炸药，进而实现全部炸药的爆破。该方法使用起来简单方便，但安全性差且一次爆破所起爆的炮孔数量较少，仅适用于炮孔较浅的爆破工程。

2. 电雷管起爆法

电雷管起爆法所需的器材有起爆电源、导线和电雷管。作用原理：利用导线传导起爆电源放出的电能，将电能导给各导线末端连接的电雷管，以电雷管的爆炸引爆工业炸药。电雷管起爆法可将多个电雷管通过导线成组连接，一次性引爆成组电雷管。

电爆网络的联接方式有串联、并联、串并联三种。串联电路的连线简单，电能消耗小，但一个电雷管的断路会导致整个电爆网络的拒爆。并联能够克服串联的缺陷，但会导致整个电爆网络连线过多，耗能大，且漏联的电雷管不容易被发现。因为隧道爆破施工时一次起爆电雷管的数目较大，所以大多采用串并联的电爆网络连接法，先将周边孔分为两支串联电爆网络，再将其他炮孔分圈串联，最后将所有成圈网络并联在一起。

电雷管起爆可以同时进行多孔的起爆，爆破规模较大，而且能够控制起爆时间，待操作人员到达安全地点后通电起爆，安全性高。缺点是电爆网络复杂、网络布置时间长，且电源和导线的消耗量大。

3. 导爆索起爆法

导爆索通常利用火雷管、电雷管、塑料导爆管起爆。导爆索与导爆管配合能够实现炸药的毫秒微差爆破，在导爆索网络中的适当位置串联上导爆管，就能够实现炮孔的毫秒顺序起爆。

4. 导爆管起爆法

塑料导爆管主要由击发元件、传爆元件、起爆元件、连接元件和组合雷管构成。击发元件在传爆元件中激起冲击波，冲击波在传播过程中导致导爆管内壁的炸药发生化学反应，反应放出的热量能够支持冲击波沿导爆管持续传播，从而触发起爆元件引起爆破。塑料导爆管起爆网络的连接方法有簇联法、并联法等。

起爆网络布置过程中，局部采用簇联法，整体全断面采用并联法。为了可靠地进行起爆，实际工程中经常采用双雷管的复式连接网络。

### （四）炮孔布置

在隧道掘进工程中，工作面需要布置炮孔，在炮孔内布置炸药来实现爆破的目的。根据位置与作用的不同，可将炮孔分为掏槽孔、辅助孔、周边孔三种类型。

1. 掏槽孔

掏槽孔的作用是将工作面先爆出一个槽口，形成新的临空面，为其余炮孔的爆破提供更有利的临空面，从而创造出最佳的爆破空间，达到理想的爆破效果。因此，在爆破时应当选择适当的掏槽孔位置与掏槽方式。

根据掏槽孔与临空面之间的空间几何关系，可将掏槽孔的排列形式分为斜眼掏槽与直眼掏槽两种。根据布孔方向的不同，斜眼掏槽可分为单向掏槽、扇形掏槽、楔形掏槽和锥形掏槽。

斜眼掏槽的特点是掏槽孔与工作面斜交，根据岩层的情况选择合理的掏槽形式，在掏槽孔数目较少的情况下，能将石渣抛出槽口，形成利于其他炮孔进行爆破的空间。这种掏槽方式对浅孔比较适合，炮孔较深时，不便于多台钻机同时钻孔，钻孔方向和角度难以掌握，施工困难、浪费时间且影响掏槽的效果。

直眼掏槽又称垂直掏槽，所有的掏槽孔均垂直于作用面，可分为缝形掏槽、桶形掏槽和螺旋形掏槽三种。和斜眼掏槽相比，其优点是炮孔深度不受断面尺寸的限制，适用于深孔爆破，为加快掘进速度提供了有利条件。掏槽体积内外一致，爆破出的岩块体积较均匀，且岩块的抛掷距离较短，便于装岩运输。缺点是掏槽孔较多，炸药单耗量较大，炮孔位置和垂直方向的要求精度较高。

2. 辅助孔

辅助孔的作用是进一步扩大槽口的体积和爆破量，使爆破效果尽量接近开挖预期的断面形状，为周边孔的爆破创造有利条件。辅助孔的布置主要是由炮孔间距和最小抵抗线的值来确定的，自掏槽孔到周边孔由内而外逐层进行布置，并逐层起爆，逐步爆破以形成近似开挖断面轮廓形状。

3. 周边孔

周边孔对隧道断面轮廓起着成型的作用，周边孔爆破后，断面能够达到设计的形状与尺寸。

一般情况下周边孔是沿着隧道设计断面的轮廓线均匀布置的。当周边孔的孔底所处的岩体较松软或时，周边孔孔口应当设在设计轮廓线以内，为了控制超欠挖、便于下一循环钻孔，应将炮孔方向以 0.03 ～ 0.05 的斜率外插；当周边孔孔底岩体为中硬岩体时，可将周边孔放在设计轮廓线上；当所处岩体为坚硬岩体时，可将周边孔设在设计轮廓线以外 10 ～ 15 cm 处。

## 二、隧道施工控制要点

### （一）做好施工现场的监测工作

由于隧道工程相对复杂，为了确保工程安全和质量，需要加强施工现场监测工作。在开展光面爆破施工时，实时进行围岩状况监测，全面掌握围岩动态，一旦发现问题，需要及时选择合理措施进行处理。

### （二）确保原材料质量

作为隧道施工的物质基础，原材料的质量直接关系到隧道工程的质量。在采购隧道工程原材料时，需要严格按照设计需求和相关材料规范选择原材料，并做好材料质量的检查工作，严格杜绝不合格材料进入施工现场，尤其是施工支护材料和爆破材料。

### （三）确保锚杆支护质量

第一，隧道围岩选用超前小导管和锚杆进行支护，在灌浆过程中注浆顺序是由上到下、先边后中，灌浆施工前期需要认真调试注浆机械设备，严格检查钢管质量及清洁性，确保投入注浆过程中的钢管质量合格，严格把控注浆速率和时间。

第二，型钢支护拱架统一定制，选用资质合理的加工厂定制架构；格栅钢架采用统一定制的方式在钢筋加工厂的大样台架上进行加工定制，统一加工定制的材料一定要确保加工精度，合格后才可运输至现场并投入使用。

### （四）确保隧道结构稳定

施工前期需要进行基地清洁工作，确保混凝土浇筑基地的清洁度，实际混凝土施工中要严格控制混凝土浇筑的连续性，以及混凝土拌和质量。为确保混凝土拌和质量，要定期检查拌和设备，严格按照工程实际情况和相关规范控制混凝土拌和时间。同时，在混凝土实际浇筑施工过程中，要格外注意混凝土浇筑顺序。浇筑施工结束后，为确保混凝土施工质量，要做好混凝土的养护工作，在混凝土表面加盖一层塑料薄膜，定期洒水，保持表面湿润，预防裂缝出现。

### （五）确保光面爆破质量

第一，在开展爆破施工作业前，要做好超前地质预报作业，保障爆破参数的精确性和准确度，确保爆破施工的顺利开展。

第二，作为光面爆破作业的重要环节，钻眼施工的质量直接影响到整个过程的质量。为了保障钻眼施工作业的质量，要从以下方面进行控制：严格按照设计需求和施工实际情况进行钻眼布设位置的精确判断，依照设计需求和实际施工作业对钻眼数量、钻眼深度进行精准确定，依据本工程情况，可精确判断钻眼深度。若实际施工作业发生意外情况，如开挖面凹凸度差别较大，需要对钻眼深度进行合理的修正。钻眼施工作业结束后，为了保证钻眼施工质量，需要定期采用科学合理、有效的方法进行钻眼布设及其他相关参数的复查和试验并认真记录相关检查结果。遇到复查和试验结果参数不合格的钻眼时，勒令施工作业者重新进行钻眼，只有所有检查结果均达标后，才可以开展装药和爆破施工作业。

## 第三节　光面爆破技术在矿山隧道掘进中的应用

在矿山隧道掘进过程中，施工人员应在破碎岩石的基础上，设计隧道空间，其间最为关键的环节便是破碎岩石巷道成型。

为了保证矿山的持续稳定生产和开采的正常接替。施工人员应针对隧道岩石节理发育与风化冒落情况，采用合理的光面爆破技术，达到低耗、安全以及优质的爆破效果。

矿山开采期间，隧道顶板大多是破碎岩石，性质较脆且节理发育，爆破性能较差且不稳定。隧道底板具备较好的稳固性，但爆破性能较差。间接底板属于不稳定岩层，易风化垮落。

## 一、光面爆破技术在矿山隧道掘进中的问题

一是没有做好地质勘探工作，光面爆破流程设计不合理。部分施工企业在确定爆破方案时并未结合实际地质情况，光面爆破流程设计不合理；二是爆破参数，没有结合钻孔间距比值、炮孔直径等进行设定，以致隧道内岩层凹凸不平；三是装药结构不合理，岩体完整性较差，线装药密度较大，壁面严重破坏，无法产生预期的爆破效果；四是施工方法不合理，施工人员与设计人员没有进行有效沟通，施工方案存在较大的随意性，部分施工人员的专业技术较差，打炮孔时很难做到平、直、准，甚至还会打通两个炮孔，以致爆破后出现碎块，影响整体的轮廓效果；五是起爆方案不合理，不能保证围岩的稳定性；六是存在超挖与欠挖现象。

## 二、光面爆破技术在矿山隧道掘进中的对策

第一，施工人员应全面勘察隧道内的地质情况，详细了解地质构造，分析岩石的强度、节理裂隙发育、水文地质以及腐蚀风化的程度，并据此设计合理的施工方案。

第二，优化爆破参数，设计人员应根据《爆破安全规程》要求设计爆破参数，并结合现场的勘察资料不断优化爆破方案，合理确定光面爆破参数。同时，施工人员应根据岩石硬度与强度设计炮孔直径，保证眼距的合理性。

第三，施工人员应合理设计装药结构，严格控制周边孔的装药量，在避免破坏孔壁的基础上，充分保护围岩或孔壁的完整性。同时，光面爆破应采用空气柱间隔装药或者不耦合装药，多打孔、少装药，合理控制裂隙的发展，在克服孔底阻力的基础上，保证岩体爆破后沿着隧道轮廓形成裂缝。

第四，强化爆破施工管理工作，严格根据设计方案施工，保证爆破安全性。其间施工企业应充分重视施工人员的培训工作，建立科学可行的爆破安全监督机制，从而实时监督爆破施工环节，以便及时发现问题并进行处理。

第五，选择合理的起爆顺序，施工人员应合理确定爆破的顺序，先起爆掏

槽孔，然后起爆辅助孔，最后起爆周边孔，根据实际情况确定间隔时间。其间还应严格根据布置图设定合理的炮孔位置，以达到传爆稳定的效果。

第六，合理解决超挖与欠挖问题，在光面爆破施工中可以避免超挖与欠挖，若因地质问题导致超欠挖，如出现断层、破碎带以及节理裂隙发育地段时，监理企业应根据实际情况确定合理的解决方案，保障施工的安全性。除此之外，施工期间还应严格遵循《爆破安全规程》，保证施工人员安全。

## 三、光面爆破技术在矿山隧道掘进中的基本流程

### （一）设定光面爆破参数

施工人员应合理分析巷道施工地段岩石的结构、基本特征以及断面施工条件等情况，合理设定巷道掘进参数。其中，应严格控制周边眼的装药量，并沿着眼长均匀分布，周边眼应选择小直径的药卷，不耦合系数大于1.5，最后起爆。

### （二）光面爆破凿眼

在光面爆破凿眼过程中，施工人员应在设计轮廓线上设定周边眼的眼位，平行设定炮孔，确保炮方向的整齐性，落在同一垂直面，确保合理倾角。为了避免钻眼时眼壁发生裂缝，施工人员应利用钎头凿眼，保证眼位、角度以及方向等均符合设计标准。

### （三）选择装药结构

第一，施工人员应采用2号岩石硝铵炸药与直径25～32 mm的药卷，以保证不直接轰炸岩壁。炸药爆炸后的爆生气体及冲击波首先充满炮孔，然后作用于孔壁，减小爆炸后作用于围岩冲击波的峰值，避免破坏围岩结构。施工人员应结合各种炮孔的爆破作用，合理选择光面爆破的装药结构，将密度低、威力小的炸药用于周边眼，将密度高、威力高的炸药用于掏槽眼与辅助眼。

第二，采用气柱间隔装药方式，为药卷保留一定的空气间隙，减小爆炸后作用于围岩冲击波的峰值，确保眼壁的爆炸冲击波压力小于岩石的抗压强度，并在炮眼连线方向产生裂隙，避免破坏围岩。为了达到预期的爆破效果，施工人员在矿山隧道掘进期间，必须对炮眼填塞炮泥。

### （四）起爆周边眼

为了形成有效裂缝，在隧道掘进中应同步起爆周边眼，保证周边眼起爆时间误差不超过 10 ms。起爆期间，保证质量可靠且传爆稳定。

### （五）控制凿岩

施工人员应根据矿山隧道掘进中的不同地段，采用不同的凿岩方法，如坡度线控制法、导向辊控制法、放线图法等，以保证凿岩效果。

1. 坡度线控制法

施工人员平行设置钎杆与坡度线，合理控制凿眼的竖直角度与巷道坡度，之后在平行钎杆与中线的基础上，保证水平角度的合理性，避免腰线控制多次导点，减小误差。

2. 导向辊控制法

施工人员根据中线水平角度和坡度线确定竖直面角度，并凿导向眼。在检验坡度线与导向辊吻合时，应插上导向辊，检验合格后根据导向辊的方位完成凿岩，确保平直度，满足光面爆破的凿岩要求。

3. 放线图法

施工人员应根据凿岩隧道的实际情况设计断面绘制图，合理设定眼位，之后根据隧道掘进坡度线与中线确定控制点，标出隧道轮廓，严格根据设计图完成凿岩的工作。

## 四、光面爆破在矿上隧道掘进中的效果

一是根据《建筑工程施工质量验收统一标准》对矿山隧道掘进工程进行验收评定，发现光面爆破技术可以保证巷道的掘进成型效果，满足控制爆破的要求。

二是在隧道掘进期间优化凿爆参数，合理应用光面爆破技术，这样可以减少矿山隧道掘进的挖掘量，达到预期的掘进速度，降低运行成本。

三是在矿山隧道掘进过程中应用光面爆破技术，可以减少炸药消耗量，降低开采成本。

四是在矿山隧道掘进过程中应用光面爆破技术，可以减轻岩层风化垮落及节理发育程度，避免安全事故的发生，实现安全开采的预期目标。

综上所述，光面爆破属于新型爆破技术，广泛应用于矿山隧道掘进工程中。施工期间，技术人员应根据不同岩性与施工地段，采用不同类型的光面爆破方法，以获得预期的开采效果。

# 第四章 隧道超前支护施工工艺

## 第一节 隧道支护体系协同作用原理与设计方法

### 一、隧道支护结构与围岩动态相互作用

隧道工程打破了原有的地层平衡，为了寻求新的平衡，围岩发生应力转移和变形传递，在此过程中若围岩无法自行稳定，需要对其采取必要的支护手段。在进行隧道支护设计时，支护时机的选择、支护形式的确定以及支护效果的可靠性评价为其核心内容，而实现合理支护设计的基本前提则是对支护与围岩作用过程的准确把握。本质上而言，支护与围岩的作用关系就是支护体系对隧道围岩变形破坏及其时空演化机制的适应性，是连接支护承载特性与围岩工程响应特性的桥梁。由此可见，隧道支护与围岩的作用机制是隧道支护设计理论的核心问题，是正确认识支护结构对围岩稳定性控制的基础。因此，这部分从隧道围岩变形破坏过程出发，对隧道支护与围岩动态作用机制进行研究，为隧道支护体系的设计奠定基础。

#### （一）隧道围岩工程响应机理与预测方法

隧道开挖诱发围岩变形破坏并产生应力重分布现象，该力学响应自掌子面前方开始产生，而在支护作用下最终达到平衡。由此可见，隧道围岩稳定性的判别是支护设计的前提。事实上，围岩结构表现形式和自承载能力的预测方法是设计者需要明确的核心内容，而对其诠释的差异形成了各种隧道设计方法。

1. 隧道围岩变形预测方法

隧道围岩工程响应机制，即围岩的变形破坏及稳定性情况，呈现多样性特点，而对围岩工程响应的认识是进行支护设计的重要基础，根据收敛－约束法的基本思想，隧道围岩工程响应可由围岩特性曲线表示。因此，这部分先对隧道围岩应力和位移进行解析，为后文支护与围岩相互作用及支护设计的研究奠定基础。

假设隧道开挖半径为 $r_0$，静水压力为 $p_0$。隧道围岩应软化分析模型如图 4-1 所示。假设围岩为均质、各向同性且具有软化特性的弹塑性岩体，根据深埋隧道围岩阶段性破坏特征和相关的岩石物理模型试验，可假定本构模型为三直线应变软化模型，岩体应变软化本构关系如图 4-2 所示。

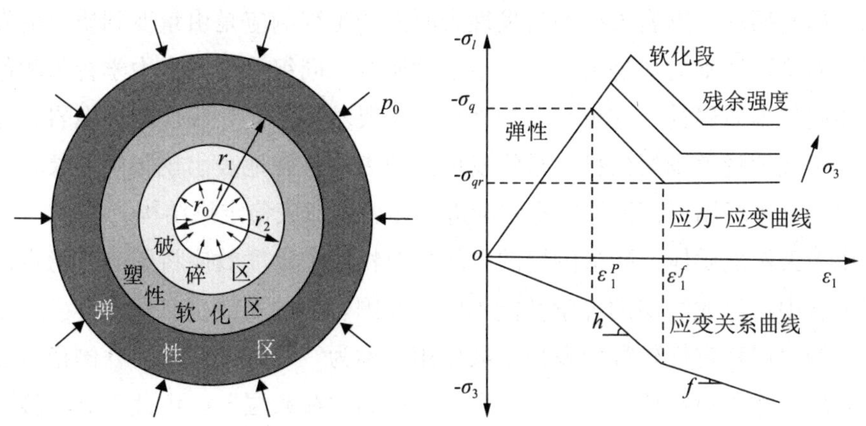


图 4-1　隧道围岩应变软化分析模型　　　图 4-2　岩体应变软化本构关系

2. 隧道围岩的复合结构特性

大量理论和试验表明，隧道开挖导致的围岩破坏具有动态发展的渐进性特点。由此可见，施工扰动下拱项围岩首先坍塌，塌方体类似于抛物线型。随着时间的推移，塌落拱拱脚失稳下移并导致整个拱结构破坏，上部岩体进一步失稳而形成二次塌方，塌方范围持续发展。一段时间后，若塌落拱拱脚承载能力不足，则隧道上部围岩将继续破坏塌落。在围岩破坏过程中，当隧道覆跨比较小而围岩条件较差时，破坏将发展至地表，当埋深较大或围岩条件较好时，塌落拱拱脚位置一般发展到隧道水平中轴线后即可得到良好支撑，从而形成最终的稳定拱结构。

显然，隧道开挖后上部围岩表现出明显的垮落特点，而在重力作用下模型试验无法直观地看到下部围岩的失稳现象，且破坏试验中一般较少关注下部围岩破坏情况。可以预见的是，当上部围岩破坏后由于上部拱结构承载能力的丧失，拱内岩体重量将施加于下部围岩，从而造成下部围岩滑移，最终形成一个整体的破坏区。根据隧道施工影响范围内围岩稳定性的差异，隧道周边整体失稳的松动区围岩可划分为浅层围岩和深层围岩。在实际工程中，浅层围岩需要及时有效的支护以防止其失稳坍塌，而深层围岩则需要一定的干预措施以维持其自稳能力。

隧道开挖后靠近临空面的围岩由于应力集中程度较高而率先失稳破坏，之后应力转移至周边岩体，在围岩中形成新的传力拱结构，维持一段平衡后再次失稳，如此循环。围岩失稳的突发性表明围岩工程响应是由量变到质变的发展过程，而阶段性则显然是由围岩分组运动所致，同组深层围岩力学行为相似，具有相同的本质属性，这也是支护施作的重要基础。深、浅埋隧道围岩破坏的区别在于浅埋隧道围岩失稳，最终发展至地表，且在地表出现竖向裂纹，隧道上覆地层整体坍塌，而深埋隧道在渐进破坏后将形成稳定拱结构。

作为天然地质体，隧道围岩的空间分布特性和尺度效应将影响其稳定性，深层围岩中各组成岩层的力学性能不同，在围岩中的功能也有所差异。一般而言，内侧岩层稳定性较好而发挥承载作用，称为“结构层”，而外侧稳定性较差的岩层则作为荷载施加于“结构层”，称为“荷载层”。由此可见，隧道复合围岩结构由浅层围岩、多组“结构层”和“荷载层”交替出现的深层围岩所组成，当围岩稳定性较好时，则无浅层围岩存在，而在某些工程条件下，深层围岩仅包括“结构层”，这显然有利于围岩组的整体稳定。

3. 隧道围岩自承载能力的时空演化规律

隧道开挖具有三维空间效应，开挖面及其周围岩体在隧道纵向表现为“半圆穹”约束，在横向则表现为“环形”约束，二者的耦合作用在一定程度上可限制围岩位移，使开挖面附近一定范围内的围岩弹塑性变形不能立即释放完毕，从而维持其自身稳定，这就是围岩自承载能力的体现。

为了将隧道开挖面这种抽象的空间约束效应以等价的平面应变问题来分析，本书引入“虚拟支护力”的概念并将其具象化。若将某一分析断面从岩体中取出，该断面将持续收敛，而此时在断面洞壁施加一径向力则变形立即停止，

这一径向力称为虚拟支护力 $p_x$。随着开挖面距离的增加，虚拟支护力逐渐减弱，若以等效应力释放率 $\delta$ 来描述虚拟支护力的衰减，令 $\delta=1-p_x/p_0$，则沿隧道纵向作用于隧道洞壁的支护力发展变化趋势如图 4-3 所示。

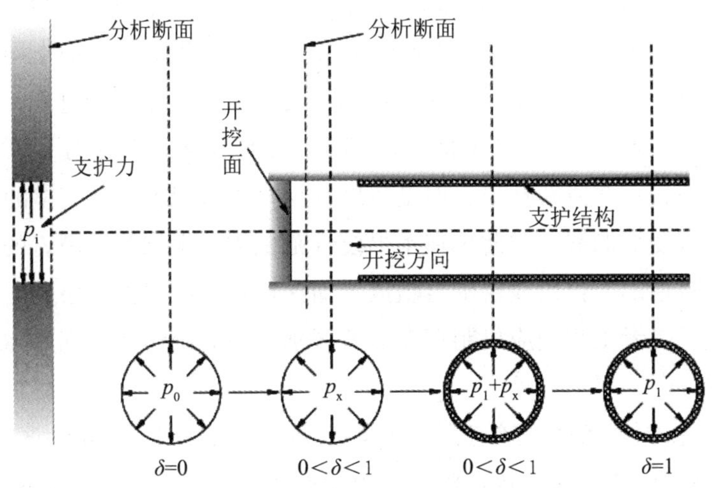


**图 4-3 支护力发展变化示意图**

由图 4-3 可知，当分析断面位于开挖面前方一定范围以外时，围岩不受开挖影响，等效应力释放率为 0，虚拟支护力最大，其量值与原岩应力相等；对于开挖面附近的无支护段，围岩应力未得到充分释放，由于洞壁上作用有虚拟支护力，此阶段的围岩具有一定的自稳时间；在开挖面后方一定范围内的支护段，围岩荷载由支护结构和虚拟支护力共同承担，支护与围岩发生相互作用，在此过程中支护反力逐渐增大，而虚拟支护力逐渐减小；随着开挖面逐渐向前推进，虚拟支护力逐渐释放，当分析断面位于开挖面后方一定范围以外时，开挖面空间约束效应完全消失，此时围岩荷载完全由支护承担。

### （二）隧道支护结构与围岩的动态关系

1. 隧道围岩全过程变形统计

在隧道施工过程中，各类支护结构逐渐参与作用，随着变形累积和破坏发展，“支护—围岩”作用体系逐渐形成。因此，以围岩变形为特征参数，研究隧道支护与围岩的关系，对隧道支护结构的可靠设计具有重要意义。

在以往的支护—围岩相互作用分析中，常将围岩纵向变形曲线与隧道围岩全过程变形曲线相混淆，尽管二者演化规律基本一致，但是二者具有本质区别。事实上，围岩纵向变形曲线应为无支护条件下隧道围岩变形时程演化曲线，这是目前研究中采用数值模拟进行拟合时的模型依据，也是围岩自承载能力的评价基础。隧道围岩全过程变形曲线考虑了支护作用，在量值上一般小于围岩纵向变形曲线，如 Hoek 基于实测数据的拟合公式，本质上是支护作用下围岩全过程变形曲线。因此，为了进一步分析隧道支护 – 围岩作用全过程，这部分统计了 40 条隧道围岩全过程变形曲线。其中，水电站采用的是分层开挖法，尽管对总变形而言存在阶跃现象，但是各层开挖时仍可视为一个完整的支护 – 围岩作用全过程变形曲线，因此也在本书统计范围内。根据隧道围岩的复合结构特性，浅埋隧道围岩仅由浅层围岩组成，而深埋隧道围岩由深层围岩和浅层围岩复合而成，二者工程响应机制存在显著区别，因此统计时分别考虑深埋条件与浅埋条件。

由此可见，深埋条件下隧道施工波及范围广，影响程度大。塑性区范围越大，掌子面处位移释放率越低，因此深埋隧道超前变形量所占比例比浅埋隧道略低。由于深、浅埋隧道施工影响范围不同，围岩变形全过程持续时间也具有较大差别。一般而言，深埋隧道围岩初始变形位于掌子面前方约 3D 位置处，在掌子面后方约 6D 位置处达到稳定；而浅埋隧道则在掌子面前方 2D 处开始产生变形，在掌子面经过约 4D 距离后基本稳定。这进一步证实了隧道围岩自承载特性的三维拱效应，深埋隧道在掌子面前方形成完整的纵向拱，围岩初始变形点位于拱脚；而浅埋隧道无法形成完整的拱效应，纵向影响范围较小，隧道围岩最终的稳定由复合围岩的运动情况决定，浅埋隧道围岩结构性较为简单，一般较早达到稳定。

2. 隧道支护结构于围岩相互作用的阶段性

以围岩变形为特征参数，对隧道支护 – 围岩作用全过程进行分析。由上述分析可知，从隧道纵向上看，自掌子面前方开始，隧道围岩变形先后经历 4 个阶段，依次为初始变形阶段、急剧变形阶段、缓慢变形和稳定变形，从而可得围岩变形发展曲线，如图 4–4 所示。

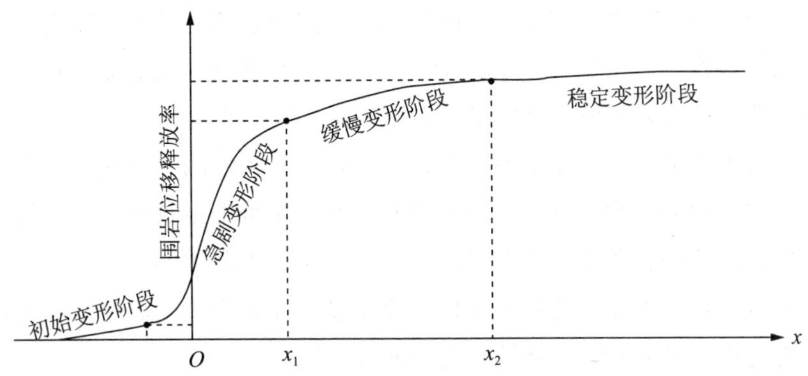


**图 4–4　围岩变形发展曲线**

第一，初始变形阶段。下掌子面前方一定范围内的岩体因开挖卸荷而产生不平衡力，在该不平衡力的作用下围岩开始变形，但外部地层约束未完全解除，该处地层尚处于弹性状态，因此变形速率较小。隧道围岩初始变形一般占总变形的 5% ～ 10%，此阶段围岩结构性变化不显著，应力集中程度较低，变形量也较小。

第二，急剧变形阶段。此阶段为超前支护与围岩的相互作用。位于掌子面附近的围岩，因隧道空间内岩体取出而发生约束条件的变化，围岩进入单向应力状态而强度降低，浅层围岩范围迅速扩展，隧道不平衡力增大，进而造成变形急剧发展，直至支护结构发挥作用时方能减缓。此阶段的围岩易失稳，围岩变形所占比例较大，一般可达到总变形量的 60% 左右，应作为隧道安全性控制的重点。关于急剧变形量的控制，一方面可加强超前支护实现，提高围岩刚度，减小围岩变形速率；另一方面可及时施作初期支护，减小无支护空间，缩短急剧变形时间。

第三，缓慢变形阶段。此阶段为初期支护联合超前支护与围岩的相互作用。初期支护施作后，围岩变形速率得到有效遏制，若初期支护无法满足围岩稳定性需求，则会导致结构失效，进而诱发大范围掌子面后方失稳事故。此阶段的围岩变形约为总变形的 20%，控制核心为降低围岩变形速率，实现围岩变形的尽早稳定。

第四，稳定变形阶段。此阶段的支护 – 围岩的作用基本达到平衡。在逐渐增大的支护反力和逐渐减小的开挖面空间效应综合作用下，不平衡力减小，隧道围岩与支护结构达到平衡，此时围岩变形已释放 95% 以上，理论上可进行二次衬砌的施作。对于某些复杂的围岩条件，变形持续增大而无法稳定时，则应加强初期支护或采用地层加固措施对围岩条件进行改良。

需要指出的是，上述 4 个发展阶段因工程地质条件的不同而相差悬殊，且每个阶段的工程响应程度和范围各有特点，其控制难度也具有较大差异性。对于稳定性较差的围岩条件，在掌子面前方产生了较大范围的浅层围岩，隧道开挖后稳定时间短，增加了初期支护的施作难度，此时需要采取超前加固措施以延长围岩自稳时间，为隧道开挖和支护创造条件。

3. 隧道围岩变形速率与变形加速度时程演化规律

在工程实践中，判断围岩变形是否稳定的依据通常为围岩变形速率，尤其对于复杂围岩条件，围岩最大变形速率应控制在一定程度内，否则将给支护施作带来较大难度。为了分析围岩变形速率演化规律，假定隧道掘进速率 $v_c$ 保持不变，以 $t$=0 表示隧道开挖面。当 $t$<0 时，开挖面前方距离 $x=v_c t$。由此可见，影响隧道围岩位移释放速率的主要因素为隧道半径 $r$ 和施工速率 $v_c$。以深埋隧道为例，分析围岩变形速率发展趋势及其影响因素，如图 4-5 所示。

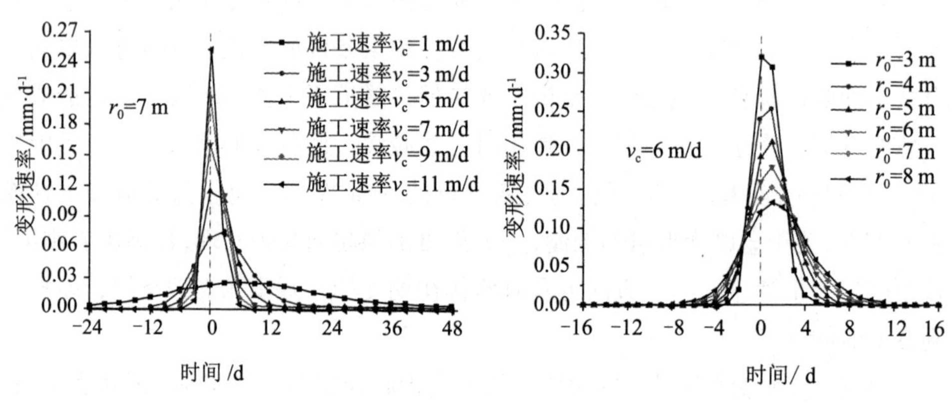


（a）变形速率与施工速率的关系　　（b）变形速率与隧道半径的关系

图 4-5　隧道围岩变形速率曲线分析

围岩变形速率的发展趋势为先增大后减小，在掌子面附近达到最大，深、浅埋隧道围岩变形速率最大值分别位于 0.44D 和 0.21D 处。隧道半径与施工速率对围岩变形速率的影响较为显著，隧道半径越小或施工速率越大，变形速率

曲线越瘦高，即变形速率最大值越大而变形达到稳定的时间越短。

围岩变形量和变形速率是支护与围岩相互博弈的结果，事实上根据牛顿运动定律，支护 - 围岩系统达到稳定的必要条件应为围岩变形加速度递减为零，因此变形加速度减小到某一阈值是围岩稳定的重要指标。根据 $a=\mathrm{d}v/\mathrm{d}t$ 得到变形加速度随时间的变化关系，如图 4–6 所示。

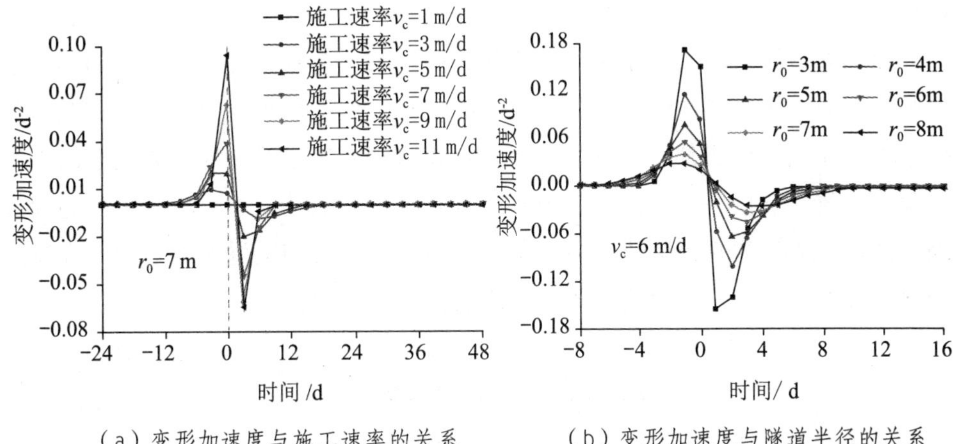


（a）变形加速度与施工速率的关系　　（b）变形加速度与隧道半径的关系

**图 4–6　隧道围岩变形加速度曲线分析**

围岩变形加速度首先由初始状态零增大到正加速度最大值，这说明掌子面前方围岩受到开挖扰动后虚拟支护力减小，掌子面附件的围岩由初始三向应力转变为双向应力和单向应力，变形加速度迅速发展，初期支护施作后虚拟支护力释放速率减慢，同时在支护反力作用下加速度开始减小并出现负加速度，随着时间的推移负加速度逐渐增大。随着围岩变形增大，支护反力逐渐增大，而虚拟支护力逐渐减小。随着开挖面的远离，支护反力逐渐趋于稳定，而虚拟支护力主要与开挖面距离有关，其减小幅度大于支护荷载增大幅度，因此围岩变形负加速度逐渐减小并趋于零。

因此，当大断面隧道穿越不良地质条件时，施工速率往往较慢，围岩持续变形时间长，而围岩变形速率则维持在较低水平，此时不能以变形速率衡量围岩是否稳定，而应以变形加速度作为主要判断依据。这也是以变形量和变形速率为主的围岩稳定性判断难以用于软弱围岩隧道的原因所在。

### （三）隧道支护体系的作用

隧道围岩具备自承载能力，当围岩条件较好时，工程响应累积程度较低，无法威胁隧道安全效应，本质上无支护必要。对于无法实现自行平衡的围岩，需要对其实施外部干预，即适时适量地施作支护结构以平衡围岩自身无法承担的附加荷载，由此可将支护定义为提高围岩稳定性和维持其承载能力的程序和构件。

隧道支护体系广义上是由作为主体的围岩与作为辅助的人工支护结构体系按照一定的工作方式共同组成的复杂系统，其主要功能为维持围岩的长期稳定，隧道支护体系的组成部分如图 4-7 所示。将隧道施工过程中对围岩施加的人工干预称为狭义支护，对应隧道变形和荷载效应的发展阶段，可将其分为超前加固 / 支护、锚杆支护和初期支护，在后期还有二次衬砌结构参与其中，客观上围岩荷载参与分配，这也是支护设计的主要对象。

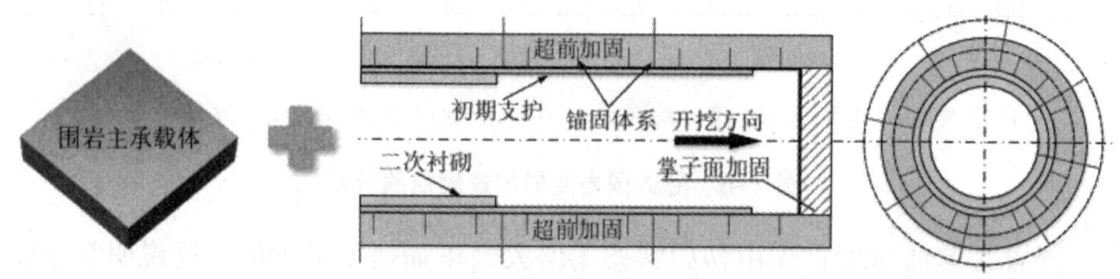


**图 4-7　隧道支护体系的组成部分**

本质上而言，狭义支护的作用就是“调动围岩承载”和“协助围岩承载”。显然，作为广义荷载的主要承担者，隧道围岩的力学行为很大程度上决定了整个系统的稳定性，因此隧道支护设计的基本原则为最大限度地调动围岩自承载能力。“调动围岩承载”指通过合适的施工方法和合理的加固方式尽可能减小深层围岩强度的损失，防止深层围岩转化为浅层围岩，本质上属于围岩层面的措施；“协助围岩承载”是通过施加外部支护结构承担围岩附加荷载，从而防止无自承载能力的浅层围岩垮落。基于深浅层围岩理论，“调动围岩承载”的实现方式主要有两个：一是采用加固措施提高浅层围岩整体力学性能；二是通过锚固体系将浅层围岩附加荷载转移至深层围岩，调动更大范围的深层围岩承载。对某些围岩来说，仅依靠“调动围岩承载”仍无法实现平衡，它需要支护结构协助承载。不同的支护形式对围岩的作用方式和机理具有一定差异，因此二者的发挥各有侧重。

隧道支护设计的根本目的为保障隧道安全性，根据隧道围岩工程响应特点，采取适时的外部干预方式，按其时机可分为事先干预、过程干预和事后干预三种方式，分别对应常规意义上的超前支护、初期支护和二次衬砌，其中超前支护为安全施工的基本前提，初期支护为核心，而二次衬砌则为安全储备。

## 二、隧道超前支护的变形控制原理

### （一）隧道超前支护的变形控制作用

隧道超前支护在整个支护体系中的任务明确，不同于后续施作的处于孤立状态的隧道表面支护，超前支护与围岩相互联系、相互作用，形成有机整体，产生了自我稳定的新功能，加固围岩发生了质的变化。考虑到围岩变形全过程演化规律，超前支护首先防止围岩在急剧变形阶段发生失稳破坏，减小围岩超前破坏范围，为隧道施工和初期支护施作创造条件，是隧道安全开挖的基本前提。此外，对于作用于开挖面周边岩体的超前支护，在隧道施工过程中始终存在，对施工全过程的围岩变形控制具有较大贡献，是防止围岩大变形的重要手段。因此，工程师应通过准确的计算将隧道超前支护的变形控制作用进行量化。

根据前边的内容可知，隧道围岩急剧变形量可达总变形量的 70%，软弱破碎围岩容易失稳，为了控制隧道围岩急剧变形量，超前支护方式得到了广泛应用。对于不同的开挖方法，超前支护的设计理念也不同，对周边加固的浅埋暗挖法与正面加固的新意法而言，两者尽管都强调对围岩进行预处理，但是各自的侧重点有所不同，以围岩变形为对比依据，二者的区别如图 4-8 所示。

由于浅埋暗挖法侧重于隧道周边加固，试图形成壳体结构，且作为永久支护的一部分，改变了围岩特性曲线的发展趋势，使围岩（尤其是开挖面附近）位移降低，围岩特性曲线由初始的 AB 段变为 AEF 段，在同样的支护时机下，支护－围岩系统达到平衡时围岩位移与支护荷载均有所降低；新意法则侧重于掌子面正面地层加固，试图对周边地层形成有效支撑，但这部分土体将被开挖掉，因此实质上并未改变围岩特性曲线，仅仅延缓了开挖面前方围岩应力和位移的释放，支护－围岩系统达到平衡时的围岩位移相对较小，增加了支护系统承担的荷载效应。显然，当正面加固与周边加固使开挖面围岩变形量相等时，在相同的支护时机下，支护－围岩平衡点分别为点 E 和点 D，前者的围岩变形量和支护荷载均小于后者。由此可见，在不同的工程地质条件下，两种设计理念的优势和特点不同，但总体上来说周边加固效率更高。

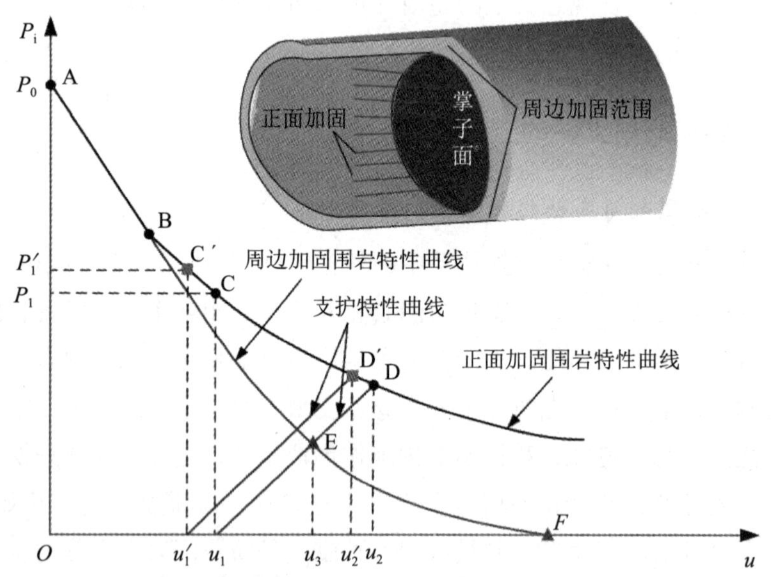


图 4-8　不同超前支护理念的变形控制作用对比

### （二）隧道超前支护与围岩相互作用的力学模型

目前，研究隧道超前支护对围岩变形的控制作用时，主要有两种处理方式：一是采用等效支护力的方法，将超前支护等效为作用于隧道洞周的均布反力；二是将超前支护与围岩视为等效加固圈，提高超前支护对围岩的力学性能。尽管前者的力学模型较为简单，但是等效支护力往往需要根据经验确定而缺乏科学性。因此，这部分采用等效加固圈的处理方法，研究等效半径为 $r_0$ 的隧道，将超前支护作用等效为半径为 $r_a$ 的加固圈，洞室围岩力学模型如图 4-9 所示，该模型与实际工程中的全断面注浆以及周边帷幕注浆更为接近。

推导过程基于以下条件：

一是深埋无限长隧道，受静水应力场 $p_0$ 的作用，满足平面应变条件，并将实际隧道断面以等代圆的方法等效为圆形断面；二是超前支护在隧道洞周形成

内径为 $r_0$、外径为 $r_a$ 的加固圈；三是原始围岩和加固圈岩体均视为各向同性的均质材料，计算结果适用于节理裂隙发育岩体，考虑塑性围岩剪胀效应。

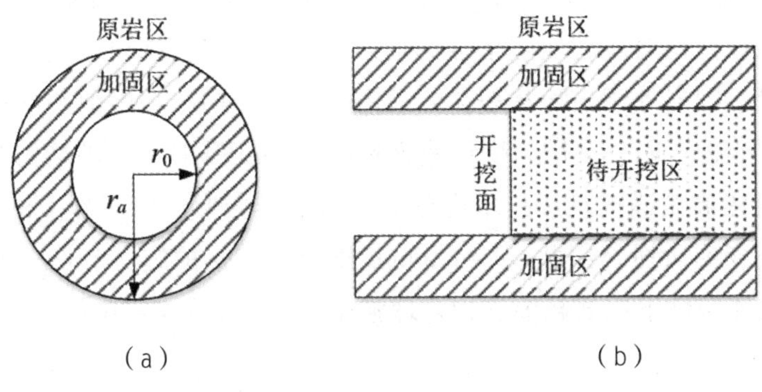


图 4-9 洞室围岩力学模型

### （三）隧道超前支护参数优化

1. 隧道超前支护参数优化程序

对于复杂隧道围岩，超前加固的主要目的为控制围岩急剧变形量，超前支护设计参数较弱可能诱发围岩失稳或掌子面关门事故，严重威胁施工安全，而超前支护过强时，由于超前支护外露端须由初期支护承担，可能造成初期支护承载过大而失效，且支护参数越强，所需支护成本越高。因此，超前支护的设计为最优化问题，约束条件为工程成本最低，将其转化为参数取值问题，显然超前支护参数越低，越经济。

（1）围岩稳定性评价。首先基于工程地质情况，采用工程类比、现场实测等方法并结合相关规范确定围岩位移控制标准 $U_{max}$，根据公式计算隧道最大变形量 $u$ 与位移控制标准 $U_{max}$，若 $u<U_{max}$，则无须采取超前支护措施；若 $u>U_{max}$，则须根据位移目标进行超前支护设计。

（2）超前支护环向参数的确定。对加固参数进行敏感性分析，初步确定影响围岩位移的相关参数的最优解。若最优解集不满足隧道变形控制要求，则扩大参数变化范围并重新计算；若最优解集对应的隧道变形过于安全，则对各参数按照敏感度依次分析，以得到各参数的富余空间。在求解某一参数的富余空间时，其他参数取最优解，并将位移控制标准代入公式中反算，得到该参数的临界值。

2. 隧道超前支护纵向范围的确定

隧道围岩变形速率在掌子面附近达到最大值，此时隧道容易发生垮落，因此超前支护施作范围应超过围岩变形速率阈值。容许变形速率无统一标准，通常根据经验并结合工程实际情况选定，如日本规定当围岩最大变形速率超过20 mm/d时，围岩处于失稳状态，应采用特殊支护措施；中国西坪隧道和金竹林隧道塌方监控表明，当围岩变形速率超过10 mm/d时，支护结构严重开裂。根据《铁路隧道喷锚构筑法技术规范》，当围岩变形速率超过1 mm/d时，围岩进入急剧变形阶段，因此以 $v$=1 mm/d 作为超前支护施作节点，结合经验公式可得深浅埋条件下围岩超前支护合理施作时机，如图 4-10 所示。

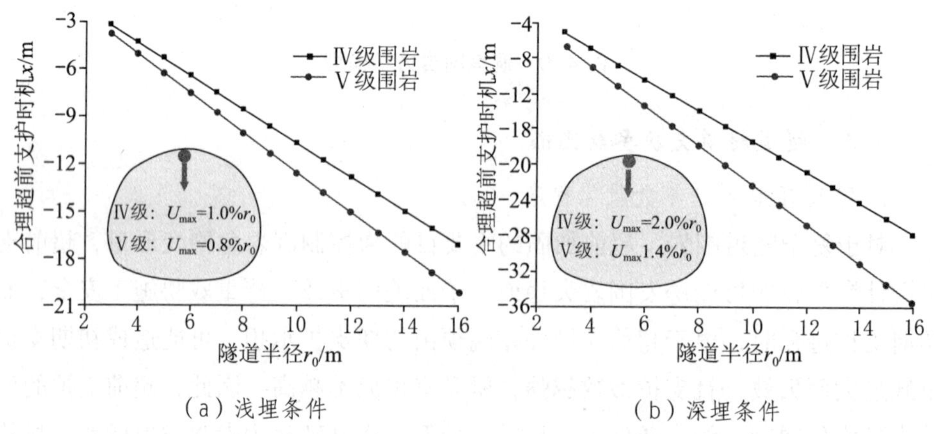


**图 4-10 超前支护纵向施作范围的确定**

隧道超前支护合理施作时机与隧道洞径几乎成线性关系，且洞径越大，超前支护越早施作。若隧道最大容许变形量 $U_{max}$ 取建议值，则对于深埋隧道，IV 级围岩合理超前支护时机约为掌子面前方 1.74$r_0$ 处，而 V 级围岩则位于掌子面前方 2.23$r_0$ 处。对于浅埋隧道，由于施工影响范围较小，超前支护施作时机相对较晚，对于IV级围岩和V级围岩，超前支护时机分别为掌子面前方 1.07$r_0$ 和 1.26$r_0$ 处。

## 三、隧道初期支护作用原理与协同优化方法

隧道初期支护是施作于掌子面后方保证施工期间安全工作条件的重要措施，是隧道支护体系的核心部分，通常采用锚喷支护配合型钢或格栅钢架。其

中喷射混凝土作为龄期类材料，和钢架组成的棚式支护结构通过表面接触方式对围岩提供支护反力，可称为“表层初期支护”，其与围岩存在耦合作用关系，以往支护－围岩非耦合解答与实际存在较大差别而难以直接应用。随着预应力锚固技术的发展，由锚杆、锚索组成的锚固体系支护技术得到广泛应用，但其协同作用机理和描述方法尚处于探索阶段，缺乏科学系统的认识，也给隧道支护的定量设计带来困难。因此，这部分基于隧道支护与围岩作用的动态演化机制，分别建立锚固体系和表层初期支护与围岩相互作用的力学模型，阐明锚固体系协同作用原理，进一步提出隧道初期支护体系协同优化设计与评价方法。

### （一）隧道锚固体系与围岩作用原理

#### 1. 锚固体系协同作用机制

与喷射混凝土、钢架等其他常规形式的初期支护不同，锚固体系作为围岩加固层面的内容，一方面约束深层围岩变形的发展；另一方面加固浅层围岩，控制浅层围岩范围的扩展，改善围岩内部应力分布状态，并与围岩共同维护隧道的稳定性。锚固体系与隧道围岩按一定工作方式组成的复杂系统称为隧道锚固系统，通过与周围环境之间的有机联系而处于动态平衡状态。作为锚固系统的基本组成部分，锚固构件性能和围岩质量决定了系统稳定性，而二者构成的锚固岩体是支护－围岩相互作用的结果。锚固系统的协同作用包括三个方面，即锚固体系与围岩之间的相互作用、不同锚固构件之间的协同作用以及单一锚固构件不同参数之间的匹配效应，其协同作用机制如图 4–11 所示。

在隧道横断面方向，锚杆支护作用的核心是通过环向的“压缩拱”效应，与浅层围岩形成整体结构，锚索则将该结构悬吊至稳定岩层，承担其自重荷载和下部整体结构传递而来的形变荷载，二者协同作用从而调动深层围岩承载。沿隧道纵向，锚固体系与围岩则形成了双层悬索结构，其中锚杆与浅层围岩组成承重结构，而锚索与深层围岩组成稳定结构。若以相邻锚杆及其周边 $L/2$（$L$ 为锚杆排距）为一单元体，则可建立图 4–11（b）所示的结构力学模型。由锚杆、锚索以及浅层围岩形成的组合梁具有一定承载能力，但对于稳定性差的围岩，该承重结构可能因上覆岩体变形及在自重荷载作用下向临空面运动，因此锚索将组合梁吊至稳定的深层围岩，从而增加了围岩的整体稳定性。

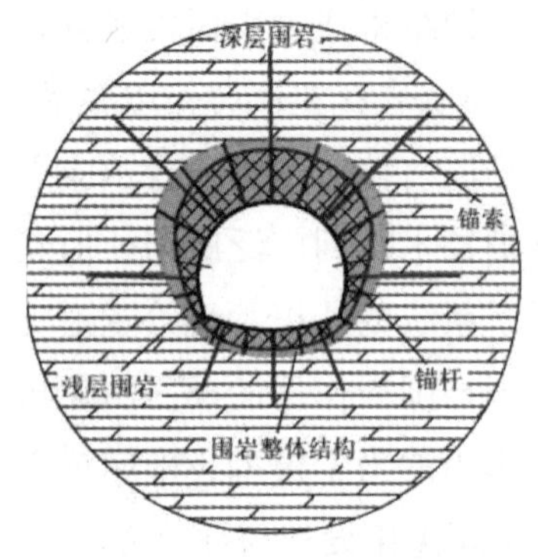

（a）横断面表征　　　　（b）纵断面表征

**图 4-11　隧道锚固体系与围岩的协同作用机制**

2. 隧道复合围岩结构简化模型

根据复合围岩结构理论，破碎区围岩稳定性较差，可划分为浅层围岩，破碎区外岩体稳定性较好，塑性软化区和弹性区围岩力学特性具有明显差异性，可分别划分为第一组深层围岩和第二组深层围岩，如图 4-12 所示。

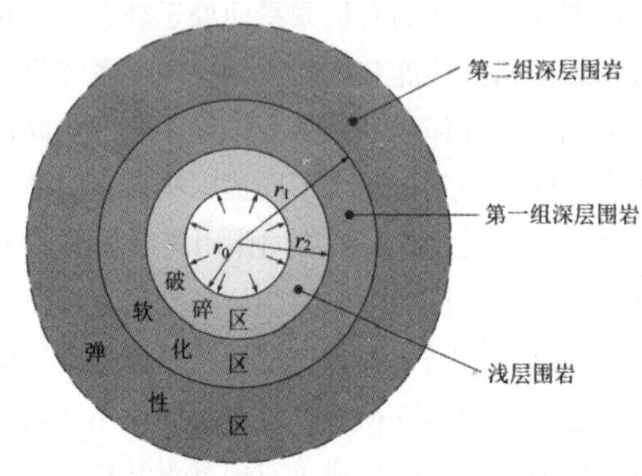


**图 4-12　均质地层深浅层围岩分布简化模型**

研究应变软化围岩时，采用莫尔屈服准则。考虑到求解的简便性，这部分内容基于连续介质理论求解，因此同一组深层围岩力学行为完全相同，作为承担荷载的主体结构，均表现出“结构层”的性能，且围岩结构均表现为圆形。

3. 锚杆 - 围岩相互作用全过程解析

随着隧道纵向推进，围岩应力逐渐释放，隧道洞周围岩逐渐进入塑性软化

和残余阶段。根据围岩应力状态以及与锚杆相对位置的不同，可将锚杆－围岩力学分析模型分为6种工况，如图4–13所示。

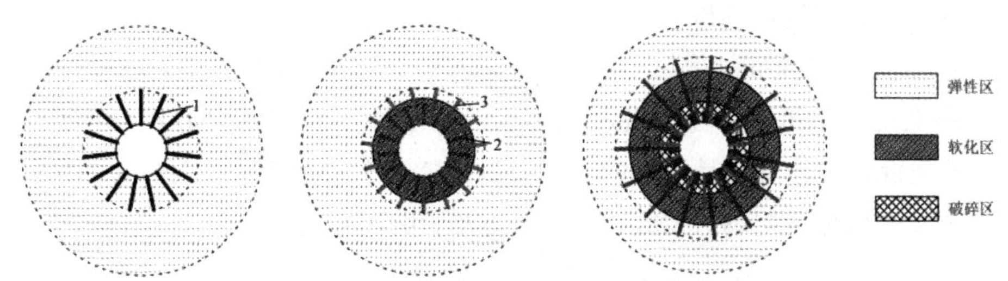


（a）围岩发生弹性位移（b）围岩发生塑性软化位移（c）围岩发生塑性残余位移

**图4–13 锚杆－围岩相互作用力学模型**

### （二）隧道表层初期支护与围岩动态作用机制

传统的收敛－约束法在研究隧道表层初期支护与围岩相互作用时，往往直接将围岩特性曲线与支护特性曲线相交，进而得到平衡时的围岩位移和支护受力。这种方法具有明显的局限性，事实上，表层初期支护的作用原理是围岩变形而产生被动反力，且支护施作一般滞后于围岩变形，因此支护力将小于围岩需求力，即表层初期支护特性曲线与围岩特性曲线不存在相交的点。因此，在进行表面初期支护的分析时，不能将支护特性曲线与围岩特性曲线简单相交，而应考虑二者的耦合作用。

1. 喷射混凝土力学特性

作为龄期类材料，喷射混凝土与围岩的相互作用呈现出显著的时效性：一方面，在承载过程中支护荷载逐渐增长；另一方面，随着时间的推移其强度和刚度逐渐增大。因此对于某一时刻，喷射混凝土承担的荷载可能超过其当前的极限承载能力而导致失稳。喷射混凝土的硬化特性对支护－围岩整体安全性具有重要影响，这一现象应在隧道支护结构的设计中予以重视。

2. 隧道表层初期支护——围岩耦合模型

表层初期支护施作后，围岩荷载由钢架支护力 $p_1$、喷射混凝土支护力 $p_2$ 和虚拟支护力 $p_f$ 共同承担，且钢架与喷射混凝土共同变形，满足变形协调条件。

3. 隧道表层初期支护——围岩耦合解析

在实际工程中，施工顺序一般为先施作钢架，然后迅速施作喷射混凝土，假定支护结构与围岩密贴，针对应变软化围岩进行分析，围岩特性曲线与虚拟支护力表达式采用上述的研究成果，并分别对围岩处于不同状态时支护 – 围岩相互作用全过程进行解析。

4. 合理支护时机的确定

由上述分析可知，喷射混凝土结构的安全性主要与钢架形式、支护时机 $x_B$、喷射混凝土达到设计强度的时间 $t_0$ 以及隧道掘进速率 $v$ 有关，为了保证喷射混凝土有效地承担围岩荷载，需要对主要影响因素进行控制。

### （三）隧道初期支护体系的协同优化原理

表层初期支护与锚固体系组成的支护形式称为初期支护体系，在不良地层条件下，隧道支护 – 围岩关系较复杂，如何合理确定隧道初期支护参数是隧道设计和施工所面临的关键问题。考虑到实际工程中锚杆支护施作的及时性，当围岩总变形小且浅层范围小时，可仅采用锚杆支护；对于围岩变形量大而浅层范围较小的情况，可采用锚杆支护与表层初期支护的组合支护方式；对于围岩变形大且浅层范围大的工程，锚杆支护的柔限制了，隧道中常用锚杆长度，此时锚杆支护的变形控制作用受到较大限制，甚至可能诱发支护失效而导致系统整体失稳，如十堰至房县高速公路通省隧道就曾因锚杆长度不足而诱发围岩大变形和破坏。此外，对于大跨隧道，围岩稳定性及其可靠性要求相对较高，锚固支护应具有一定的富余度，此时应采用锚固体系和表层初期支护协同作用的方式。基于上述原理，这部分内容提出一种基于支护 – 围岩相互作用的隧道初期支护协同优化方法。

第一，无支护段围岩稳定性评价。首先采用理论分析、数值模拟、现场实测等手段对围岩急剧变形量 $u_1$ 进行预测；然后基于隧道围岩的变形破坏过程，并结合相关规范确定隧道急剧变形控制标准 $[u_1]$；最后将两者进行对比。若 $u_1>[u_1]$，隧道施工过程中无支护段围岩将发生失稳，可通过锚固措施对其进行控制；若 $u_1<[u_1]$，无支护段围岩稳定性较好，无须另行锚固设计。当确定采用锚固手段后，可通过公式对围岩结构进行预测，若浅层围岩范围未超过常用锚杆支护长度，则可仅采用锚杆支护，否则采用锚固体系协同支护。

第二，锚杆支护参数的确定。当确定采用锚杆支护时，采用经验类比方法并结合相关规范，初步选取隧道锚杆支护参数的变化范围，并代入对应工况中各参数的敏感性分析，如此则可得到锚杆支护参数的最优解集，并获得锚杆作用下隧道围岩变形量 $u$，若 $u>[u_1]$，选取的锚杆支护参数范围不合理，需要调整参数后再次进行安全性校验，直至所得到的最优解集满足 $u_r<[u_1]$ 时，即为锚杆支护的合理参数。

第三，表层初期支护优化设计。基于支护－围岩相互作用原理，对开挖面空间效应所对应的虚拟支护力进行计算，进而预测隧道最大变形量 $u_2$。根据规范中对隧道极限变形量的规定，并参考相关工程经验确定围岩最大变形量控制标准 $[u_2]$。结合格栅钢架和型钢钢架的适应性分析进行钢架选型，并初步确定合理支护时机，参考类似工程经验和相关规范确定表层初期支护参数的变化范围，对各参数进行敏感性分析，搜索出参数最优解的存在范围，将各参数进行组合后对最大变形量 $u_2$ 进行预测，计算各方案协同度并进行比较，从而确定表层初期支护参数最优解集。

第四，初期支护协同设计。当浅层围岩范围较大时，采用锚固体系与表层初期支护组成的联合支护形式，以围岩变形量和支护协同度作为协同作用效果的评价指标。根据最优化方法中分层排序法的基本思想，首先通过上述步骤确定最优锚固方案，然后将锚固体系作为围岩的改良，参考规范和相关工程经验初步拟定表层初期支护方案，并代入基于锚固围岩的表层初期支护与围岩作用的对应工况计算各方案下围岩变形量，计算时初始围岩变形量为锚固体系作用下的围岩预测变形量。剔除结构失效的支护方案，对比有效方案的支护协同度，选择围岩变形控制效果最优且支护协同度最大的支护方案。

## 四、隧道复合支护结构协同作用

### （一）隧道复合支护结构协同作用的特点

锚固体系在以往的隧道工程中应用较少，因此这部分研究的初期支护指工程中常用的表层初期支护，即喷射混凝土与钢架所形成的组合支护。为了控制隧道围岩变形，隧道初期支护和二次衬砌分阶段施作，并在与围岩相互作用的过程中逐渐承担围岩荷载，二者相互作用过程如图 4–14 所示。

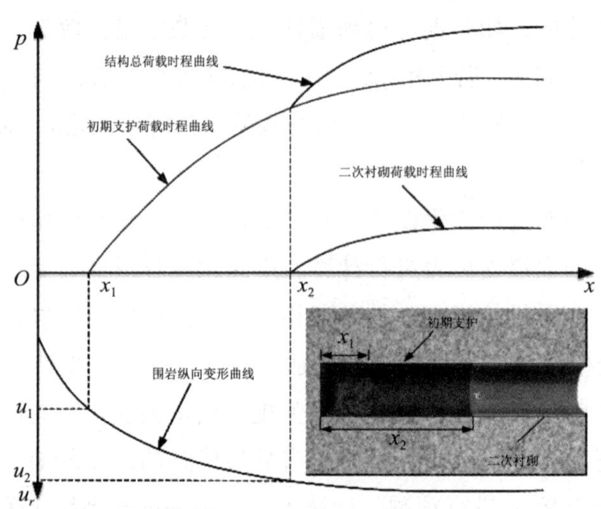


**图 4–14　隧道复合支护结构与围岩相互作用过程**

隧道初期支护的施作往往具有一定的滞后性，此时围岩变形已发展至一定程度，而随着支护反力的逐渐增大，围岩变形速率迅速降低，同时初期支护受力也逐渐增加；二次衬砌施作后支护体系总体刚度增大，复合支护结构总体荷载也逐渐累积，而该量值受二次衬砌的支护时机和刚度综合影响。当二次衬砌施作较早时，围岩变形速率较大，支护体系将承担较大的围岩荷载，对结构提出高强度要求。显然，隧道复合支护结构协同作用的本质为变形协调和荷载的合理分配，而其实现则需要复合支护结构作用时机、结构刚度和强度相互匹配，从而最大程度地发挥支护结构承载性能。

通常而言，二次衬砌施作时初期支护与围岩作用已基本平衡，变形量增加缓慢，而从隧道长期稳定性而言，由于隧道围岩流变变形及支护－围岩系统的不确定性，在进行二次衬砌设计时必然要考虑隧道结构在全寿命周期的安全性，主要考虑以下 4 个方面的因素。

1. 支护结构的耐久性

目前，中国隧道设计使用年限一般为 100 年，在此期间围岩可能发生蠕变变形，随着时间的发展围岩参数弱化，隧道表面衬砌长期暴露在空气中而发生劣化，为了保证服役安全，在进行结构设计时需要保证支护结构具有一定的安全系数。

2. 特殊隧道围岩条件

处于富水地层中的隧道，尽管采用堵水限排的方式对涌水量和水压力进行控制，但是在极端情况下，若排水通道堵塞，则作用于隧道支护上的水压力增加，因此支护系统需要承载最不利的水荷载作用。

3. 不确定性条件

实际隧道围岩中含有大量的不连续结构面，受地应力、地下水、温度等赋存环境的影响，隧道围岩稳定性本身是一个复杂的非确定性问题，而在进行隧道设计时仅能对确定的围岩条件进行计算，其模型选择、材料参数确定、围岩荷载计算等均存在一定的变异性。因此，为了降低隧道的失效概率，提高支护系统的鲁棒性，支护本身需要具有一定富余量。

4. 特殊荷载条件方面的考虑

由于隧道围岩的复杂性和隧道地理位置的特殊性，当地震、山体滑坡、泥石流等自然灾害发生时，荷载效应会突然猛增。因此，对于此类风险，在进行隧道设计时应使支护具有一定的安全储备。

初期支护与二次衬砌之间的应力传递规律是研究二者协同作用的基本前提，当然支护结构的承载量值因围岩条件的不同而存在一定区别。为了研究二衬结构承载机制，本书对实际工程中隧道拱顶和拱腰初期支护与二次衬砌的接触压力进行统计分析，如图 4-15 所示。

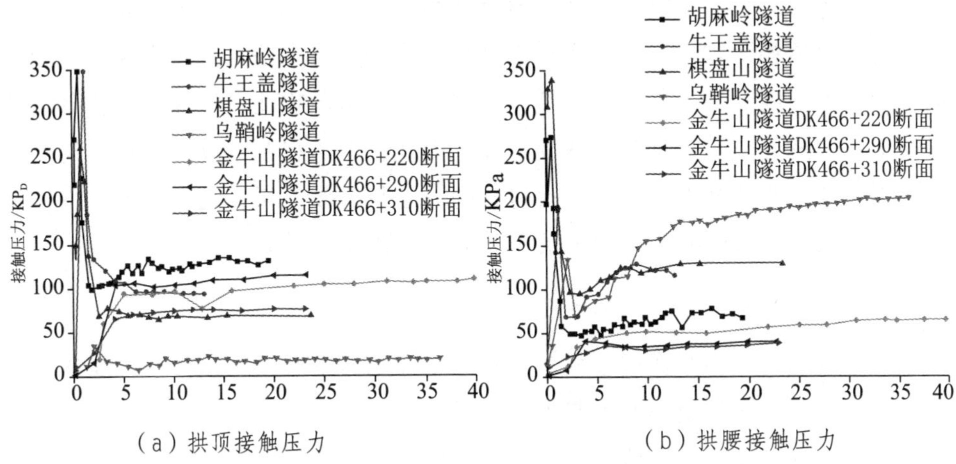


（a）拱顶接触压力　　（b）拱腰接触压力

**图 4-15　隧道初期支护与二次衬砌间接触压力时程曲线图**

隧道初期支护与二次衬砌之间的接触压力先后经历不同的发展阶段，并最终趋于稳定。复合支护结构作用关系复杂，由图 4-15 中的监测数据，并结合隧道施工过程与结构受力特点可知，其作用过程具有以下特点。

第一，对立统一性。隧道复合支护结构作用于围岩表面，是典型的表面支护形式，其受力机制基本相同，均因围岩收敛变形而产生支护反力。一方面，初期支护和二次衬砌共同承担围岩荷载，控制围岩变形；另一方面，二者承担的荷载大小与地层条件、支护参数等因素有关，并呈现“硬支多载”的特点。

第二，初支主体性。在复合支护结构中，初期支护可承担全部附加荷载，其实现则需要较强的超前支护加以配合，有时甚至需要施加多层初期支护；二次衬砌则作为安全储备以满足隧道服役过程中的安全性和耐久性要求，提高隧道可靠性，承担荷载主要由施作时机和结构刚度决定，通常受载较小。

第三，时空相关性。在隧道施工过程中，围岩变形和荷载逐渐释放，初期支护和二次衬砌承担的荷载也在不断调整。工程中常用的二次衬砌形式多为现场模筑混凝土，衬砌结构荷载的发展经历了三个阶段：第一，衬砌浇筑完成时由于混凝土的硬化特性，作用于二衬结构上的荷载逐渐增大；第二，当模板台车撤离后，随着台车支反力的释放，二衬应力状态不断调整，衬砌结构受力急剧下降；第三，随着混凝土强度和刚度的增长及围岩变形的发展，衬砌结构受力再次增加直至支护 - 围岩平衡时稳定。

从现场监测数据来看，不同工程条件和空间位置的二衬受力差异很大，这意味着若仅依赖经验设计，二次衬砌结构的安全性将无法得到可靠保障。因此从工程设计角度而言，如何计算隧道二次衬砌荷载承担比，性如何量化分析结构安全，对隧道支护设计具有重要意义。因此，下边将基于复合支护结构的协同作用原理，阐明初期支护与二次衬砌的分工与合作关系，结合支护 - 围岩相互作用关系提出隧道复合支护体系安全系数计算方法。

### （二）隧道复合支护结构协同作用的模型

在支护 - 围岩相互作用过程中，支护结构受力不断增大，甚至可能达到屈服。根据初期支护理论屈服点与支护时机和平衡点的相对位置关系，基于收敛约束原理，可将复合支护结构协同作用计算工况分为三种，如图 4-16 所示。

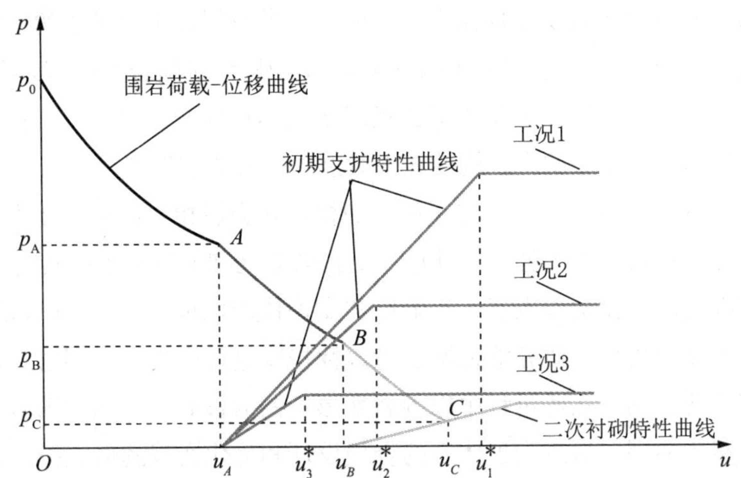


**图 4-16　初期支护－二次衬砌协同作用工况模型**

假定初期支护施作时围岩已发生变形 $u_A$，由于支护结构对围岩施加约束，初期支护施作后围岩荷载－位移曲线为 *AB* 段；当二次衬砌施作时围岩变形量为 $u_g$，此时支护体系总体刚度增加，支护－围岩关系相应发生变化，围岩荷载－位移曲线表现为 *BC* 段直至平衡。本模型充分考虑了支护结构对围岩荷载效应的控制作用，反映了支护－围岩的耦合作用。

根据复合支护结构受力状态的相对关系，可凝练出以下三种协同作用模式：若初期支护极限变形量为 $u^*$，当支护参数选择合理时初期支护始终处于弹性状态，$u_1^*>u_c$，即工况 1；当初期支护设计不合理且二次衬砌施作较早时，初期支护在二次衬砌施作时处于弹性状态，随着围岩变形的增大而发生屈服，$u_B<u_2^*<u_c$，即工况 2；当初期支护时机和支护形式选择不当且二次衬砌施作较晚时，二次衬砌施作时初期支护已发生屈服，$u_3^*<u_B$，即工况 3。需要指出的是，实际工程中二次衬砌屈服是不可接受的，且易于观察到，因此以上三种工况包含了复合支护结构协同作用过程中可能出现的所有情况。

## 五、隧道支护体系协同设计理论与优化方法

### （一）协同支护体系的组成及其控制因素

所谓协同，指的是多个不同的资源或个体，协调一致地完成某一目标的过

程或能力。就隧道围岩安全性而言，协同支护的目标在于以最小的支护代价实现最佳的围岩稳定性控制效果。由于不同的支护构件对围岩条件的适应性不同，在复杂围岩条件下采用单一结构形式难以实现隧道安全。因此，支护体系的协同作用表现为原本单一的支护构件在承载过程中可能诱发围岩失稳、结构失效、环境失调等安全性事故，而在与其他支护构件联合后相互促进、互为补充，从而产生总体支护效果大于各子构件单一支护效果之和的协同增强效应。

隧道围岩协同支护以围岩工程响应和支护作用机理为基础，以协同学的基本原理和方法为指导，研究隧道围岩稳定性控制过程中支护－围岩系统的协同作用及其演化机制。在此过程中以围岩变形控制为核心，以调动围岩承载和协助围岩承载为原则，通过支护体系的合理设计和优化实现隧道支护－围岩系统的协同作用，充分发挥支护和围岩的力学性能，使系统功能在宏观整体上大于各子系统之和，即产生“1+1>2”的协同支护效应，从而降低隧道围岩失稳和结构失效概率，保证隧道全寿命周期的正常使用。这是协同支护与组合支护或联合支护的本质区别所在。

根据隧道施工原理，不同支护构件先后施作并与围岩相互作用，最终形成隧道支护体系。当协同支护得以实现时，整个支护体系内部形成一种分工明确、协调配合、联动互补的动态平衡状态。因此，结合隧道支护的作用特性，协同支护系统的基本特征表现为以下几个方面。

1. 不同支护构件有效衔接

根据不同支护的作用原理，明确支护结构的基本任务，即支护体系的分工与合作关系，如超前支护主要控制围岩急剧变形量，锚固体系解决无支护段围岩稳定性问题，表层初期支护控制隧道施工期间围岩总变形量，而二次衬砌则保证隧道围岩长期服役安全。因此，结合隧道支护－围岩动态作用演化机制，在不同的阶段支护构件分别发挥作用，而后序支护不仅应在前序支护失效前施作，还应保证支护体系的整体安全性。对于初期支护与二次衬砌的衔接，应以二次衬砌安全储备为原则，使不同支护构件的功能得以实现。

2. 广义支护体系刚度匹配

隧道支护刚度可有效改善围岩应力状态，及时控制围岩变形，保护围岩强度，从而有利于保持隧道稳定。因此，刚度是隧道支护体系的关键参数，也是衡量隧道支护荷载的重要指标参数。根据隧道支护本质作用，调动与协助围岩承载的权衡决定了围岩与支护的刚度匹配，支护－围岩作用阶段的划分节点为前后序支护刚度确定的依据，而同时期支护（如锚固体系）刚度的匹配则适应于支护构件自身的承载特性。从本质上讲，支护体系的刚度匹配，即围岩荷载的合理分配，通过对支护刚度的优化设计最大限度地发挥各支护自身优势，从而协同工作。

3. 支护－围岩体系变形协调

隧道支护结构与围岩以不同的接触方式相互作用，支护－围岩良好的接触状态是变形传递的基础，界面的局部脱空将导致应力集中现象。同时，支护结构之间的接触力学行为将影响结构安全性，此时应尽可能保证支护整体变形，减小结构所受弯矩。此外，对锚固体系而言，由于锚杆为柔性支护，施工中应先施作锚杆，待围岩变形释放后再施作延伸率较小的锚索，保证锚固系统协调变形。在隧道服役过程中，支护－围岩系统的接触状态不断变化，隧道病害由支护－围岩系统变形不协调所致，因此协同支护体系应具有一定的鲁棒性。以支护时机的衔接和支护刚度的匹配为基础，以现场施工质量为保障，达到支护－围岩系统的变形协调，实现协同支护效应。

根据协同学原理，系统由无序向有序转变的本质为复杂开放系统中大量子系统相互作用而产生的协同效应，是系统整体性和相关性的内在表现。就隧道围岩稳定性控制而言，协同支护系统是由围岩系统与支护系统按一定工作方式组合在一起的复杂系统，并与外界存在能量交换，其功能为保障隧道安全，系统的工作效能受到赋存环境、施工方法以及开挖尺度等因素的综合影响。

隧道围岩协同支护体系由支护系统与围岩系统两大子系统组成，二者之间的体系协同，即隧道支护－围岩动态作用，由此可确定隧道围岩变形控制标准，这是隧道支护设计的基本前提。超前支护和初期支护为支护体系的下一级子系统，通过各自目标的实现促使围岩尽快达到稳定，而二次衬砌则保障围岩长期安全，不同支护之间的结构协同，使子系统的功能发挥至最佳，这是支护设计的重要依据。各支护构件的承载性能由多个要素决定，不同要素之间存在着必然的内在联系，而要素协同则能最大程度地发挥构件性能，是隧道支护体系协同优化的核心内容。锚固体系与表层初期支护、初期支护与二次衬砌之间的协同均属于结构协同，而超前支护的参数匹配、锚固体系内部的协同等则属于要素协同。这部分将通过数学方法对以上三个层次进行统一描述，通过子系统内部因素在微观上的协调优化实现全局优化和协同。

在协同支护体系中，围岩条件客观存在，支护体系为工作方法，可供选择的空间较大，是协同支护的控制性因素，也是这部分研究的重点内容。从隧道支护－围岩作用机制出发，协同支护主要研究三个方面的内容：一是以围岩为主体研究对象，研究围岩系统在支护体系作用下的力学响应，即协同支护作用下围岩工程响应和稳定性的变化；二是以支护体系为研究对象，研究各支护构件之间的相互作用对支护体系工作性能的影响机制；三是以支护－围岩系统为研究对象，研究系统的协同作用机理、状态及其影响因素。

隧道支护－围岩作用过程中，围岩稳定性的表征参数为“围岩变形”，而促使围岩由开挖后的不稳定结构迅速变成整体稳定结构的内驱力是“支护阻力”。“支护阻力”是支护结构与隧道围岩相互作用的产物，并随着“围岩变形”的发展而不断增大，以支护结构的施作时机为起点，受支护结构自身的刚度、强度等力学特性的综合影响。“围岩变形”和“支护阻力”贯穿隧道工程活动的始终，是研究协同支护的标志性参数。

### （二）隧道支护体系协同优化方法

隧道支护体系承担围岩附加荷载，各支护结构之间的协同作用可使支护作用的效率最高，在设计时不仅应保证隧道工程的安全性，还应考虑隧道工程成本。隧道安全性包括两类指标，即围岩变形量和支护结构受力值。因此，支护体系协同优化的核心在于平衡隧道安全性与支护成本，本质上是非线性多目标优化问题，通过将其转化为对应的条件极值问题，建立相应的力学和数学模型，借助最优化方法和计算机程序求得最佳设计方案。

#### 1. 多目标优化基本原理

多目标优化主要包括设计变量、约束条件、目标函数三个要素。其中设计变量为一组待定参数，代表实际问题的一个设计方案；约束条件代表设计变量的各项要求，常以不等式或等式的形式出现，可分为几何约束和性能约束两种性质；目标函数是设计变量的函数，代表设计问题的性能标准，也是评价设计方案优劣的主要依据。多目标优化的目的是寻找最优设计方案。

2. 协同优化设计原则与方法

首先对目标进行降维处理，然后采用隶属度函数表示新的目标函数并进行求解，最终求得隶属度空间内的最优解。

（1）多目标优化模型的建立。首先明确工程所要满足的功能需求，然后以尽量少的目标函数描述所有需求。对隧道工程支护设计而言，其基本功能应为承担所有围岩附加荷载以保证围岩稳定性，而其约束条件则在于设计成本及现有支护构件质量和水平。在此阶段，应尽量保证所建立目标函数的先进性，这也是保证隧道最终设计方案科学性和合理性的关键。事实上，目前的工程实践往往落后于理论发展水平，当传统方法不适用或新理论在其他领域中得到成功应用时，新的设计理念才被接受。初期支护承担全部荷载的设计理念已提出二十余年，近年来才应用于实际工程。无独有偶，岩爆防控理论比其在矿山与隧道工程中的应用早十余年。因此，科学的设计方案应基于先进的设计理论，创建先进技术与工程实践之间的桥梁。

（2）目标函数的分组加权。基于主要矛盾对目标函数进行分组，根据组内各目标的重要程度及属性差异赋予相应权重，构建新的多目标问题 $P_k$，选择相应的隶属度函数，构建隶属度空间，从而将目标函数转换为无量纲的隶属度值，便于决策者进行比较和判断。为了保证计算过程的收敛性，所选取的隶属度函数应尽量简单，同时结合决策唯一性影响规律进行确定。

（3）参考点的设置。参考点为决策者的确定偏好策略，表示 $k$ 维目标的最理想状态，可使算法所得解集有效收敛到偏好区域。各目标分量值可取 1，当各目标之间矛盾较为突出时应适当牺牲次要目标，如对于围岩条件差的隧道工程，隧道安全性为首要目标，此时可适当降低经济性要求，即经济性指标分量取值小于 1。

（4）最优解的搜索与优劣性分析。得到多目标问题的最优解，若所得最优解满足决策者需求且切实可行，则将其作为最终决策方案，否则重新计算。需要指出的是，此处的最优性原则不仅指所得解的理论最优性，还应考虑施工难度，工程师应根据目前的施工水平确定最优设计方案。

## 第二节 隧道超前管棚支护施工的作用机理及工艺流程

### 一、隧道超前管棚支护施工的作用机理

超前管棚支护适用于软弱、沙砾地层，以及软岩、岩堆、破碎带地段，主要作用包括梁拱效应、加固效应和环槽效应。隧道开挖前，以掌子面与后方支撑为支点构成梁式结构，对整个岩层起到支撑作用，防止围岩松动或者垮塌。在围岩缝隙注入浆液胶结松散的岩体，可以改善整体强度。由此可知，超前管棚支护能够有效防止发生塌方事故，避免威胁施工作业人员的生命安全。与超前锚杆、超前小导管注浆技术相比，超前管棚支护技术具有施工快捷、易于操作、机械化配套程度要求低、支护安全性高等特点。

钢管与浆液固结成一个整体，钢管穿入围岩土层后，发挥钢管的骨架和格栅的作用。同时，浆液由钢管孔眼流出，与钢管周边土层胶结构成一个坚固的整体，改善周边土层力学性能，提升强度与刚度，为隧道开挖做好铺垫。

### 二、隧道超前管棚支护施工的工艺流程

#### （一）准备工作

进入施工现场后，工程技术人员首先勘验地下管线与地质结构，确定排水管道、电缆、光缆等管线的准确位置，排查地下土层结构中的障碍物，如果支护施工与地下管线的走向发生冲突，应立即调整施工方案。如果地下土层含有大量卵石，则需要在钢管夯入头安装切削头，以防止钢管头变形。同时，为了保护地下管线安全，不同的地质结构应选用不同的钻头与回护器。暗洞口边仰坡稳固后，开始进入套拱开挖作业工序，施工时不可随意选择切坡，应在管棚施工作业结束后开始扩挖。套拱固定端选用 C25 混凝土，拱内设置两榀 18# 工字钢，并将 $\phi$16 的固定钢筋与 $\phi$150 的孔口管焊接组成一个整体结构。在制作钢管时，为了便于钢管钻进，钢管的管口应设计成锥形，同时利用长度为 15 cm 的丝扣连接。此外，为了避免浆液倒流，应在每一根钢管的尾部设置 2

cm 厚的钢板（止浆板）。止浆板与钢管组成整体结构后，钻出 $\phi$20 的螺纹形注浆孔洞。

### （二）设备调试与安装

超前管棚支护施工使用的机械设备包括管棚钻机、空压机、挖掘机等。机械设备应在施工前就位。设备管理人员应及时检查并调试机械设备，更换动力性能不达标的机械设备。夯管锤施工时，钢管导轨与夯管锤底座应保证牢固性，在安装过程中经常检查校对安装位置。尽量选择工字钢或者重型槽钢做钢管导航，若钢管直径超过 210 mm，则需加设一根工字钢。安装管棚钻机时，首先校验钻机探棒的精准度，确定钻机的准确位置、方向与角度。为了防止钻机在启动后发生位移，应提前固定好钻机底座。调试钻机时，通常先放置一个仰角，角度取决于管棚的长度、钢管壁厚、地质结构等。

### （三）钻孔与扩孔

进入钻孔工序后，施工人员首先根据施工设计图纸，按设计角度为 1° 的外插角，将钻杆与套管同步钻入围岩，直至设计深度。为了保护钻孔的完整性，钻进施工时套管与钻具需要同时跟进，避免出现塌孔事故。为了方便孔内注浆，需要设置临时护孔。超前管棚支护施工对钻孔的位置及精度要求较高，因此每处钻孔开孔处的孔眼应当与终孔处的孔眼保持在同一个周界面上，这样可以有效防止管棚施工偏差。钻孔工序结束后，应采用注水方式清洗套管内的钻孔，然后取出钻杆。

需要注意的是，不同的地质条件对泥浆的流速要求不同。因此，为了便于成孔，技术人员应做好技术交底工作，在施工过程中应结合前期的地质情况，随时调控泥浆流速。此外，为了增强泥浆的润滑效果，可以在泥浆中添加增黏剂或润滑剂，降低钻孔过程中产生的摩擦阻力，延长钻机的使用寿命。为了便于钢管穿进操作，钻孔成型以后，可以根据钢管直径开展原钻孔扩孔作业，其中回扩头直径是钢管直径的 1.3 倍。

### （四）钢管连接与钢管棚顶进

管棚钻机就位后，可以采取直接推进的方法对第一节钢管施加推力。在开孔阶段可以低压低速推进，第一节钢管进入岩层 1 m 左右后逐渐提升压力，并保持正常的转速。管棚施工对钢管的走向与行进精度要求较高，因此在钻进施工时，技术人员应随时利用仪器检测钢管的行进位置。为了避免钢管出现较大的位移偏差，钻进施工时可以利用三脚架固定钢管，使其在岩层中始终沿设计轨迹行进。

钢管连接主要包括丝扣连接和电焊连接，如果采用夯管锤夯击钢管的方法，在连接钢管时应选用电焊连接法，且处理钢管焊缝时需要利用绑扎线紧固。如果水平钻机推进钢管，应当选用丝扣连接法。管棚顶进施工结束后，施工人员应利用小木楔或者垫块楔紧钢管与围岩壁，然后利用防水胶泥或锚固剂填充钢管与围岩壁的缝隙，确保管棚与围岩壁组成一个坚固的整体架构。

#### （五）注浆

注浆施工时，应严格按照正确的顺序注浆。两侧低位孔向中间高位孔注入浆液，并保证无水孔在前、有水孔在后，注入量超过 80% 时停止。全部钻孔的注浆量满足设计标准后，应检查注浆孔是否漏浆。如果相邻钻孔发生串浆现象，可利用木楔、快速硬化水泥砂浆或者锚固剂封堵，直至现象消失。如果注浆压力骤然升高，施工人员应立即关闭注浆设备，检查注浆管及钻孔的完好性。

注浆工艺首先在开挖面与钻孔管周围岩层表面喷射厚度为 10 cm 的 C25 混凝土，以封堵岩层表面的缝隙，然后将带有注浆管的钢板与管棚钢管焊接在一起，并通过高压注浆泵向钢管内部注浆，在高压作用下填满孔壁缝隙，固结岩土层。为了保证注浆效果与岩土层强度，注浆时可以将钻孔标记为单双号孔，单号孔注浆固结时间超过 24 h 后，向双号孔注浆。

## 第三节　浅埋暗挖隧道管棚预支护机理及效用

### 一、浅埋暗挖隧道管棚预支护机理

#### （一）管棚预支护设计

在隧道开挖轮廓线外一定范围内，钢管以一定的外插角，插入前方自然地层，通过向钢管内注浆固结周边围岩，与钢拱架共同作用构成预支护体系，其中钢拱架作为横向支撑，钢管作为纵向支撑。管棚在地下工程中的适用范围：①浅埋但不宜明挖地段；②浅埋隧道情况下，地表有建筑物或隧道接近结构物等时对施工沉降有特殊要求的工程；③不良地质，如软弱砂土质地层、砂卵砾石地层、膨胀性软流塑地层等；④浅埋大偏压等地质和地下水丰富的地下构筑物施工的支护；⑤隧道洞口段及大断面隧道施工的辅助工法；⑥穿越建筑物、公路、铁路及地下结构物下方隧道修建的辅助方法；⑦地铁等穿越城区的地下工程的开挖预支护。

目前在管棚的工程设计中，管棚参数的选取一般依据工程类比法，并根据工程的具体情况，对管棚参数不断进行调整，对管棚的设计施工进行深入研究。

1. 管棚层数设计

在地下工程中，管棚一般采用单层布置，但当隧道从重要建筑物、道路下方穿过时，为了有效地控制隧道施工引起的地面沉降，需要增强管棚层的刚度。管棚层刚度的提高主要有两个有效途径提高单层管棚直径、增设管棚层，增设管棚层的方法可以利用普通钻机的优点，因此，一些工程就采用了双层管棚。

2. 管棚尺寸选择

管棚尺寸主要包括管棚长度、管棚直径及壁厚。隧道工程一般采用热轧无缝钢管，管棚长度一般为 10 ～ 50 m，分段安装，每段长 4 ～ 6 m，两端之间采用 V 型对焊连接或者丝扣连接。设计管棚时，需要根据工程的特点、地质条件确定管棚直径。管棚直径也因工程特点的不同而不同。一般工程，可以选用管径低于 159 mm 的管棚，目前工程上采用较多的是管径为 108 mm 的管棚。对于特殊工程，应根据其重要性、施工难度确定管棚的直径。

管棚的支护长度越长，辅助施工时间越短，施工效率。管棚长度取决于围岩条件、施工方法、钢管直径、施工机械等，若采用坑道钻机施作管棚，则管棚支护长度会受到钻孔机具、钻进技术、钢管柔性弯曲等条件的限制，且管棚支护长度过长，方向就会难以控制，管棚容易下垂，很难确保管棚的水平角度和排列整齐，从而影响施工质量。但如果支护长度太短，则每段都需要施作管棚工作室，增加工作量和成本，影响施工效率。根据不同的地质条件，管棚支护长度一般为 10 ～ 50 m。研究人员通过实验及数值模拟对比分析得出，当管棚的长度达到 1.5 倍开挖高度时，增加管棚长度并不能有效地限制管棚挠度，这说明当管棚长度超出隧道的破裂面时，管棚对地层位移的控制影响有限。因此，管棚长度存在一个临界值，大约为 1.5 倍开挖高度。

当工程位于城市地区或者穿越重要的构筑物时，由于许多不利条件的制约，管棚工作室的施作受到影响，这时就需采用非开挖方法施作管棚，此法对管棚方向的控制比较精确，管棚长度可根据隧道、地下工程的长度确定。例如，北京地铁 5 号线雍和宫站至和平里北街站区间暗挖隧道需要穿越北二环护城河，上覆土深为 15 ～ 17 m，地表沉降最大值为 30 mm，为了保证地面行车、地下管线的安全，隧道安全穿越北二环护城河，采用管棚施工技术。管棚采用直径 108 mm、壁厚 5 mm 的无缝钢管，有效支护长度为 44.6 m，环向间距为 30 cm。北京地铁 4 号线中关村站与中关西区地下通道工程，上覆厚度为 5.7 m，土层稳定性差，暗挖时不能形成塌落拱，容易发生坍塌，为了保证暗挖施工及管线安全，采用管棚预支护。管棚采用直径 159 mm、壁厚 8 mm 的热轧无缝钢管，有效支护长度为 25.5 m，环向间距为 40 cm。

3. 管棚空间位置

在管棚施工中，管棚开孔位置尽量靠近开挖轮廓线，但受管棚施工方法和施工精度的限制，同时不得侵入隧道开挖轮廓线，钢管中心一般距开挖轮廓线 30 cm。

由于管棚不能侵入隧道开挖轮廓线，受松软地层和钻杆自重的影响，管棚开孔时钻杆应有一定的上仰角度。影响管棚向下弯曲的因素主要有三个：地层条件、管棚材料质量、钻进工艺。充分考虑上述因素并结合具体地质条件，外插角一般包括三个隧道纵向轴线方向呈 1° ～ 5° ，仰角的设置还需要考虑管棚长度、管棚施作方法等。当选用非开挖方法且管棚方向可精确控制时，可不设外插角。

管棚环向间距主要受以下因素影响：①地层压力、地层性质（黏着性、密度、粒径、裂隙、地下水）；②管棚在隧道断面的位置（顶部、侧部、底部）；③水平钻孔的施工性，即钻杆的弯曲程度；④隧道的开挖方法。

管棚间距主要受管棚岩土的稳定性、防水要求和施工精度的控制。在水平钻孔中，管棚的弯曲量随施工深度的增加而增加，大致为钢管施工长度的 1/600 ～ 1/250。

管棚间距一般为 30 ～ 50 cm 或者按照 2.0d ～ 2.5d（d 为管棚的外径）估算，对于松软地层，钢管中心间距应适当缩小，考虑到钻进等因素，相邻钢管中心间距以 30 cm 为宜，凝聚力较高的黏性土层钢管中心间距可适当加大。

4. 掘进步距及钢拱架间距

掘进步距过小，会增加工序转换时间，并对施工效率产生比较大的影响；掘进步距过大，在隧道施工中容易产生坍塌、冒落等事故。根据计算结果和具体地质条件，并考虑到隧道衬砌强度的增长速度，隧道开挖采用短台阶或全断面的形式时，每次掘进长度为 0.75 ～ 1.5 m；采用 CRD 工法开挖时，每次掘进长度为 0.5 ～ 1.0 m，开挖完成后及时喷射混凝土，并架设钢拱架，挂网喷射第二层混凝土，形成初期支护。

在浅埋或洞口段宜采用钢拱架支撑，钢拱架一般采用工字钢，当地层为软弱破碎带时可采用格栅钢架，间距一般为 0.5 ～ 0.75 m，特殊情况下可加密。例如，东莞至惠州城际轨道交通下穿光明二路段，采用管棚预支护，管径 108 mm，壁厚 6 mm，管棚长 50 m，CRD 工法开挖，每次掘进长度为 1.0 m，围岩为 V 级，格栅钢架间距为 0.6 m。北京地铁 10 号线安贞门至北土城站区间，暗挖三联拱隧道中洞开挖面 8.01 m（宽）× 7.13 m（高），采用 CRD 法施工，洞口段采用管棚施工技术，管径 108 mm，管棚长 8 m，环向间距 30 cm，150 mm × 150 mm 钢筋网，格栅间距 0.5 m。

5. 水平搭接长度

管棚的水平搭接长度主要由围岩地质条件、隧道开挖高度等因素决定，管棚纵向的搭接长度应不小于 1.0 m，一般取 2 ～ 6 m。

6. 管棚注浆

管棚下管到位后，钢管上预留孔洞，以一定的压力注入浆液，注浆孔孔径一般为 10 ～ 16 mm，间距为 15 ～ 30 cm，呈梅花型布置，孔口段 2.0 m 范围内管壁不钻孔，作为止浆墙。注浆的主要作用是浆液以填充、渗透和挤密的方式填充岩体的空隙并赶走土颗粒间或岩石裂隙中的水分和空气，浆液将松散颗粒胶结成一个整体，从而改变岩体的物理力学性质，使岩体的物理力学性质向具有更好承载力的方向发展，同时起到防渗的作用，浆液通过导管上的孔洞渗入围岩，使隧道周围一定范围内的围岩得到加固，即围岩和管棚支护一起组成预支护体系，在管棚体系保护下进行开挖和支护作业，改善了作业环境，提高了施工的安全性。选取浆液时，应同时考虑以下几个问题：浆液的可注性、浆液凝胶体强度、机械设备、浆液的凝聚时间、材料来源、材料价格、材料是否有毒。根据现场经验，管棚注浆的浆液一般采用纯水泥浆液、水泥 - 水玻璃浆液、水玻璃浆液。

水泥浆液的水灰比一般为 0.5 ∶ 1 ～ 1 ∶ 1，水泥与水玻璃的体积比一般为 1 ∶ 1 ～ 1 ∶ 0.5，注浆压力一般采用初压 0.5 ～ 1.0 MPa，终压 1.0 ～ 3.5 MPa，有涌水时应该适当加大，当涌水压力很大时，先注浆堵水，再搭设管棚。在注浆施工中，可以采用由下而上、由边墙至拱顶的钻孔注浆顺序，当单管的注浆量达到设计注浆量，或者进浆量不能达到设计注浆量，但注浆压力达到设计终压且持续时间不低于 20 min 时，结束注浆。例如，河北省张家口市西太平山隧道，针对工程进出口洞门浅埋段的围岩特性以及开挖洞身的安全系数，采用大管棚进行预支护，管棚长度为 30 m，采用中 108 mm × 6 mm 的热轧无缝钢管，节长 4 m 和 6 m，注浆采用水泥浆液，水灰比为 1 ∶ 1，注浆初压 0.5 ～ 1.0 MPa，终压 2.0 MPa，施工中要注意注浆压力，做好施工原始记录。

洛湛铁路大桂山隧道施工采用大管棚技术，管棚长度为 40 m，采用 108 mm × 6 mm 的热轧无缝钢管，注浆采用水泥浆液，水泥采用 42.5（R）普通硅酸盐水泥，水灰比为 1 ∶ 1，注浆压力 2.0 ～ 2.5 MPa，注浆前进行单管注浆试验。

7. 管棚搭扣形式

搭扣形式主要用于软弱、富水地层，开挖时，管间水土流失严重，当单纯的管棚或组合小导管不能有效地保证注浆效果和施工安全时，可采用搭扣形式的管棚，该形式主要借鉴了管幕法。

在管幕法中，搭扣的最初设想是方便管棚的定位，慢慢演变成了止水。在含水量高的软土地区施工时，为了保证管幕有好的连续性和水密性，常在相邻的两管间设计榫头。榫头通常有内接式和外接式两种，外接式榫头因接头突出在钢管外，在管棚顶进的过程中会增加额外阻力，并扰动经过注浆的土层，破坏土层的水密效果，因此在管幕施工中，通常使用内接式榫头。内接式榫头无突出物破坏土层的结构及水密性，不会影响方向的控制，因此是比较好的接头。

如果要提高管棚刚度，增加其抗弯性能，可在大直径管棚内浇筑混凝土，也可在管棚内放入加工好的钢筋笼，再浇筑混凝土。例如，北京地铁 4 号线直径为 325 mm 的管棚，通过高压风将夯管内的土壤压出，在管内注 C20 细石混凝土。灌注混凝土由南端进行，灌注口设在南端，出浆口位于北端，设在钢管顶部，出浆口流出浆液后，关上阀门，然后加压至 0.5 MPa。武隆隧道进口下穿武仙公路段埋深浅，为了减少隧道施工对武仙公路的影响，采用大管棚预支护施工方法，管棚长度为 30 m，采用 127 mm × 4.5 mm 的热轧无缝钢管，共布置 35 根，管间距为 40 cm，外插角为 1°，注浆采用水泥浆液，水灰比为 1 ∶ 1，钢管前端呈锥形，管内设置钢筋笼，钢筋笼主筋直径为 20 mm，采用直径 50 mm、壁厚 4.5 mm 的钢环作固定环，固定环节长 4 cm，与主筋焊接。

### （二）管棚工作室和导向墙设计

管棚工作室的尺寸主要由以下几方面因素决定：①隧道标准开挖断面尺寸；②钻机尺寸及操作时所需的空间；③钻机及钻杆接长所需要的最大长度；④每节钢管的长度；⑤钢管进行纠偏操作的空间。

在隧道洞口浇筑混凝土以形成套拱或洞内工作面位置，即工作室的端头，喷射混凝土施作导向墙，作为管棚起始端，其作用主要是准确控制长管棚的打入方向，同时作为注浆时的止浆墙。套拱内通常按一定间距设工字钢或钢筋格栅拱架，导向管焊接在拱架外侧，导向管的外插角与钢管外插角一致，其作用是防止钻头因自重而产生下沉并侵入隧道开挖轮廓线。

### （三）管棚施工方法

1. 水平导向跟管钻进法

水平导向跟管钻进法施工时，将直径 89 ～ 220 mm 的钢管作为钻杆，钻头采用与钻管等径的楔型钻头，楔板回转半径略大于钻管半径，钻头前端有直径 12 ～ 15 mm 的水眼，用水或泥浆作为钻进循环液，使用水平定向钻机将钢管打入土层，在钻进施工过程中，通过管棚专用导向仪器随时控制钻进角度，如果发现角度偏差及时进行纠正，直至监测钻进设计长度，然后进行封孔注浆。

水平导向跟管钻进法适用于松散黏土层、淤泥层、沙层、粉土层、回填土层、强风化岩等地层，其常用管径为 108 ～ 159 mm。

2. 潜孔锤冲击成孔导向钻置管法

潜孔锤冲击成孔导向钻置管法指在钻杆前端安装潜孔冲击器和潜孔锤头，选用直径 60 ～ 127 mm 的钻杆，空气压缩机排出的压缩空气使潜孔锤头产生冲击振动，然后将钻杆依次打入土体。成孔后拔出钻杆及潜孔锤头，然后通过水平定向钻机将钢管送入预成孔。

潜孔锤冲击成孔导向钻置管法适用于弱风化岩层、地层不均匀或夹碎石等地层，其常用管径为 108 ～ 159 mm。

3. 潜孔锤跟管钻进法

潜孔锤跟管钻进法指钻进时潜孔冲击器振动冲击中心钻头，中心钻头传递冲击给套管钻头并带动套管钻头钻进，套管与回转动力头无连接，常采用直径 60 ～ 127 mm 的钻杆。冲击器与内钻杆连接，内钻杆通过连接头的内螺纹与回转动力头连接，回转动力头通过连接头传递扭矩给套管和钻杆，将钢管依次打入土层。钻进设计长度时，反向旋转内钻杆 90° ，分离中心钻头与套管钻头，然后把内钻杆全部提到孔外，将套管留在孔内。

潜孔锤跟管钻进法适用范围于卵石、碎石、塌方等不易成孔的地层，其常用管径为 127 mm、133 mm。

4. 风循环钻进法

风循环钻进法采用楔子板作为钻头，直径 89 ～ 159 mm 的无缝钢管作为钻杆，使用水平定向钻机将钢管打入土层，利用风动力进行孔内排渣。在钻进过程中通过管棚专用导向仪随时控制钻进角度，发现角度偏差及时进行纠正，直至监测钻进设计长度，然后进行封孔注浆。

风循环钻进法适用于湿陷性黄土层、施工现场不允许使用水或泥浆作循环液的粉土层等地层，其常用管径为 108 ～ 159 mm。

5. 直接顶进法

直接顶进法适用于软弱土层。例如，上海某箱形地道桥的顶进采用管幕进行预支护，管棚位于饱和的淤泥质黏土层中，管棚长 126 m，钢管直径为 97 mm，钢管之间采用外接式榫口。该工程采用顶进法施作 80 根钢管，误差控制在 ± 20 mm 以内。

6. 水平液压自动取土顶管机法

水平液压自动取土顶管机法适用于大直径管棚。例如，北京地铁 5 号线崇文门站采用管幕进行预支护，管幕钢管直径 600 mm、壁厚 16 mm、长 36 m，钢管之间用槽钢和工字钢相互咬合。管幕钢管采用水平液压自动取土顶管机施工，螺旋出土钻头落后钢管前端 10 ～ 15 cm，先顶进后出土。

7. 夯管施工法

夯管施工法指夯管锤在压缩空气驱动下产生的较大冲击力直接作用在钢管

后端，克服土层与管体间的摩擦力，利用钢管前端钢质切削管头切入土体，同时被切削的土芯暂时留在钢管内，夯管成功后，取下前端切削管头，采用高压水射流、压气、螺旋钻杆等方法排出被切削的土芯。遇到回填土等不均匀地层时，夯管会改变方向，以至于施工精度难以保证。

## 二、浅埋暗挖隧道管棚预支护效用

### （一）工程概况及施工方案

1. 工程概况

该隧道是京珠高速公路的重要控制性工程之一。隧道为分离式单向行车双洞曲线隧道，左线隧道为 LK76+287 ～ LK78+340 段，全长 2 053 m；右线隧道为 RK76+300 ～ RK78+410 段，全长 2 110 m。隧道进口右线 RK76+400 ～ RK78+600 段埋深为 8 ～ 50.5 m，属于浅埋地段，其中 RK76+400 ～ RK78+445、RK76+480 ～ RK78+600 两段属于第四系残积碎石土、亚黏土层和中泥盆统东岗岭组灰岩组成的浅埋偏压软弱围岩段。该段隧道采用复合式支护衬砌结构。初期支护先喷 3 ～ 5 cm 厚混凝土，设双层 20 cm × 20 cm 钢筋网和间距为 0.5 m 的 20 # 工字钢支撑，小导管注浆锁脚，每榀拱架打设 12 根钢管，复喷 30 ～ 32 cm 厚混凝土二次衬砌，及时跟进初期支护，仰拱为厚 50 cm 的 C20 钢筋混凝土，其余部位为厚 85 cm 的 C20 现浇钢筋混凝土，初期支护和二次衬砌之间设防水层。衬砌前，拆除由轻型工字钢等组成的中柱和临时仰拱，并对联接板处外露部分复喷混凝土，以便铺设防水层。

2. 施工方案

右洞从 RK76+417 起的浅埋偏压软弱土体覆盖层段，采用在长管棚护顶、超前注浆加固围岩，超前小导管注浆补强为预支护体系作用下的 CRD 工法作业方案。

长管棚采用壁厚 6 mm、直径 108mm 的热轧无缝钢管，长度为 30 m，每根分 4 m 和 2 m 的节长模数，交错丝扣联接安装，环向间距为 35 cm，仰角为 2°（不含线路纵坡），方向与线路中线平行，纵向搭接长度为 1.5 m，单孔号钢管为有孔花管，双孔号钢管为无缝钢管。长管棚注浆参数：注浆扩散半径为 0.8 ～ 1 m，注浆速度为 30 ～ 50 L/min，凝结时间为 0.5 ～ 5 min，注浆终压为

2 ～ 2.5 MPa，平均单孔注浆量为 4.2 ～ 4.6 $m^2$（孔隙率取 0.2），小导管注浆超前加固采用水泥 - 水玻璃浆液。小导管采用直径 42 mm、壁厚 3.5 mm、长 3.5 m 的热轧无缝钢管，部分钢管环向间距为 35 cm、外插角为 12°，每 1 m 打设一环，相邻环的钢管布设呈梅花形；定量注浆，每根钢管注浆量 200 L，注浆终压为 0.5 MPa。右线隧道自 RK78+417 起全断面均为软弱土体，且延伸至隧道仰拱底部以下，因此开挖步序为自左向右、自上而下，分三层六部分依次开挖，各分部支撑待开挖后均及时封闭成环，以加强受力结构的刚度；分部施工均采用手持风镐的形式开挖，日进尺仅 0.5 m/d。

### （二）现场量测及结果分析

1. 现场量测

目前对隧道开展较多的施工监测项目有地表沉降、拱顶下沉、水平收敛、围岩压力、围岩与支护间的接触应力、钢支撑的内力、锚杆轴力、喷层应力、中隔墙受力等，管棚支护下钢管应变、应力等的监测难度较大，系统性的现场测试非常少。

为了配合该隧道右线进口浅埋偏压软弱围岩段 CRD 工法安全、顺利施工及预支护效果的研究，对洞内拱顶下沉、洞内周边位移收敛、地表下沉及管棚拱顶钢管纵向应变进行了量测。

（1）洞内拱顶下沉量测。在 RK76+400 ～ RK78+417 处，上、下台阶环形开挖时隧道拱顶下沉量一般较大，累计值多在 90 mm 以上（如 RK76+409 处的拱顶下沉测点值达 94.23 mm），而 CRD 工法开挖后，隧道拱顶下沉量则有所减小，正常情况下其最大累计值一般不超过 85 mm，且下沉速率也有所减缓。

RK76+422 处属于典型的浅埋偏压软弱围岩段，该处隧道采用 CRD 工法开挖，历时 133 天，其拱顶下沉量趋于稳定值 73.38 mm。CRD 工法开挖的隧道拱顶下沉随分部开挖的阶段性进展呈台阶式增长，各分部开挖初期的拱项下沉增幅较大，随着掘进的延续，围岩的流变效应导致拱顶下沉增幅变缓。历时 10 天的开挖施工中，其拱顶下沉量最小，仅占累计下沉量的 16.29%，平均下沉速率为 1.19 mm/d；历时 92 天的断续开挖施工中，其拱顶下沉量最大，占累计下沉量的 60.43%，平均下沉速率为 0.48 mm/d；历时 61 d 的开挖施工中，其拱顶下沉量约占累计下沉量的 23.28%），平均下沉速率为 0.28 mm/d。

（2）洞内周边位移收敛量测。CRD 工法开挖后，隧道洞内周边位移收敛量不大，正常情况下一般不超过 30 mm，以 RK76+422 处洞壁中点位移收敛量测为例，该测点是在 CRD 工法中层开挖后及时埋设的，历时 155 天后，其位移收敛量趋于稳定值 23.09 mm。

（3）地表下沉的量测。为了配合洞内开展的现场监控量测工作，在隧道右线浅埋偏压软弱围岩段的洞顶地表相应里程部位布置了地表下沉监测网点。地表下沉监测结果表明，受隧道地下开挖施工和地表人工井点抽降水的双重影响，该地段隧道中线附近地表下沉测点的沉降量相对较大，最大沉降速度为 0.85 mm/d; 两侧测点的地表沉降量相对较小，基本上形成一较有规律的沉降槽。上、下台阶环形开挖的隧道中线附近地表下沉量达 131.95 mm；由于地表的不均匀沉降，地表出现裂缝，它与隧道洞内裂缝的发展过程同步进行，这种现象表明该浅埋偏压软弱围岩段采用上、下台阶环形开挖法施工是不妥的，应予补强。采用 CRD 工法开挖施工的 RK76+435 洞段地表下沉监测，表明，CRD 工法有效地抑制了围岩变形，因此地表下沉量较小，从而保证了该浅埋偏压较弱围岩段的安全、顺利施工。以 RK76+435 里程地表测线为例，隧道中线附近的地表下沉量最大值为 31.97 mm。

（4）管棚拱顶钢管纵向应变的量测。为了对管棚在不同分部开挖时的纵向应变进行分析，在 RK76+417 ～ RK78+447 里程范围的拱顶位置沿隧道纵向每间隔 6 m，在拱顶钢管内侧布置 5 个 3 mm × 5 mm 的胶基箔式纵向应变片作为传感器，通过导线与 YJ–26 电阻应变仪连接，传感器通过焊接与钢管固定。

2. 结果分析

通过对该隧道进口 RK76+400 ～ RK78+600 浅埋偏压软弱围岩段施工的现场监控量测，可以得到如下结论和建议：①长管棚预支护下的 CRD 工法上、中、下三层分部开挖法是适宜的，它能有效抑制亚黏土层软弱围岩的变形，从而保证隧道安全地、顺利地施工，而上、下台阶环形开挖将导致隧道变形传至地表，引起地表下沉及裂缝；②由于该隧道洞段地质条件十分复杂，地下水较丰富，大部分围岩系亚黏土层夹石段，施工难度较大，因而施工应遵循“管超前、弱爆破、短进尺、强支护”的原则，特别是弧石的爆破，一定要加以严格控制，以减少对前方围岩和初期支护的扰动，防止产生大的变形；③管棚支撑在按一定间距布置的钢拱架上，因此安装钢拱架时，应处理好拱脚问题，使拱脚落在原状土层上，避免拱脚虚浮和初期支护的过大沉降，减小围岩变形，对于已趋于稳定的洞段，应及时施作二次衬砌，避免地层应力条件发生变化，并对隧道造成危害；④对于地表不均匀沉降较大，且地表出现裂缝的地段，应及时加以处理，防止地表水下渗，进而破坏隧道围岩的稳定性。

# 第四节　软弱围岩隧道超前管棚支护施工技术

## 一、软弱围岩变形控制

### （一）软弱围岩的含义

根据岩土体的强度，将围岩分为两大类：坚硬围岩和软弱围岩。关于软弱围岩的概念，业界还没有统一的定论。综合起来，软弱围岩的定义大致分为三类：描述性定义、指标化定义、工程定义。

1. 描述性定义

软弱围岩指强度不高、完整性差、结构相对松散、风化影响显著但不含岩溶的不良地质条件下的岩土体。

2. 指标化定义

单轴抗压强度为 0.5 ～ 25 MPa 的岩石；抗压强度小于 20 MPa 的岩层。

3. 工程定义

①软弱围岩指封闭成环难、需要多次支护的围岩；②软弱围岩指需要采用有针对性的控制变形对策的围岩；③软弱围岩指在工程力作用下能产生明显塑性变形的岩体。

### （二）软弱围岩的分类

由于自身物理力学特性和赋存环境的复杂性，在实际工程中发生大变形，塌方等问题依然突出，施工进度缓慢。对软弱围岩进行分类，是软弱围岩进一步认识、研究、评价软弱围岩的表现。工程人员通过借鉴已有的分类成果，及时确定相应的围岩参数、设计施工方法，从而判断隧洞的稳定性，减少工程中中不必要的麻烦。

按《工程岩体分级标准》及坚硬程度，可将软弱围岩分为较软弱围岩、软弱围岩、极软弱围岩四类；塑性变形机理，可将软弱围岩分为膨胀性软弱围岩、高应力软弱围岩、节理化软弱围岩、复合型软弱围岩四类；按软化程度，可将软弱围岩分为准软弱围岩、一般软弱围岩、超软弱围岩、极软弱围岩四类。

### （三）软弱围岩的变形形式及变形特征

1. 软弱围岩的变形形式

在隧道变形机制上，大体可分为结构变形和材料变形。结构变形包括结构面的张开和闭合变形、结构面的滑动变形、块状围岩的滚动变形、层状围岩的弯曲变形等；材料变形包括材料的弹性变形、塑性变形及黏性变形。

在空间层面上，以隧道掌子面为界，可将围岩变形分为三部分：①掌子面前方变形。其特点是掌子面前方围岩沿隧道轴向发生位移和超前沉降，引起地表沉降和拱部塌方；②掌子面挤出变形。其特点是掌子面水平向鼓起，造成掌子面崩塌；③掌子面后方变形，其特点是掌子面后方发生水平收敛变形和拱顶沉降变形。

2. 软弱围岩的变形特征

（1）变形量大。由于自身软弱破碎的特征，软弱围岩容易发生大变形，拱顶沉降量最大可达 760 mm，水平收敛量最大可达 500 mm。

（2）变形速率快。软弱围岩水平收敛速率最高可达 130 mm/d。

（3）拱脚变形显著。软弱围岩变形在拱脚部位屈服程度较高。

（4）持续时间长。软弱围岩具有明显的蠕变变形特征，隧道开挖后围岩应力重分布所需的时间较长，因此软弱围岩变形持续时间长，初期支护完成后其变形可持续 2 ～ 3 个月。

（5）破坏形式多样。常见的破坏形式有拱顶下沉、冒顶、掌子面塌方、片帮、洞顶地表陷坑等。

（6）掌子面挤出变形严重。在隧道纵向显著变形的影响下，隧道拱形断面整体沉降。

（7）压力增长快。软弱围岩具有大变形、变形速率快、蠕变变形的特点，支护系统作用时，短时间内就需要承受围岩压力，且围岩压力随着时间的推移不断增加。

### （四）软弱围岩变形控制原则及方法

1. 软弱围岩隧道变形控制原则

隧道的开挖打破了原始地应力平衡，围岩发生变形，开挖洞室失稳。因此，必须通过各种手段，控制围岩变形。假设围岩总变形量为 $U$，围岩容许变形量为 $[U]$，围岩变形控制原则为将隧道开挖引起的围岩变形控制在容许范围之内，即 $U<[U]$。

2. 软弱围岩变形控制方法

（1）掌子面前方变形控制。对于自稳时间短、稳定性差、变形大，必须在开挖掌子面之前，向围岩施作支护措施，即超前支护。从控制围岩效果、受力方式、支护施作断面形状看，超前支护呈拱形或者伞形结构。在超前支护保护下，开挖掌子面施加初期支护措施，控制围岩变形。隧道开挖后，在超前支护与初期支护共同作用下，开挖洞室趋于稳定。

因此，控制掌子面前方变形的关键是施作超前支护。超前支护可以有效控制围岩上覆荷载，确保隧道安全。

（2）掌子面挤出变形控制。掌子面挤出变形是隧道围岩变形的主要组成部分，往往决定着隧道的最终变形。根据工程实际，常用的控制掌子面挤出变形的方法有环形开挖留核心土法、掌子面喷射混凝土法、掌子面施作锚杆法、掌子面注浆形成加固圈法等。对于软弱围岩隧道，当施工不预留核心土时，掌子面挤出变形中超过 70 mm 的部分达到掌子面前方 1.3 m 处；当施工预留核心土时，掌子面挤出变形中超过 70 mm 的部分达到掌子面前方 0.6 m 处。由此可见，预留核心土对掌子面挤出变形控制效果显著。该法实质是开挖隧道时预留中部土体，即核心土，从开挖隧道拱部环形导坑开始，施加支护，逐次开挖隧道。预留的核心土发挥了控制掌子面挤出变形的作用，该核心土以掌子面填土的方式控制围岩变形。

掌子面喷射混凝土法的实质是掌子面开挖完成后，为了避免掌子面长时间暴露，发生大变形，应立即喷射 5 ～ 10 cm 厚混凝土进行封闭。该法的机理是用喷射混凝土封闭掌子面，抑制掌子面围岩松弛和崩塌。

掌子面施作锚杆法一般采用玻璃纤维锚杆，施工时沿隧道掘进方向打设一定长度的锚杆。其控制掌子面挤出变形的机理是打入的锚杆利用悬吊作用，将开挖扰动引起松动的围岩悬吊固定在深部围岩上。

（3）掌子面后方变形控制。随着隧道不断向前掘进，其掌子面后方空间越来越大。掌子面后方围岩变形，对隧道整体结构的稳定性、安全性、使用性有着显著影响。掌子面后方变形由初期支护与二次衬砌共同控制。其中，初期支护起主要作用，而二次衬砌起安全储备和装饰的作用。控制掌子面后方变形的举措主要有优化开挖方法和提高初期支护承载能力。

优化开挖方法。优化开挖方法的目的是调控开挖荷载释放节奏。隧道开挖过程就是应力释放过程，变形随着应力的释放而发生。实际工程常以某种施工工法为主，以其他施工工法为辅。不同的开挖工法，其应力释放速率不同。全断面法开挖时围岩应力释放速率较快，台阶法、预留核心土法、分布开挖法等的围岩应力随着开挖的进行逐渐释放。

提高初期支护承载能力。初期支护系统作为隧道主要承载结构，对掌子面后方变形控制起主要作用。该系统主要包括喷射混凝土、系统锚杆、钢筋网片、钢支撑等结构。从初期支护结构角度出发，控制掌子面后方变形可以从以下几方面入手：使用高性能喷射混凝土、使用高强度锚杆、提高钢支撑强度。

## 二、超前管棚支护技术

### （一）管棚支护构造形式

管棚支护构造形式，即各管棚之间的搭接方式。搭扣式管棚结构，不仅能保证管棚注浆效果，还能方便管棚定位、增强管棚结构的连续性。特别是在富水泥岩隧道中，具有搭接接头的管棚结构，同时能起到良好的防止水作用。

常用的管棚搭接方式有外接式和内接式。外接式管棚的特点：一是便于施作；二是外接接头使管棚与围岩间的摩擦力增大，管棚推进时受到较大阻力，并且对周围土体造成破坏；三是接头处不方便注浆。内接式管棚的特点：一是内接精度要求较高；二是对于小直径管棚，内接时接头不便施作。

### （二）管棚的分类

1. 按钢管直径分类

根据钢管直径大小，可将管棚分为大管棚、中管棚、小管棚。大管棚的钢管直径大于 300 mm；中管棚的钢管直径在 129 ～ 299 mm；小管棚的钢管直径小于 129 mm。隧道工程通常选用直径为 108 mm 的钢管作为管棚支护结构。

2. 按钢管长度分类

根据钢管长度，以长度 6 m 为界限，可将管棚分为短管棚（长度小于 6 m）和长管棚（长度大于 6 m）。

3. 按布置层数分类

根据布置层数，可将管棚分为单层管棚和双层管棚。大工程以单层管棚布置方式为主。单层管棚指在隧道开挖轮廓线外沿环向布置一层钢管；双层管棚指在开挖轮廓线外沿环向布置双层钢管。对于受力较大区域，设置两层钢管；对于受力较小区域，设置单层钢管。双层管棚适用于对地表沉降有严格限制的地段。

4. 按钢管是否注浆分类

根据钢管是否注浆，可将管棚分为注浆管棚与不注浆管棚。先管后注法指先在开挖轮廓线外环向打设钢管，然后利用钢管预留注浆孔向围岩注浆；先注后管法指先进行围岩注浆，然后打设钢管。

5. 按管棚是否搭接分类

根据管棚是否搭接，可将管棚分为搭接管棚和不搭接管棚。钢管之间采用搭接接头的管棚称为搭接管棚；钢管一次施作，即一次打入围岩的管棚称为不搭接管棚。

### （三）管棚支护机理

管棚之所以广泛应用于软弱围岩等不良地质工程中，成为控制软弱围岩隧道发生较大变形的方法，是因为其具有施工高效、安全、快捷、造价低、在较小钻孔机械设备下就能完成施工等优点。管棚支护是一个组合结构构成的系统，它在拟开挖的地下隧洞外周边衬砌隐形弧线上，沿着开挖轮廓线并利用管棚钻机钻孔，以较小外插角打入钢管，然后向管内注浆，通过提高软弱围岩的物理参数，以形成伞状加固圈，改善掌子面和围岩所处应力场和位移场的环境，确保隧洞安全开挖。

管棚支护结构是由钢管与注浆体共同组成的复合结构体。其中，钢管起双重作用，既是超前支护，又是注浆通道，在隧道顶部形成具有一定厚度而又密实的拱形加固体。

1. 注浆加固机理

通过钢管预留梅花形注浆孔进行注浆，沿着钢管布置断面形成一定厚度的注浆层。该注浆层具有双重作用：其一，将围岩钢管黏结为一个整体，形成共同受力体；其二，改善围岩物理力学性能即提高围岩弹性模量、黏聚力、内摩擦系数减小围岩塑性区范围。按照注浆机理，可将管棚注浆分为渗透注浆、劈裂注浆、挤密注浆。渗透注浆所用压力较小，一般不会破坏原状土体的体积和结构；劈裂注浆所用压力较高，容易破坏原状土体结构；挤密注浆又称压密注浆，将不易流动的浆液压入地层，以加固围岩。注浆加固机理体现在如下几方面：①填充效应，通过注浆压力，排挤出围岩空隙中的水和气体，用注浆浆液填充孔隙，经固结后形成加固体，以加固围岩；②骨架效应，浆液与围岩各自的物理力学性质决定了两者不能均匀混合，而是保持各自独立，浆液形成脉状结构；③组合效应，该效应主要体现在承载结构上，未受注浆影响的围岩、注浆加固体围岩、注浆压力挤出的围岩，共同承受上部围岩荷载。

2. 管棚预支护机理

现阶段管棚预支护机理研究主要体现在以下几点。

（1）梁拱效应。纵向上，管棚前端嵌入围岩，末端与钢拱架、砂浆锚杆裸露端相焊接，形成纵向支撑梁，产生梁效应。环向上，管棚以一定间距密排在钢拱架上，若间距合适、注浆饱满，则形成环向的承载结构，产生拱效应。随着隧道不断的向前掘进，在管棚作用范围内，管棚结构的这种“梁拱效应”也不断向前跟进。事实证明，梁拱效应能有效抑制拱部围岩松弛与垮塌。

（2）拉杆效应。根据普氏理论，隧道开挖后产生应力拱，土体自身形成承载拱。拱结构在竖向荷载作用下，拱脚处产生水平向推力，为了确保隧道掌子面稳定，拱脚处土体必须具有足够强度来承载这部分推力。在软弱围岩环境中开挖隧洞，拱脚处的土体是不能承载这部分推力的，也就是说拱脚处土体的抗拉强度很低。然而，超前管棚支护结构施作完成后，利用其在环向上的拱效应，可以部分或者全部吸收拱脚处的推力，即管棚结构发挥了拉杆效应。拉杆效应就是管棚承载拱脚处水平力、确保拱脚处土体稳定的效应。由此可知，超前加固结构对土体承载拱起着加固的作用，拉杆效应为土拱的稳定性做出了一定的贡献。

（3）隔离效应。此效应主要在浅埋隧道中体现。管棚预支护结构形成的加固圈，可以隔离上覆土体与拱圈内的开挖岩体，从而减少拱圈内开挖土体对上覆土体产生的扰动，减小浅埋隧道中地表沉降值。

（4）环槽效应。隧道采用钻爆法施工时，往往形成一定厚度的爆破松动区。沿隧道开挖轮廓线钻设的水平钻孔，可以吸收、反射、绕射爆破震动产生的冲击波。管棚预支护能有效减小爆破震动对围岩及周边环境的影响。

## 三、超前管棚支护结构数值

### （一）常用的数值模拟方法

隧道及各种地下工程研究的主要对象是具有复杂地质特性的岩层、岩体、土体等。在岩土工程中，为了深入研究某一问题，弄清现象与本质，必须依托实验、计算等手段对其进行求解。当未知量不多且问题简单时，可以运用弹塑性力学和古典结构力学的方法，求得在假定条件下的精确解。然而，岩土问题复杂，含有多个变量，很难利用传统计算方法建立解析方程并求得精确解。在此背景下，数值模拟方法应运而生，作为一种简便、高效、实用的手段被广大学者及工程建设者所青睐。

数值分析方法是一种计算机分析方法，是随着计算机应用的发展而形成的。它是一种实验与理论互为补充、理论与方法并重的有效的分析工具。数值分析方法在岩土工程问题分析中得到了广泛应用，推动了岩土力学的发展。

在各种地下工程中，数值分析方法根据其特点可分为连续变形分析法和非连续变形分析法。连续变形分析法主要包括有限差分法、有限单元法、无单元法、边界元法等；非连续变形分析法主要包括离散单元法、流行元法、颗粒元法等。

1. 有限差分法

有限差分法的求解思路是用差分方程来表示解决问题的基本方程和边界条件，即把求解微分方程转化为求解代数方程。该法原理简单、易编制程序、应用范围广泛。常用的有限差分法程序有 FLAC2D 和 FLAC3D。

2. 有限单元法

有限单元法的理论基础是最小势能变分原理，基本过程是单元的离散化处理，模拟或逼近求解区域。有限单元法的原理：将连续的求解域离散为有限数量单元的组合体，用未知参数方程表示单元的特性，再将每个单元的方程组合成代数方程组，通过求解方程组得到节点上的未知参数，获得结构内力等结果。该法能方便地处理分析域的复杂形状和边界条件，以及材料非线性和几何非线性问题，能灵活地模拟岩土工程复杂的施工过程。目前，常用的大型有限单元程序有 GTS、ANSYS、ABAQUS 等。有限单元法的特点：①在数值计算中，将支护结构与围岩视为一个整体，共同离散化处理；②求解时将地应力影响范围简化为垂直应力和水平应力，施加在模型上，侧压力系数根据具体地质资料确定；③模拟分析地下工程数值时，一般将围岩视作非线性材料，将支护结构视作线性材料，而计算程序中提供了多种可供选择的非线性材料库。

3. 边界元法

边界元法是一种求解边值的方法，仅离散边界，适合无限域或半无限域的模拟求解。边界元法的原理：把边值问题转化为求解边界积分问题，在边界上划分单元，求解边界积分方程的数值，从而求得原问题解。边界元法只对边界进行离散和积分，与有限单元法相比，该法降低了工作量。该法的特点：①对于多种介质构成的计算区域，会明显增加未知数；②非线性或弹塑性分析不如有限元法；③没有较好的前后处理技术，计算结果不太令人满意。

4. 离散单元法

离散单元法是一种非连续介质数值法，计算时常采用动态松弛法，适合模拟分析离散颗粒组合体或节理系统在动态或准静态条件下的变形和非连续介质大变形，也能模拟块体受力后的运动及变形状态。该法的原理：以牛顿第二定律为基础，计算求解域内每个块体所受的不平衡力，并计算该不平衡力所引起的位移和速度，反复对每个块体进行计算，由此来确定块体是否被破坏或稳定体系的累积位移。该法的特点：①非连续介质法，适用于低应力状态下坚硬岩体具有明显发育构造面的变形失稳分析；②尚未有统一明确的参数取值方法；③模型划分单元数受限，迭代计算时间长。该法在数值模拟分析节理岩体地下水渗流、滑坡、边坡工程中被广泛使用。

### （二）超前管棚支护数值模拟方法

超前管棚支护技术就是对隧道开挖面上覆软弱土体进行超前支护加固，为隧道开挖提供相对安全的环境。超前管棚支护结构呈拱形，在某些断面上呈不规则拱形。超前管棚支护结构是一个较为复杂的三维空间，因此如何建立优化模型使其能更好地体现超前支护效应是数值模拟分析的关键。

就工程界而言，模拟分析超前管棚支护作用的主流方法有两种：其一，建立一定厚度的加固区，通过折算管棚刚度，来提高上覆软弱土层物理力学参数，实现管棚支护效果；其二，建模时用梁单元模拟管棚，赋予管棚梁单元属性，实现管棚支护效果。这两种方法各有优缺点，第一种方法不能反映隧道开挖中管棚发挥梁效应支护原理及受力变形特性；第二种方法虽然能避免第一种方法的缺陷，但是不能体现出注浆效果。

综上所述，为了体现管棚结构本身的受力及变形特性，采用梁单元模拟管棚，同时在管棚周围设置一定厚度的区域，即加固区，以提高天然土体参数，从而模拟注浆效果。因此，有必要对二维梁单元有限元分析过程进行研究。梁单元由 2 个节点构成，共 12 个自由度。其中，每个节点有 6 个自由度，分别是 3 个平动自由度和 3 个转动自由度。有限单元分析中，考虑了梁单元的拉、压、弯、扭、剪刚度。

在实际工程中，管棚力学机理较为复杂。运用有限单元法模拟数值时，可将管棚梁单元视为已发生剪切变形的铁摩辛柯梁，建模时忽略梁单元剪切变形。

### （三）MIDAS/GTS 简介

MIDAS/GTS 作为大型通用有限元分析软件，广泛应用于岩土及隧道工程设计分析领域。该软件是由韩国 MIDAS IT 公司研发的，含有多个 MIDAS 系列产品，其中 MIDAS/GTS 是岩土与隧道专业分析软件。该软件因建模快、中文界面、容易入门、具有强大的分析和前后处理功能等特点而被业界熟知。

#### 1. 功能特点

MIDAS/GTS 软件提供了多种丰富的材料库类型和多种可供选择的边界条件，具备岩土工程问题分析所需的基本功能，如静力分析、施工阶段分析、渗流分析、固结分析、动力分析等。该软件在分析求解时，采用叠加原则，即每一步的求解结果，为之前各个施工步求解之和。隧道施工每一步中荷载与结构体系变化均对下一步产生影响，这样能够模拟结构较真实的受力变形状态。

功能特点：一是几何建模界面类似于 CAD 界面，软件与 CAD 能很好地衔接，可以导入 CAD 格式的 dwg 文件和 dxf 文件；二是软件提供了多种材料本构模型和材料属性，如摩尔－库伦、德鲁克－普拉格、弹性等本构模型，梁单元、植入式桁架、植入式梁单元、板单元、实体单元等属性；三是与现行 Windows 操作系统有很好的兼容性；四是网格划分类型多样，在后期能很方便地处理网格，如网格重命名、赋予网格属性、检查网格划分质量等，为了保证划分网格时节点耦合，程序提供了“印刻”命令；五是便捷的隧道建模助手与地形生成器；六是后处理功能强大，可以通过“隐藏”或“显示”命令查看模型计算结果。计算结果表达形式多样，既能以图表形式表示，也能用计算书输出；七是快速精准的有限元求解器。

2. 屈服准则

屈服准则表示材料的屈服条件，是控制材料塑性变形的开始阶段。岩土材料是非线性材料。常用的屈服准则有 Tresca 准则、Mises 准则、Mohr-Coulomb 准则、Drucker-Prager 准则。Tresca 准则和 Mises 准则常用于金属材料中。MIDAS/GTS 有限元模拟软件的岩土介质屈服准则常用 Mohr-Coulomb 准则和 Drucker-Prager 准则。

（1）Mohr-Coulomb 准则。该准则是经典的岩土本构模型，广泛应用于岩土体物理力学性能和变形特性的研究。大量实践证明，数值模拟选用 Mohr-Coulomb 准则本构模型，能得到较真实的结果。该准则的屈服面在主应力空间构成类似圆锥状的屈服面，在 π 平面上构成类似与边长大小相等但角度不相等的六边形。

（2）Drucker-Prager 准则。该准则是在考虑静水压力作用时，对 Mohr-Coulomb 准则的一个修正。Drucker-Prager 准则的屈服面在主应力空间中形成圆锥面。不考虑破坏和屈服的非线性，实际破坏条件的逼近较差。该准则适用于土壤、岩石、混凝土材料。

3. 收敛准则

MIDAS/GTS 软件在求解分析时，运算结果符合叠加原则。迭代运算每一增量步时，程序自动判断迭代过程是否符合收敛准则。若满足收敛要求，程序在计算完当前增量步后，自动进行下一增量步计算。否则，程序一直计算当前增量步。常用的收敛准则有位移收敛准则和平衡收敛准则。

（1）位移收敛准则。该准则的原理是当位移增量向量的范数逐渐减小，或节点增量向量的范数与节点总位移向量的范数之比小于容许值时，迭代运算过程趋于收敛。

（2）平衡收敛准则。该准则的原理是当残余力向量的范数逐渐减小，或残余力向量的范数与体系外荷载节点力向量范数的比值小于容许值时，迭代计算过程趋于收敛。

## 四、工程背景

梅园隧道为长隧道，实际施工时分别从隧道进洞口段与出洞口段同步施工，由两端向中部开挖以至贯通。梅园隧道主体工程主要包括明洞工程、洞口工程、洞身开挖、洞身衬砌、辅助措施等。明洞工程采用明挖暗埋法，暗洞采用新奥法。

梅园隧道进洞口段长度范围内隧道平均埋深 15 m，根据地质勘查报告，围岩为Ⅴ级。地下水为覆盖层孔隙水和基岩裂隙水，水量受大气降水影响。水文地质条件简单。隧道洞口段主要地质问题是洞室坍塌及变形大。

## 五、数值模拟分析

### （一）计算参数及数值模型的确定

1. 计算参数的确定

①围岩力学参数的确定。梅源隧道洞口段为Ⅴ级围岩，假定围岩材料性质单一，不考虑围岩分层影响。②管棚注浆加固区围岩力学参数。注浆加固就是改善围岩赋存环境，提高围岩物理力学性能。文献表明，注浆加固后，围岩力学性能比原始土体强度提高 2 ～ 3 倍。③注浆管棚力学参数的确定。钢管打入围岩后，通过注浆提高钢管强度与刚度。因此，钢管模拟需要综合考虑钢管与填充浆液共同力学性能。

2. 数值模型的确定

地下结构工程进行有限元模拟分析时，往往用一定的边界条件代替原始介质连续状态，选取岩体某一部分进行结构建模。为了减小边界效应，应尽量使模型足够大。同时，在满足计算要求的情况下，为了提高模型收敛性，应对计算模型进行简化。

根据上述建模原则，结合实际工程概况，数值模型尺寸为 60 m×20 m×50 m（$X\times Y\times Z$），其中 $XZ$ 平面为隧道横断面，$Y$ 向为隧道纵轴线方向，代表隧道掘进方向。隧道围岩采用 Mohr–Coulomb 准则管棚按照弹性结构梁单元模拟，喷射混凝土按照弹性结构板单元模拟。模型仅考虑自重应力，忽略构造应力。模型计算边界：上边界无约束；底部施加固定约束；侧面边界施加水平约束。管棚施作范围为拱顶 120°，钢管选取 108 mm×6 mm 的钢花管，环向间距为 0.4 m。

### （二）地表沉降分析

为了充分考虑施工开挖对隧道造成的影响，沿 $Y$ 轴（隧道掘进方向）选取隧道正上方距自由表面 0 m、4 m、8 m、12 m、16 m、20 m 5 个地表沉降观测点。

隧道各观测点的地表沉降值随着开挖的进行不断增大。隧道开挖对地表沉降的影响有一定范围，靠近开挖面，沉降值较大；远离开挖面，沉降值较小。有管棚预支护作用的地表沉降曲线与无管棚预支护作用的地表沉降曲线变化基本相似。无管棚预支护作用时，各观测点地表沉降曲线较陡，斜率较大；有管棚预支护作用时，各观测点地表沉降曲线较平缓，斜率较小且整条曲线呈收敛状态。无管棚预支护时，各观测点的地表沉降最大值分别为 1.57 mm、1.56 mm、1.58 mm、1.60 mm、1.62 mm、1.64 mm。有管棚支护时，各观测点的地表沉降最大值分别为 1.26 mm、1.22 mm、1.20 mm、1.17 mm、1.14 mm、1.13 mm。由此可知，管棚预支护明显控制了围岩变形，有效地减小了地表沉降。

### （三）围岩应力分析

通过分析比较隧道在有无管棚预支护作用下围岩应力的分布和变化特性，来研究管棚预支护对围岩的作用，以此来评价围岩的稳定性与安全性。无管棚预支护时，无论是 SXX 应力、SZZ 应力，还是围岩主应力都较大。管棚预支护施作后，上述应力值都得到明显降低。由应力减幅值和应力减幅百分比可知，管棚预支护施作后，SXX 应力、SZZ 应力、围岩第一主应力围岩，第三主应力减幅值分别达 31.25%、29.18%、31.94%、25.66%。这说明管棚预支护作用能有效降低围岩应力，增强软弱围岩刚度，提高围岩自承载能力。

### （四）管棚受力分析

1. 管棚弯矩受力分析

弯矩云图随着掌子面的开挖不断向掘进方向延伸，弯矩值也不断增大。这说明随着隧道的掘进，围岩松动范围不断延伸，作用在管棚的竖向荷载也不断增大。开挖上台阶时，管棚弯矩云图发生明显变化，其作用范围增大；开挖下台阶时，管棚弯矩云图变化不明显。这说明管棚弯矩主要受上台阶开挖影响。隧道开挖中，整个管棚弯矩变化幅度不大，这说明管棚结构在隧道开挖中很好地实现了力的传递过程。掌子面前方一定范围内，管棚弯矩出现负值，这是因为已开挖未支护段围岩与掌子面前方围岩、管棚、初期支护结构之间发生了力的转移和传递。管棚这种受力方式充分说明，管棚在隧道开挖中发挥了梁效应，承受上部荷载，不断把隧道开挖产生的竖向荷载传递到掌子面前方土体与后方支护上。

2. 管棚轴力特性分析

随着隧道施工的进行，管棚轴力云图面积不断增大。掌子面附近及后方，即已开挖范围内管棚，钢管轴力为负值，这是因为已开挖部分钢管承受上部围岩荷载。掌子面附近由于受开挖的扰动，围岩发生松弛，此处的钢管也承受围岩荷载。在掌子面前方一定范围外，即未开挖段管棚，钢管轴力为正值。在最后一个施工阶段，隧道开挖完成以前，管棚拉力随着施工步序逐渐增大，压力逐渐减小；在最后一个施工阶段，隧道开挖完成时，钢管拉力与压力均发生了突变，即拉力与压力均急剧增大。这说明隧道开挖的完成，打破了应力分布。在这个阶段，开挖应力全部释放，并作用于管棚结构上，应力需要重新分布，以达到平衡。

由管棚弯矩与轴力分析可知，管棚在隧道开挖中相当于纵梁，发挥梁效应。基于管棚支护力学行为的研究，管棚在隧道开挖中接近于弹性地基梁。分别提取隧道拱顶处单根管棚的弯矩和挠度数值模拟结果，并建立数值模拟模型中梅园隧道拱顶单根管棚的 Pasternak 力学模型，提取用解析法求得的挠度与弯矩值。

### （五）喷射混凝土结构应力分析

作为隧道初期支护的重要组成部分，喷射混凝土结构强度的变化对围岩变形及应力重分布有着重要影响。因此，本书提取数值模拟模型中隧道开挖支护完成时喷射混凝土结构的应力云图，研究有无管棚作用下喷射混凝土应力的变化，以探讨管棚预支护技术。

无论有无管棚预支护作用，喷射混凝土最小主应力的最大值都发生在拱脚处，最小值都发生在拱肩处，且发生明显的应力集中现象。无管棚预支护作用下喷射混凝土最小主应力的最大值为 8.96 MPa，最小值为 4.02 MPa；管棚预支护作用下喷射混凝土最小主应力的最大值为 9.09 MPa，最小值为 4.72 MPa。无论有无管棚预支护作用，喷射混凝土最大主应力的最大值都发生在拱脚处，最小值都发生在拱肩处，且发生明显的应力集中现象。无管棚预支护作用下喷射混凝土最大主应力的最大值为 4.66 MPa，最小值为 0.06 MPa。管棚预支护作用下最大主应力的最大值为 4.76 MPa，最小值为 0.05 MPa。管棚预支护结构能明显减小拱背处的主应力。喷射混凝土衬砌主应力的最大值在拱脚处，且管棚预支护作用下喷射混凝土衬砌主应力值大于无管棚支护作用下喷射混凝土衬砌主应力值，这说明管棚预支护结构不能很好地控制拱脚处应力。

# 第五章 变形处理工艺

## 第一节 隧道初期支护变形处理技术

### 一、工程概况

某隧道为单线隧道，最大埋深 1 100 m。隧道地质分布主要受区域断裂构造控制，区内出露的地层主要有第四系、第三系、白垩系、三叠系、志留系、奥陶系等，并伴有加里东期闪长岩体的侵入。褶皱构造在该区较为发育，褶皱形态复杂。区内断裂构造发育主要为区域性大断裂，走向基本为北西向，具有深切割、延伸长、规模大的特点，破碎带一般较宽，断带内物质主要为碎裂岩、断层角砾。

8 号斜井进入正洞后，由于该段处于断裂构造带内，断裂构造发育，局部应力集中，最终导致破碎围岩在地质构造应力作用下，发生长段落初期支护不同程度变形，DK173+968 ～ DK173+990 的最大变形达到了 668 mm。

### 二、变形原因分析

在隧道施工过程中，开挖活动造成隧道周边应力的重新分布和调整，围岩应力超过初期支护的承受能力而产生变形，隧道初期支护变形原因有以下三个方面。

#### （一）地质原因

变形段为全风化加里东期闪长岩体，该段处于断裂构造带，断裂构造发育，局部应力集中。开挖时，岩体呈碎块状，伴有大量渗水，自稳能力差，经常出现掉块和局部坍塌。

### （二）设计原因

由于变形地段埋深近 1 000 m，没有详细的地质资料，设计单位对地质的认识不够，从而造成支护措施不到位，如钢架间距过大、钢架强度不够、锚杆长度不够、预留变形量小等。

### （三）施工原因

一是个别部位注浆和喷锚支护施作不到位；二是仰拱、二次衬砌与开挖掌子面距离过长，开挖后不能及早封闭成环；三是隧道涌水量大，浸泡钢架，从而造成底部悬空；四是钢架与围岩不密贴，导致应力重新分布。

## 三、变形处理

### （一）总体方案

根据变形的严重程度，首先采取横向钢支撑，控制变形的进一步发展，其次进行径向注浆加固，最后刻槽拆换变形支护。

### （二）施工要点

1. 横向钢支撑

横向钢支撑作用体现在两个方面：一是控制初期支护变形的进一步发展；二是用作处理变形的操作平台。横向钢支撑一般采用钢管或工字钢进行搭设，其型号根据跨度、地质、变形、现场材料等情况而定。根据现场情况，该隧道变形处理横向钢支撑采用直径 100、壁厚 3 mm 的钢管。除了在拱脚位置施加一根横向钢支撑外，还须在拱顶位置施加竖向支撑。横向钢支撑施作速度要快，避免变形过大，发生坍塌等安全事故，施作时一定要与初期支护钢架焊接牢固，在跨度中央可采用竖向支撑，减小跨度，避免发生挠曲变形。

2. 搭设操作平台

为了变形处理后续工作正常进行，必须搭好操作平台。操作平台利用横向钢支撑铺设木板操作平台搭设禁止出现“探头板”，以保证平台的稳固；平台上尽量少堆材料、设备等，以免横向钢支撑产生挠度，使变形加大；在平台下面可以增加竖向支撑，防止钢支撑产生竖向挠度变形。

3. 径向注浆加固

初期支护变形后，其背后土体已松散。为了抑制变形的发展，加固松散土体，避免坍塌及二次变形，须对变形初期支护背后松散土体进行径向注浆加固。为了防止浆液的流出，注浆加固前，对脱落、掉块开裂的喷射混凝土进行补喷。

径向注浆可采用 $\phi$42 小导管，小导管前端焊成尖锥形，便于插入孔中，管体上每隔 15 cm 进行梅花形钻眼，眼孔直径为 6 ～ 8　mm，尾部长度不小于 30 cm 并作为不钻孔的止浆段。

径向注浆加固厚度和浆液扩散半径一般与地质及变形情况有关，该隧道径向注浆加固厚度为 4 m，注浆孔布置成梅花形，经现场测试浆液扩散半径为 1.5 m，注浆孔间距为 1.0 m × 1.0 m（纵向 × 环向）。注浆材料采用双液浆，注浆参数如下：水泥型号为 P.O 42.5；二是水泥与水质量比为 1 ∶ 1；水泥浆和水玻璃体积比为 1 ∶ 0.06 ～ 1 ∶ 0.04；水玻璃浓度为 35 ～ 40 Be’；注浆压力为 1.0 ～ 1.5 MPa。

如果变形段无水，尽量采用单液浆，以提高加固土体强度，为了缩短凝固时间，通过试验可适量掺加速凝剂。

安装一根小导管，注浆一根小导管。不能为了方便，连续安装小导管，以免浆液从后安装的小导管流出，影响注浆效果，堵塞注浆管。注浆完成后，对小导管进行钻孔，这样可以检验上根导管注浆效果，以便及时调整注浆小导管间距和注浆参数。注浆前先冲洗管内沉积物，按由下至上的顺序进行。认真填写注浆记录，随时分析和改进作业，并注意观察初期支护的状态。

4. 刻槽拆换钢架

在实际施工过程中，不能直接拆除变形钢架换上新钢架，若原设计钢架间距为 0.5 m，拆除一榀钢架后，钢架间距将达到 1 m，存在较大风险。拆换某榀钢架时，首先确保待拆换的钢架本身及两侧钢架支撑到位，拆除范围注浆加固已完成。

刻槽拆换钢架如图 5–1 所示。拆换钢架应本着先拱部后边墙，先两端后中间，拆除一榀、安装一榀的原则。在待拆换变形钢架两侧刻槽，刻槽深度及钢架安装通过中线进行控制。刻槽采用风镐进行，钢筋切割采用氧气乙炔，切割时做好保护工作，以防火星飞溅。

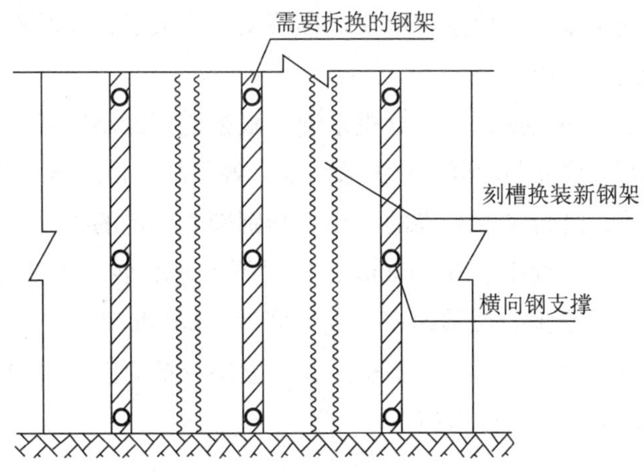


**图 5–1　刻槽拆换钢架**

5. 施作锁脚锚管

钢架安装到位后，钢架暂时不能全断面封闭成环，且无法坐落在坚实的基岩上，因此要及时施作锁脚锚管，以防止钢架下沉或两底脚回收。

锚管采用 $\phi$42 小导管，其长度根据地质情况和操作空间而定，一般不小 4 m。锚管施工角度尽量朝下，其角度与地面水平角度一般不小于 15° 。锚管须与钢架焊接牢固，为了增加受力面积，锚管与钢架采用 L 形钢筋进行连接。

6. 拆除变形钢架

变形钢架拆除本着先拱部后边墙的原则，拆除须在两侧新钢架安装到位后进行，且先拆除横向钢支撑。

7. 锚喷支护

锚喷支护在上述工作完成后及时进行，完成一段，锚喷一段，这样可以使初期支护尽早形成整体，从而发挥作用。

根据地质情况选用锚杆，既可采用砂浆锚杆，也可采用自进式注浆锚杆，锚杆长度不小于 3.5 m；钢筋网片采用钢筋焊制，其在钢筋加工厂内集中加工，先用钢筋调直机把钢筋调直，然后截成钢筋条，钢筋网片搭接长度为 1 ～ 2 个网格；喷射混凝土采用湿喷的方法，喷射时从下往上进行。

8. 监控量测

监控量测是软弱围岩隧道安全施工的“眼睛”，是判断结构稳定性、指导软弱围岩隧道安全施工的信息化手段。锚喷支护完成后，及时进行监控量测，为后续施工提供科学依据。

及时把现场量测数据输入计算机系统，根据记录绘制纵横断面地表下沉曲线和洞内各测点位移 $u$ 与时间 $t$ 的关系曲线，各测试项目的位移速率明显收敛，围岩基本稳定后，进行二次衬砌的施作。判别围岩稳定的指标如下：一是水平收敛（拱脚附近）速度小于 0.2 mm/d，拱顶下沉速度小于 0.15 mm/d，围岩基本达到稳定；二是当围岩位移速率不断下降时（$\mathrm{d}u^2/\mathrm{d}t^2<0$），围岩趋于稳定。如果支护完成后，围岩变形一直不稳定，应立即分析原因，并向设计单位及时反馈信息，修正施工或设计措施。

## 四、施工注意事项

### （一）仰拱尽早封闭成环

仰拱封闭成环可以使初期支护形成整体，受力效果加强，对抑制初期支护变形、改善洞内排水等有着显著作用。仰拱与掌子面的距离一般控制在 40 m 以内，以 20 m 左右为佳。

### （二）二次衬砌适时跟进

二次衬砌与掌子面距离过短，会干扰各施工工序，影响施工进度；二次衬砌与掌子面距离过长，会存在安全隐患。二次衬砌与掌子面的距离一般控制在 70 m 以内，以 30 m 左右为佳。若二次衬砌与掌子面无法保证在安全距离内，可采取跳槽衬砌的方式。

### （三）严格控制超欠挖

隧道超挖会导致喷射混凝土加厚，初期支护自重增加，喷射混凝土不易密实、与围岩不易密贴，影响初期支护特别是拱部初期支护受力；隧道欠挖削弱了初期支护受力效果。软弱围岩超欠挖控制包括以下几个方面：一是控制超前小导管角度；二是控制超前小导管注浆；三是做好开挖爆破设计；四是在有水地段开挖时，做好排水排堵措施；五是记录好测量结果，以便现场应用。

### （四）做好钢架基础保护工作

由于地基承载力差且受水浸泡、行车碾压等影响，软弱地质地段的钢架容易悬空，从而导致钢架下沉，钢架周围土体松散，最终表现为整个初期支护变形，甚至出现坍塌，因此做好钢架基础保护工作尤为重要。常用的方法：一是加设钢架基础连接纵梁，扩大开挖底脚；二是用掺加速凝剂的混凝土包裹钢架底部。

### （五）加强超前地质预报

掌子面前方的地质情况是隧道安全施工的重要控制因素之一，因此超前地质预报成为隧道施工工序的重要组成部分。超前地质预报可以减少施工过程中的盲目性，避免发生重大地质灾害，为施工决策、参数修正措施提供重要依据。目前，超前地质预报的常用方法有物探法（地质雷达法、TSP法、红外线探测法）、超前地质钻探法、传统地质法，各种方法的预报距离、预报侧重点等各有不同，施工时要合理选择。为了保证超前地质预报的质量，预报方法的选择应遵循“长期和短期超前地质预报兼而有之，搭配进行”的原则，根据现场情况至少选用两种方法。

### （六）加强监控量测

对于软弱围岩，必须成立一支专门的监控量测队伍，及时通过监控量测数据科学地指导施工。监控量测工作必须紧跟开挖、支护作业，按设计和规范要求进行布点和监测，根据现场施工情况及时调整量测项目和内容，及时处理和分析量测数据，并与工程类比法相结合，及时调整支护参数，为施工决策提供依据。

近年来，隧道修建技术飞速发展，由于长大隧道地质勘查和超前地质预报技术存在一定的局限性，工程师不能完全、翔实地掌握隧道地质，设计和施工存在较多的技术难点，初期支护变形的情况经常发生。隧道初期支护变形处理确保了施工安全，取得了较好的效果。隧道变形控制需要在以下几个方面改进：一是根据地质情况调整初期支护曲率，曲率越大，受力情况越好，在断层、高地应力等地段可考虑圆形断面；二是合理考虑各种因素，从设计和施工方面设置好初期支护变形预留量；三是根据隧道可能出现的地质灾害，提前做好设计和施工预案，减少变形发生后的盲目性，提高变形处理的及时性；四是初期支护应本着宁强勿弱的原则进行设计，特别是业主单位要充分认识到这一点，要有这方面的指导思想，不能通过牺牲工程质量来压缩投资。

# 第二节 公路隧道软弱围岩变形处理技术

## 一、工程概况

某隧道工程左线开挖到 ZK150+527 处、仰拱开挖到 ZK150+513 处、二衬开挖到 ZK150+466 处后，初支产生明显的沉降收敛，已经可以看到裂缝和掉块。通过检查确认工字钢产生弯曲变形，侵限已经达到 8.7 cm。将右线开挖到 K150+486 ～ K150+500 后，同样发现了该问题，但侵限比左线侵限小。

## 二、变形原因

经调查发现，软弱围岩变形主要与施工位置的地质条件有关。软弱围岩变形位置的上方有一条河流。另外，围岩裂隙发育，岩石的主要成分为凝灰岩。由于区域地下水丰富，岩石处于松散破碎的状态，受震动与荷载作用后，容易易产生掉块。隧道开挖施工中，岩石变为泥浆，流动性显著增强，承载力大幅减弱，从而引发初支变形。

## 三、变形处理

### （一）二衬裂处理

二衬开裂的主要段落是左幅 ZK150+791 ～ ZK150+800 和右幅 K150+874 ～ K150+885，实际开裂情况比较严重。本书通过进一步研讨决定采取下列措施来处理二衬开裂。

第一，为了确保施工的顺利开展，设置临时性支撑，并检查其稳定性，在稳定性合格的情况下做好现场处治；第二，通过小导管注浆实现加固处理，直径 42 mm、壁厚 4 mm、管长 4 500 mm 的导管，提前准备好注浆所需材料，即按照 1 ∶ 1 的比例混合搅拌水泥和水；第三，在二衬两侧拱脚处设置两排钢管桩，钢管直径 108 mm、壁厚 6 mm、整体长 4 500 mm，纵向间隔距离为 100 cm，然后开始注浆，注浆的初始压力和终止压力分别按照 1 ～ 2 MPa 控制，连接好注浆设备和钢管，以持续不断的压力确保裂隙被泥浆完全充满，实现拱脚处的有效加固；第四，注浆结束后，通过监测确定拱脚是否稳定，稳定后拆除二衬开裂较为严重的部分，并对侵限处实施换拱，重新进行初支与二衬的施工。

针对局部轻微裂缝，通过分析确定不会对结构承载力造成太大影响后，继续做好监测，在裂缝达到稳定后，通过灌浆进行有效处理。

### （二）仰拱开裂处理

针对隧道工程中产生的仰拱开裂，需要以裂缝所在位置与产生原因为依据，制定相应的处理方案。

1. 基底注浆加固

经调查可知，由于地下水丰富，仰拱底部的承载力无法达到设计要求，产生了一定程度的沉降，致使仰拱产生若干裂缝。此外，经监测可知，由于受到外部荷载的持续作用，沉降伴随时间推移而加重，裂缝不断发育。对此，可采用基底注浆加固的方法进行处理。在仰拱基底插入若干钢花管，按照梅花形布置，钢管直径 108 mm、壁厚 6 mm、管长 4 500 mm。钢花管连接的部位通过焊接固定。注浆采用水和水泥按照 1 ： 1 的比例混合而成的浆液，注浆初始压力和终止压力分别为 1 MPa、2 MPa，注浆结束后，做好后续监测工作。

2. 拱脚注浆加固

经调查发现，由于在水中长时间浸泡拱脚产生了大量虚渣，拱脚承载力无法达到设计要求，产生了一定程度的沉降，致使仰拱开裂。经检测发现，裂缝有明显的发展趋势。对此，可采用拱脚注浆的方法来处理。在隧道二衬拱脚处每侧分别布置钢花管，直径 108 mm，壁厚 6 mm，整长 4 500 mm，纵向间距按照 120 cm 控制。钢花管的布置牢固后，开始注浆，注浆所用材料和参数同上。另外，对于拱脚长时间被水浸泡的问题，应采取有效的防渗和降水措施。开挖拱脚周围含水率相对较高的土层时，用混凝土进行填充，这样除了能提高强度外，还能起到防止渗水的作用。

3. 增设钢筋网

对于仰拱部分产生的轻微开裂，通过连续监测发现，这些裂缝并没有连续扩张的趋势，而且不会对隧道整体结构的安全性和稳定性造成明显影响。针对这些裂缝，可以采用在填充层增设钢筋网的形成来处理。采用该方案进行施工处理的过程中，需要高度重视以下几个方面。

①在施工处理开始前，应对开裂处进行全面清理，将裂缝中和两侧存在的松动碎石全部清理干净；②以裂缝的尺寸为依据，确定适宜的钢筋网片，每个钢筋网片都是 $\phi$ 10 mm 钢筋焊接形成的，其横、纵向的间隔距离均为 20 cm，钢筋网片的主要位置设置在仰拱填充层和找平层之间；③将钢筋网片设在指定位置并检查确认合格后，对其进行固定，避免在混凝土浇筑过程中产生位移，影响加固效果；④完成对钢筋网片的设置与加固处理后，将事先制备完成的泥浆均匀灌注至开裂处，待泥浆和钢筋的紧密结合后，检查抗拉力和强度是否达到要求，若抗拉力和强度都有良好的表现，则能从根本上提高仰拱整体稳定性。

### 四、施工注意事项

软弱围岩势必影响隧道施工质量和安全，若处理不到位，将严重威胁现场施工人员自身安全。隧道工程会遇到很多软弱围岩，尽管在前期施工过程中采取了与支护措施，但是地质条件复杂，尤其是在地下水丰富的地段，拱脚或基底容易沉降，仰拱及二衬产生裂缝。对此，施工人员应在查明原因的基础上，制定科学合理的处理方案。在实际工作中，应把软弱围岩变形监测视作一项常态化工作，并贯穿整个开挖施工过程。确定最大变形速率，若实际监测结果超出最大值，应立即告警。此时现场人员应在第一时间对变形原因进行分析，然后采取有效加固措施。此外，在选择具体加固方式方面，也要加强管理。只有选择合理的方法进行处理，才能有效降低软弱围岩变形可能造成的负面影响，从而使隧道施工安全、快速、顺利地完成。

## 第三节　隧道穿越压扭性断层段变形处理技术

在复杂多变的地质环境中，山区隧道工程建设不可避免地会遇到岩溶、断层等不良地质现象，其中断层是重事故灾害源。断层是地壳岩层在构造应力作用下发生断裂并沿断裂面发生明显位移的构造现象，岩层断裂后通常形成一定宽度的断裂带，区域内岩体在岩层挤压、剪切、拉伸作用下通常较为破碎，节理发育。当断层位于可溶岩地层中且岩溶水发育时，富水破碎带隧道穿越施工

过程容易发生岩溶涌水、突泥坍方等事故。

## 一、工程概况

蔡家寨隧道的贵州省织金县普翁乡与纳措乡区间全长 3 108 m，为时速 120 km/h 的单线隧道。该隧道地处贵州高原中部，属侵蚀、岩溶中山地貌，地势上呈西南高、东北低的形态。区间内地形起伏较大隧道最大埋深约为 195 m。自然坡度为 20° ～ 40° ，碳酸盐岩区呈溶蚀峰丛洼地地貌，山体浑圆。

蔡家寨隧道 ZDK47+200 ～ ZDK47+600 段位于碗厂背斜东翼隧道洞身段在 ZDK47+325 ～ ZDK47+355 及 ZDK47+405 ～ ZDK47+430 段穿越织金洞区域压扭性正断层，ZDK47+281 ～ ZDK47+325 及 ZDK47+430 ～ ZDK47+498 段位于织金洞断层上盘，ZDK47+355 ～ ZDK47+405 段位于织金洞断层下盘。断层带内岩石破碎挤压，揉褶现象明显，地貌上形成沟槽、缓坡、垭口等负地形。该断层上、下盘地层均为石炭系黄龙组灰岩及白云质灰岩，受断层构造影响岩体破碎，岩溶强烈发育，基岩裂隙水及岩溶水发育，且水量较大。ZDK47+430 ～ ZDK47+498 段隧道拱部位于非可溶岩与可溶岩接触带附近（上部为砂岩、页岩、泥岩，下部为灰岩）。蔡家寨隧道 ZDK47+200 ～ ZDK47+600 段地质纵断面如图 5-2 所示。

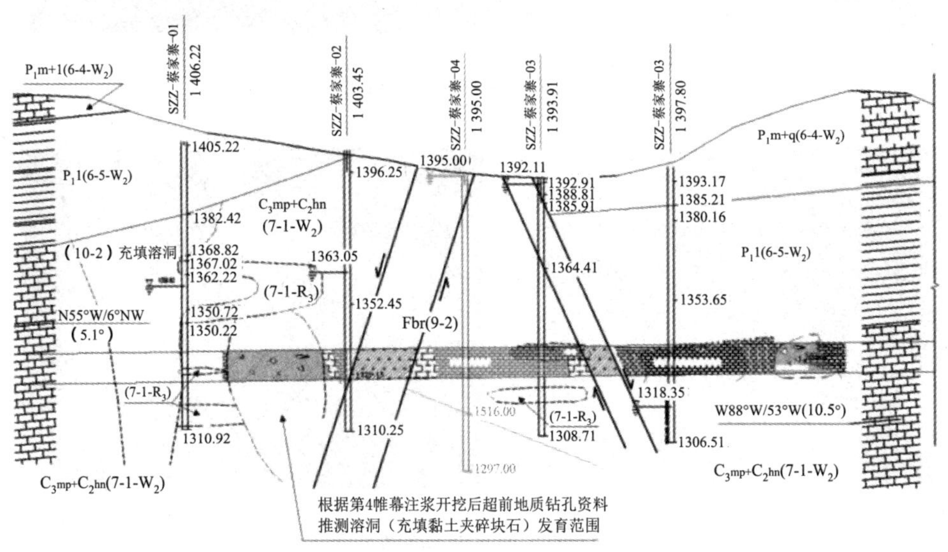


图 5-2　蔡家寨隧道 ZDK47+200 ～ ZDK47+600 段地质纵断面

## 二、施工情况

2014 年 10 月，蔡家寨隧道进口施工 ZDK47 +248 里程时，掌子面出现局部坍塌，掌子面涌水倒灌至成型初支段；ZDK47+220 ～ ZDK47+248 段初支变形、开裂、掉块，最大变形量为 54 cm。11 月 10 日，掘进至 ZDK47+252 时，掌子面发生突泥现象，突泥量约为 1 600 $m^3$，突泥成分以黏土为主，夹有少量石块，同时 ZDK47+380 处线路左侧距中线约 30 m 处地表出现坑径约 3 ～ 4 m、深约 1.5 m 的沉陷，如图 5–3 所示。

根据超前探测及地质情况，ZDK47+245 ～ ZDK47+270 段隧道采取了坍体注浆、掌子面封闭、超前大管棚、超前周边 5 m 帷幕注浆等处理措施，如图 5–4 所示。

图 5–3　掌子面突泥与地表坍坑

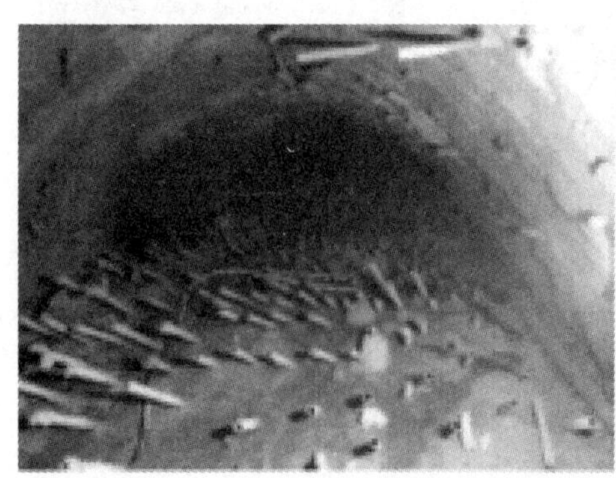

图 5–4　掌子面封闭及超前大管棚

2014年7月，超前大管棚和超前5 m周边帷幕注浆实施完毕。2014年8月，上台阶掌子面施工至ZDK47+254，掌子面右侧为软塑状黏土，易坍塌，掌子面涌水严重，水量约为150 $m^3/h$，且管棚上方传出异响，随后再次发生突泥涌水，突泥涌水充填隧道长度约130 m，突泥量约为1 500 $m^3$，地表坍坑进一步扩大。

参考厦深铁路梁山隧道穿越断层破碎带、渝怀铁路圆梁山隧道穿越涌水突泥地段处理技术，考虑到断层破碎带岩体风化严重，岩溶发育强烈，综合比较地表注浆、洞内水平旋喷、洞内超前帷幕注浆等多种方案的经济、技术指标，拟采用全断面帷幕注浆。纵向注浆加固长度为25 m，开挖20 m，注浆前先设置2 m厚混凝土封堵墙。对隧道开挖面及轮廓线外进行注浆加固和堵水，注浆范围为开挖轮廓线外5 m，并按上下台阶分步实施。注浆压力为3 ～ 5 MPa，浆液扩散半径为2 m，孔底间距为3.5 m，钻孔直径为108 mm，采取前进式分段注浆工艺，分段长度为5 ～ 8 m。全断面帷幕注浆布置如图5-5所示。

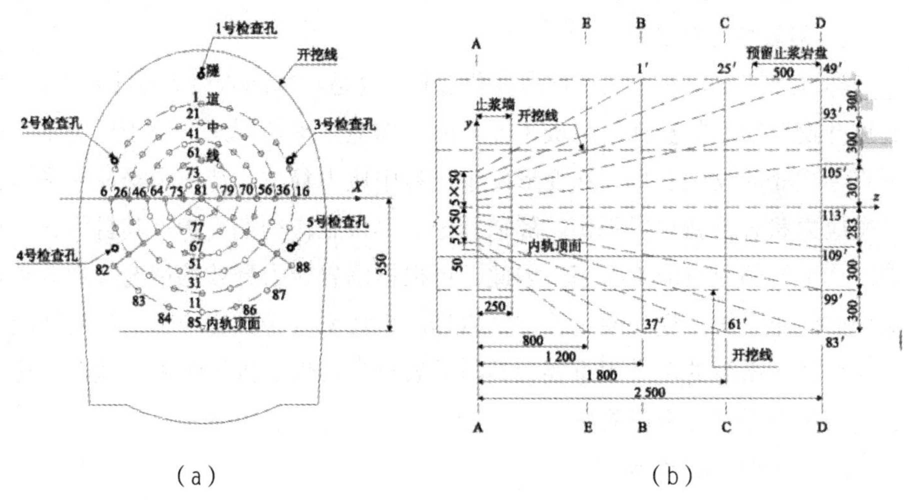


图5-5　全断面帷幕注浆布置图（cm）

## 三、隧道结构稳定性数值

### （一）数值模型

这部分采用GTSNX有限元软件对蔡家寨隧道穿越压扭性断层与淤泥质溶洞进行超前帷幕注浆开挖稳定性分析。根据工程地形地质条件，隧道穿越充填溶洞与织金洞断层段地表为大面积岩溶洼地，自然坡度较缓。因此，建立的计算模型如下：水平方向取 100 m 竖直方向取 120 m；上边界取至地表，近似处理为水平埋深约 70 m；上边界不受约束，为自由面；底部边界在竖直方向上进行约束；左右边界在水平方向上进行约束。

### （二）数值模拟

1. 初始地应力模拟

围岩初始应力包括自重应力和构造应力。隧道穿越织金洞断层区域，岩石在构造应力挤压作用下发生破裂，从而形成断层破碎带，构造应力得到充分释放，因此模型仅考虑自重应力。

围岩在竖直方向上的自重应力 $\sigma_v$ 与上覆岩层的深度有关，在一定程度上按线性增加，围岩在水平方向上的自重应力 $\sigma_h$ 与竖向应力 $\sigma_v$ 成一定比例，且与围岩本身泊松比有关。

2. 围岩应力释放模拟

隧道开挖既是一个三维动态变化过程，也是一个围岩应力逐步释放的过程。隧道开挖后形成临空面，打破了原有的三向应力平衡状态。由于应力不平衡，围岩会朝径向发生变形，在变形发生过程中应力释放，待应力释放完毕后，不平衡应力状态重新得以平衡。隧道开挖后尽快施作初期支护，其目的在于尽可能维持围岩的原有应力状态。因此，可根据围岩应力释放的情况合理调整初期支护的施作时机。模型通过控制围岩释放系数来调整围岩应力的释放情况。围岩应力释放系数的确定很重要，其与围岩自身特性、围岩级别、施工工法、构造应力状态等均有密切关系。

3. 超前帷幕注浆模拟

隧道超前帷幕注浆的本质是用水泥浆液将松散破碎的岩石颗粒和淤泥质土体进行胶结、填充、增强与加固，因此断层破碎带或淤泥型松散材料经过超前注浆后，可将其原本破碎的注浆区域等效为一种均匀连续的地层材料。注浆对岩体材料表现出的物理力学性质可以提高材料的内摩擦角 $\varphi$ 和黏聚力，因此可通过改变加固圈范围内的土体属性模拟注浆效果。模拟计算中假定围岩应力释放系数为 0.8，初期支护承担围岩初始地应力的 20%，初期支护采用实体单元模拟。

4. 施工工法模拟

GTSNX 中隧道开挖是通过钝化开挖区域内的网格实现的。蔡家寨隧道帷幕注浆后采用台阶法进行开挖，数值模拟开挖的具体步骤如下：①建模，在开挖前进行应力平衡计算，形成初始应力场；②将重力引起的位移进行清雾，只保留初始应力场；③通过改变注浆区域内网格的强度参数，实现帷幕注浆效果；④将上台阶开挖区域内的围岩网格进行钝化；⑤激活上台阶初期支护并开挖下台阶；⑥重复第⑤步直至开挖完成，得到最终的应力场和位移场。

5. 注浆方案模拟

根据现有成熟的帷幕注浆加固技术经，结合现场工程地质环境，蔡家寨隧道超前帷幕注浆范围可以选择 3 m、5 m、8 m，模型中分别对注浆加固区域为 3 m、5 m、8 m 进行模拟，同时对未进行注浆加固的工况进行模拟，以对比研究。

## 四、数值计算结果分析

### （一）未进行超前帷幕注浆隧道稳定性分析

根据蔡家寨隧道现场施工情况，穿越织金洞断层破碎带时，断层区域内填充的破碎围岩几乎不具有自稳能力，隧道开挖导致塌方和突水突泥事故。在未进行任何超前支护情况下，围岩的竖向位移如图 5-6 所示。

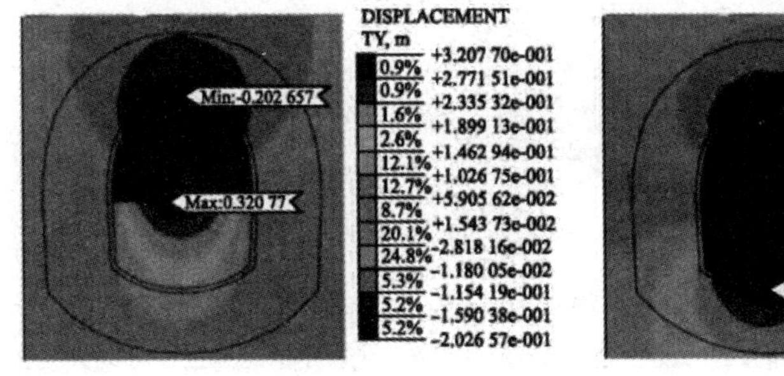


（a）上台阶开挖

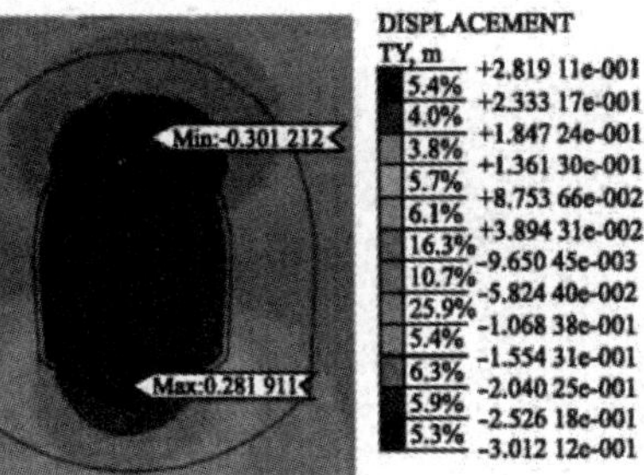


（b）下台阶开挖

图 5-6　未进行超前帷幕注浆隧道围岩竖向位移场

由图 5-6 可知，上台阶开挖后洞周变形最大值发生在上台阶底部，向上隆起值为 320.77 mm，同时拱顶发生了 202.657 mm 的沉降；下台阶开挖后拱顶下沉值进一步增大至 301.212 mm，仰拱隆起达到 281.911 mm，此时拱顶下沉变形大于仰拱隆起变形。

### （二）超前帷幕注浆加固范围分析

超前帷幕注浆范围不同，围岩承载能力不同，隧道开挖后喷射混凝土的变形不同，上台阶开挖初期支护变形和上台阶开挖完成后初期支护变形分别如图 5-7 和图 5-8 所示。

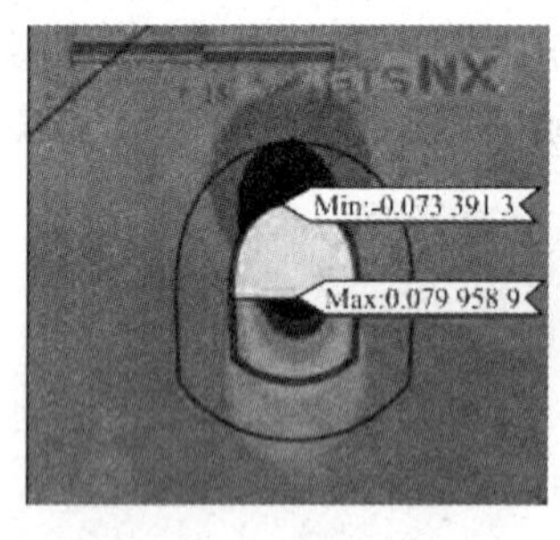


（a）3 m 加固圈

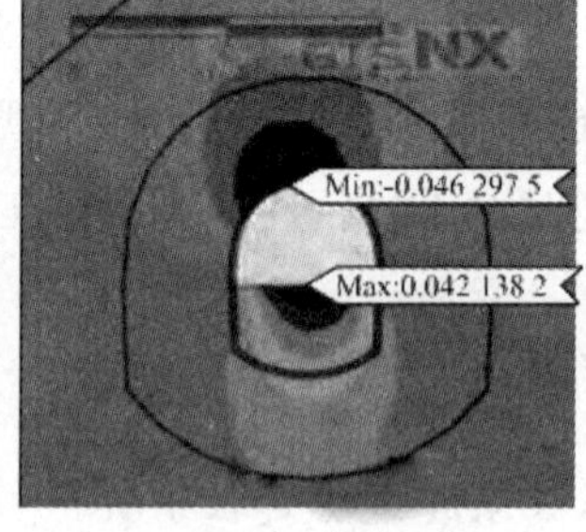


（b）5 m 加固圈

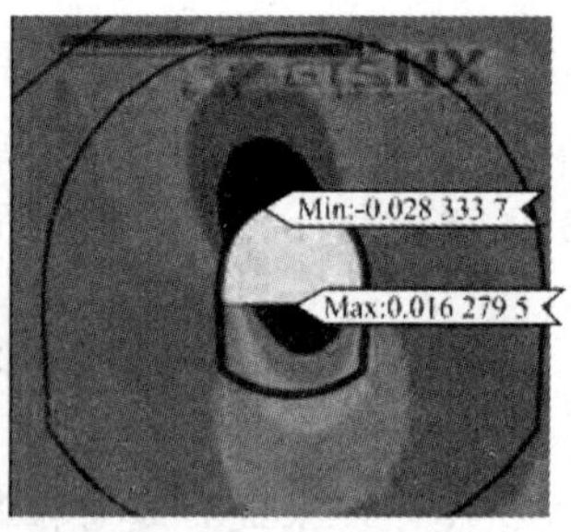


（c）8 m 加固圈

图 5-7　上台阶开挖初期支护变形

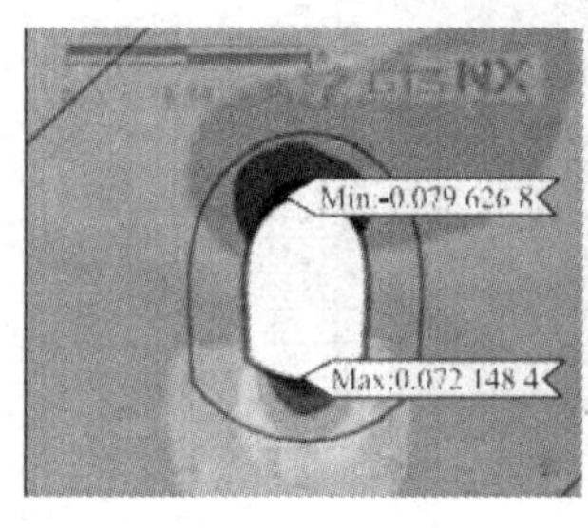


（a）3 m 加固圈

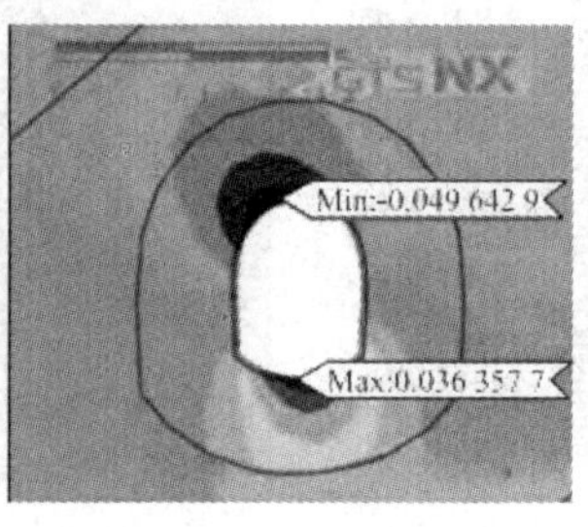


（b）5 m 加固圈

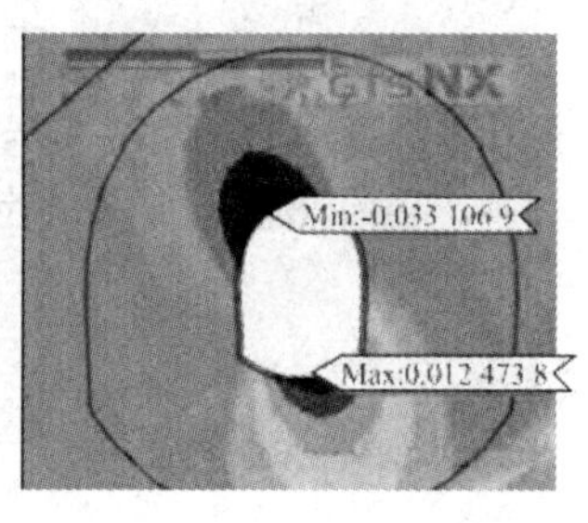


（c）8 m 加固圈

图 5-8　上台阶开挖完成后初期支护变形

超前帷幕注浆的变形值与未进行超前帷幕注浆的变形值相比较小，这说明超前帷幕注浆可有效加强围岩的自稳能力，增强隧道稳定性，且随着超前帷幕

注浆加固范围的增大，隧道开挖后洞周围岩变形逐渐减小，围岩变形越易控制。

注浆加固圈范围不同，上台阶开挖完成后拱顶沉降、隧道底部隆起的最大变形值不同，加固圈范围与初期支护变形曲线如图 5-9 所示。

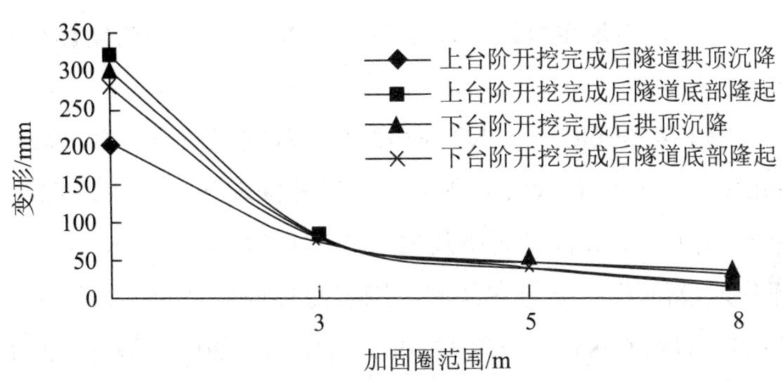


**图 5-9　加固圈范围与初期支护变形曲线图**

从图中可以看出，超前帷幕注浆范围越大，台阶开挖完成后拱顶沉降值和隧道底部隆起值越小，这说明超前帷幕注浆可以有效加固围岩，使其在开挖完成后得以稳定。根据设计参考图可知，VC 形衬砌初期支护预留变形量为 50 ～ 70 mm。从计算结果可以看出，注浆加固范围为 3 m 时，拱顶沉降和隧道底部隆起大于预留变形量，可能引起侵限，注浆加固范围为 5 m 和 8 m 时，拱顶沉降和道底部隆起值均小于 50 mm，在可控变形范围以内。因此，蔡家寨隧道穿越织金洞断层时，超前帷幕注浆范围至少为 5 m，从经济角度和施工成本控制角度来看，注浆范围为 5 m 时，可满足拱顶和隧道底部变形控制要求。

## 第四节　大断面隧道初期支护变形处理技术

目前中国铁路处于快速发展阶段，全国铁路修建较快，所遇到的地质相对复杂。丽香铁路位于云南省西北部——青藏高原东南缘横断山脉中段，七达里隧道位于金沙江右岸陡坡地带，地质较为复杂，在施工过程中遇到了各种难题，初期支护变形是整条线路施工最为常见的情况。针对初期支护变形，工程师应依据设计文件及相关的施工经验，结合不同地质情况，采取不同的施工措施。

## 一、工程概况

丽江香铁路七达里隧道 DK26+685 ～ DK35+418 全长 8 733 m，1 号、2 号、3 号横洞隧道位于金沙江右岸，地形右高左低，金沙江下切地面 1 805 ～ 3 830 m，隧道最大埋深约 615 m 最小埋深约 55 m。左侧为金沙江深切河谷，出口端为新尚大沟，山顶至线路标高平均坡度大于 50° ，线路标高至金沙江平均坡度大于 25° 。

隧道进口端 DK26+685 ～ DK27+392 段为双线车站段，断面较大，断面尺寸为 14.7 cm（宽）× 11.07 cm（高），隧道埋深较浅，最大埋深为 75 m，该段围岩为灰岩、白云质灰岩夹泥质灰岩，碳质板岩、碳质页岩土夹石为主隧道洞身，大部分地段位于 V 类异常区域，围岩总体破碎严重，岩溶强烈发育，围岩稳定性较差，DK26+840 ～ DK27+000、DK27+120 ～ DK27+200 两段为断层破碎带，施工过程中围岩变化频繁，初期支护变形严重。

## 二、初期支护设计参数及变形情况

### （一）初期支护设计参数

超前支护拱部采用 $\phi$42 超前小导管，长度为 3.5 m，纵向搭接长度为 1.5 m 环向间距为 0.4 m；初期支护采用 120 工字钢纵向间距为 0.5 m，榀拱部设置 $\phi$25 组合中空注浆锚杆，边墙设置 $\phi$22 砂浆锚杆，锚杆长均为 4 m，间距均为 1.2 m × 1 m 呈梅花形布置，并注入水泥砂浆；拱架锁脚采用 42 锁脚锚管，锚管长度 4.5 m，每环 12 根，并注入水泥砂浆拱墙铺设 $\phi$8 钢筋网片，网格间距为 20 cm × 20 cm，网片搭接 1 ～ 2 个网格。采用台阶法开挖，开挖完成后初期支护结构预留沉降量 13 cm。

### （二）初期支护变形情况

DK26+840 ～ DK27+000、DK27+120 ～ DK27+200 两段开挖完成后，初期支护结构表面无明显开裂，局部出现细小裂纹，拱顶和边墙整体下沉和收敛，拱顶最大下沉速率为 18 mm/d，边墙最大收敛速率为 15 mm/d 拱顶最大沉降量为 35 cm，边墙最大收敛量为 40 cm，变形后侵占净空 20 ～ 35 cm，必须拆除换拱，重新施作初期支护结构，加大预留变形量，这样才能满足二次衬砌结构混凝土厚度要求。

## 三、变形原因

### （一）地质原因

该段地质较差，开挖完成后应力不能及时释放初期支护施工完毕后，在应力的挤压作用下拱架变形；位于山体陡坡上的线路埋深较浅，该段最大埋深只有70 m，左、右线路埋深存在偏差，最大偏差达到20 m，线路上方岩体存在偏压。

### （二）预留沉降量小

该段预留沉降量13 cm，该沉降量只能满足施工导致的沉降要求，不能满足高应力释放及偏压导致的沉降要求。

### （三）初期支护暴露时间长

该段围岩的初期支护呈均匀沉降和收敛的特点，初期支护施作完毕后，基本在45 d左右开始施作二次衬砌，预留沉降量只有13 cm，二次衬砌施作前初期支护已经全部侵限。

### （四）临时仰拱不能及时施工

该段采用三台阶开挖法进行施工，上台阶开挖完毕后临时仰拱没有及时施作，在开挖中、下台阶过程中，初期支护受爆破扰动，出现下沉。

### （五）仰拱不能及时封闭成环

该段仰拱没有和下台阶一次成环，而是在施作二次衬砌仰拱混凝土前才开始施作，间隔时间太长，围岩受到挤压变形严重，二次开挖仰拱对围岩的扰动也大。

## 四、拆换拱施工方案

根据监控量测结果和初期支护断面检查情况，制定拆换拱方案。侵限净空的初期支护采用松动爆破，爆破后人工采用风镐拆换拱，加大预留变形量，及时施作临时仰拱及其填充和拱墙二次衬砌，加强监控量测。

## 五、拆换拱施工控制要点

### （一）初期支护断面检查

拆换拱前对侵限断面进行检查和标识，以便掌握准确的数据。

### （二）支撑加固

根据测量数据，采用 $\phi$159 钢管对变形段进行支撑加固，沿隧道线路方向每隔 2 m 横向设置 1 道 $\phi$159 钢管、纵设置一道竖向设置 2 道 $\phi$159 钢管，纵向钢管设置在线路左、右中线位置，纵向钢管之间用 10 cm × 10 cm 角钢连接，待换拱作业时拆除。

### （三）超前支护注浆

超前支护采用 $\phi$42 超前小导管，超前支护注浆在拱架拆除前进行，在预拆除拱架上方安装超前小导管，小导管与隧道掌子面反向施工；小导管长度为 3.5 m，超前支护每米 1 环，打设角度控制在 45°；小导管安装完成后进行注浆固结，原初期支护上方的围岩避免在换拱过程中出现坍塌、掉块现象，注浆达到一定强度后方可拆除拱架。

### （四）原初期支护拱架拆除

原初期支护拱架采用 120 工字钢，初期支护厚度较大，采用松动爆破及人工配合方式拆除拱架，采用风钻钻孔，孔间距为 30 cm × 30 cm，按梅花形布置，孔深 18 ～ 20 cm，采用隔孔装药，单孔装药量为 0.05 kg。松动爆破后，人工采用风镐对松动的混凝土及危石进行清理。

### （五）二次超前支护施工

拱架拆除完毕后进行二次超前支护，二次超前支护采用 $\phi$42 超前小导管，超前小导管与掌子面同向施工，小导管长度为 3.5 m，超前支护每米 1 环，打设角度控制在 15°；小导管安装完成后进行注浆，再次固结围岩。

### （六）临时仰拱施工

临时仰拱采用 120 工字钢、网片施工，临时仰拱紧跟初期支护，初期支护施工一环，临时仰拱紧跟一环，临时仰拱可减少初期支护变形。

### （七）监控量测点布置

初期支护和临时仰拱施工完成后，及时布置监控量测点，读取初始，以便掌握准确数据，指导现场施工。

### （八）径向注浆

径向注浆采用 $\phi$42 超前小导管，初期支护施工完成后对隧道两侧边墙部位进行径向注浆，注浆孔采用梅花形布置，孔间距为 60 cm，孔深为 4 m，固结左、右边墙背后的围岩，减少两侧收敛。

### （九）数据收集

初期支护施工完毕后，收集监控量测数据，及时进行分析。根据数据调整相关参数，数据稳定后施作二次衬砌。

### （十）仰拱混凝土及拱墙混凝土

监控量测数据稳定后及时浇筑仰拱混凝土及拱墙混凝土，避免初期支护长时间暴露，围岩受应力作用再次发生变形。

## 六、拆换拱施工安全措施

拆换拱可能发坍塌事故，因此拆换拱必须按照施工方案进行。

一是所有进入隧道工地的人员必须佩戴安全防护用品；二是施工人员到达工作面后，先检查工作面是否处于安全状态，如有松动的岩石，立即加以支护或清除；三是操作空间尽量不要放置杂物，以便施工人员能够迅速撤离现场；四是换拱施工时经常观察作业面围岩，发现初支混凝土、初支钢支撑不正常或有危险预兆时，应停止作业，疏导人员撤离工作现场；五是按照测量数据换拱，不宜超挖，严禁欠挖；六是换拱地段应加强照明，不留死角，光线满足现场需要；七是换拱作业应连续进行，若中间被迫中断，应根据情况做好安全防护工作；八是设专职安全人员在场监视围岩变化，用哨声通知作业人员撤离；九是施工安全员和技术人员定期检查各部支护，发现量测数据突变时，立即通知

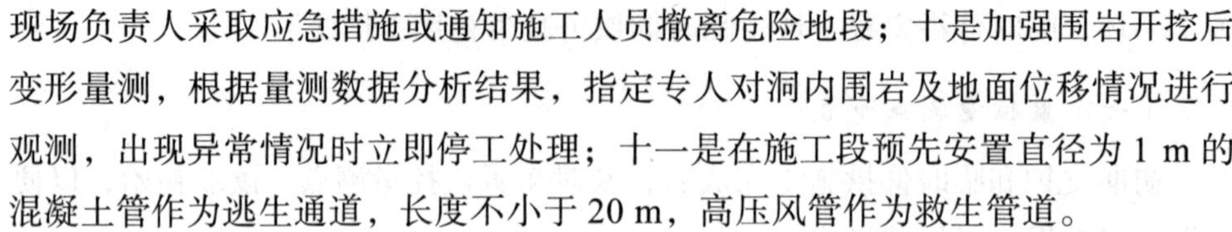

现场负责人采取应急措施或通知施工人员撤离危险地段；十是加强围岩开挖后变形量测，根据量测数据分析结果，指定专人对洞内围岩及地面位移情况进行观测，出现异常情况时立即停工处理；十一是在施工段预先安置直径为 1 m 的混凝土管作为逃生通道，长度不小于 20 m，高压风管作为救生管道。

# 下篇：涂装工艺篇

# 第六章　公路隧道水性易清洗瓷化涂装技术研究

## 第一节　涂料概述

### 一、涂料的组成

涂料是由成膜物质与配料组成的分散均匀混合物，涂覆在基材表面，固化形成连续涂层材料，起到保护、美化、绝缘、防锈、防霉、耐热等作用。

涂料主要由四部分组成：成膜组分、溶剂组分、颜料组分、助剂组分。成膜组分是涂料中的关键成分，它对制备的涂料和涂层的使用性能起决定性的作用，它能和涂料中的其他组分黏结在一起。溶剂组分的主要作用是将涂料中的成膜组分溶解，使其在体系中分散为均匀的液相，方便在基材表面施工涂覆。在固化过程中，溶剂会从涂层中挥发。涂料的溶剂组分有很多种，如水溶剂、无机溶剂、有机溶剂。颜料组分能使涂料遮盖住被涂覆基材的表面，使涂层外观呈现亮丽色彩，起到装饰和保护的作用。颜料可分为无机颜料和有机颜料，在涂料行业中使用较多的是无机颜料。助剂组分是涂料中重要的辅助组分，其不能单独固化形成涂层，它的主要作用是使涂料或涂层表现出特定的功能并起到改性促进的作用。常用的助剂组分主要分为四大类：一是有助于制备涂料的助剂，如消泡剂、润湿剂、分散剂、乳化剂；二是有助于延长涂料储存期的助剂，如防沉剂、稳定剂、防结皮剂；三是有助于涂料施工的助剂，如流平剂、消泡剂、催干剂、防流挂剂等；四是有助于提高涂层性能的助剂，如增塑剂、消光剂、阻燃剂、防霉剂等。

涂料主要包括填料体系和树脂两大部分，树脂属于成膜高分子物质，在高分子材料固化交联后，形成坚硬的膜，结合填料体系的复合作用，在表面形成保护层。根据成膜树脂的不同，树脂可分为油性树脂和水性树脂两种，二者的区别在于溶剂不同。油性树脂采用溶剂进行稀释，进而达到较低的黏度，而水性树脂则水进行稀释。二者相比，活性溶剂参与油性树脂的固化过程，因此形成的树脂膜具有更高的硬度和致密度，目前使用的反射涂料多采用油性树脂作为成膜基体。然而，溶剂材料多为有毒物质，对人体和环境会产生较大的危害。针对长大型隧道，此类涂料中的溶剂会因通风不畅而无法排出，严重威胁着施工人员的生命安全，并且此类溶剂材料容易燃烧，并不适用于隧道特别是大型隧道工况，最终限制了此材料的应用。

## 二、涂料的分类

涂料发展大致经历天然树脂涂料、有机合成树脂涂料和绿色水性涂料三个发展阶段。针对隧道涂料，国内外进行了大量的实验及工程研究，根据其功能性，涂料分为以下几类。

### （一）防火涂料

防火涂料的应用是从 2001 年左右开始的，当时一些企业将厚型钢结构防火涂料或混凝土楼板防火涂料甚至电缆防火涂料作为隧道防火涂料。近年来，国内外就隧道防火涂料研究开展了大量的工作。有学者研制了一种以无机胶凝材料为主的耐潮湿环境的水硬性隧道防火涂料，该产品已工业化生产并应用于一些标志性隧道工程；有学者以复合粘结剂为凝胶材料，以玻化微珠、空心玻璃微珠、膨胀蛭石、岩棉、硅酸铝纤维、EG 为隔热填料，在多种助剂的配合下，合成了隧道防火涂料，涂料干膜厚 18 ～ 20 mm 时的耐火时间为 3 h；有学者通过对主黏结剂、聚合物改性剂、骨料、无机阻燃剂等材料的研究，得到了纳米插层氨基树脂表面改性隧道防火涂料。

隧道防火涂料有以下几点缺陷。

（1）涂层太厚。如按 ISO 834 曲线升温，耐火性能达到 3 h，一般涂料涂层厚约 20 ～ 30 mm，由于涂层较厚，需要多次喷涂，施工困难；如按碳氢曲线升温，隧道防火涂料不能承受快速升温的热冲击，可能在几分钟内就发生爆

裂，不能满足隧道的防火要求。

（2）黏结强度低。隧道防火涂料的黏结强度一般为 0.1 MPa，车辆在隧道通行时，会产生强风和震动，不能满足隧道的实际需要。

（3）未注重涂层毒性研究。一旦发生火灾，将影响火灾的扑救和隧道的修复。

（4）耐水性较差。涂层长期处于隧道的潮湿环境中，会积水甚至脱落。

### （二）反射涂料

日本是最早开始进行反射涂料研究的国家。2002 年，长岛特殊涂料公司和日本铺道公司一起研发出一种能够降低路面温度的新型路面铺装材料，其内部含有的微小粒子可以进行高度光反射。2004 年，日本国土交通省下属的土木研究所和长岛特殊涂料公司开发出一种新型混合物热反射路面铺装材料，该铺装材料不易剥落，且反射效果优良。随后，广岛道路株式会社、日本油漆公司和日本 LINER 公司联合开发了分别用于车行道和人行道的丙烯酸树脂和水性丙烯酸树脂沥青路面反射材料，同时用于车行道和人行道的聚氨酯树脂沥青路面热反射材料。颜填料主要包括瓷化类物质和一些特殊光热反射涂层。国内反射涂料的相关理论研究和实验探索上虽然起步较晚，但是近些年也取得了不少成绩。有某学者进行了树脂改性在反射涂料中的应用研究，以丙烯酸改性醇酸树脂为主要成膜物质，添加了具有高反射率的金红石型二氧化钛、氧化锌和云母粉，制备成一种具有优异物理化学性能和亮度高的涂料，对光的反射率高达 85%。有学者研究了一种建筑反射涂料的应用技术，并运用该技术将 PTI 高性能弹性腻子粉和反射涂料配套使用，组合成一种 PTI 外墙反射隔热涂料。有学者选择有机硅改性合成丙烯酸树脂为成膜物质，对一些常规的具有高折光指数的颜填料进行了系统分析，最后选择金红石型二氧化钛为涂料的主要颜填料，制备了一种集反射、隔热和辐射为一体的反射隔热涂料。重庆交通大学唐伯明研究团队以不饱和聚酯为基料树脂，通过添加二氧化钛、二氧化硅等功能填料，制备不饱和聚酯热反射材料，经过一段时间的观察，发现涂层的反射效果有些下降，且外观有剥落、变色等现象。为了解决热反射涂层耐粘污差、耐久性等问题，项目组采用种子乳液聚合法将含氟单体引入丙烯酸酯乳液中的壳层，合成含氟乳液，并导入二氧化钛、二氧化硅构造凹凸粗糙疏水结构。近年来，为了切实有效地提高隧道照明的安全性、节能性，并提升照明品质，除了研究传统意义上的节能灯具和节能控制技术外，一些学者研究新型高效材料，以提升隧道整体光照环境。

### （三）蓄能发光涂料

蓄能发光涂料中的稀土长余辉发光材料可将光源中 200 ～ 400 nm 的短波激发成可见光，从而达到增光节能的目的。在停止光的照射后，其延时发光时间可持续 10 h 以上，该性能可作应急指示照明。蓄能发光涂料增光和延时发光的主要原因是涂料中的稀土离子能级之间的 5d → 4f 跃迁和电子转移产生发光光谱电荷迁移带，不同的碱土金属元素可使稀土元素所处的晶体场强度发生明显的变化，从而产生不同的发光和余辉颜色。

蓄能发光涂料的余辉亮度和余辉时间与发光颜料的加入量、涂层厚度、光源有关。以纯丙乳液作为成膜物质，以稀土激活的碱土金属铝酸盐为发光颜料，制备水性蓄能型发光涂料，探讨发光颜料的掺入量与余辉亮度之间的关系，结果表明发光颜料的余辉亮度随着发光颜料掺入量的增加而升高，但发光颜料含量高于 50% 时，余辉强度增加不明显，而且涂料性能变差。制备以氟碳树脂为成膜物质的荧光涂料时发现：涂料余辉亮度随膜层厚度的增加而增加，但在一定程度上达到饱和。研究蓄能型发光涂料在不同光源下的余辉特性时发现，发光涂料经复合光（如太阳光）照射，余辉亮度和余辉时间均比日光灯或者单一波长光源照射效果好。用钛酸酯偶联剂或硅烷偶联剂对发光粉体进行疏水改性时，获得了在水性环境中长期稳定（6 个月以上）、发光时间长达 12 h 的疏水改性发光粉体，并将改性发光粉体加入到涂料中，制得了性能稳定的长余辉发光水性涂料。

通过初步的应用研究发现，由于隧道中的光不是持久性光源，汽车灯光的瞬时照射虽然会产生一定的余晖，但是光泽度较低，实际路用性能达不到相应的光泽要求。

涂料在制备、施工、干燥固化的过程中会向环境空气中挥发出有毒的有机化合物（VOC），VOC 对环境和人体健康构成了严重的威胁，人们对环境保护和自身健康越来越重视，因此涂料行业最大限度地减少 VOC 的排放。为了减少 VOC 对环境和人体的伤害，世界各国都制定了相应的环保法律法规，限制 VOC 的排放。中国颁布的“环境标志产品技术要求 ”防水涂料要求中明确指出，涂料中不得含甲醛、卤化物溶剂或芳香族碳氢化合物；内墙涂料中的有害物质限量；限制在室内使用的涂料 VOC 含量不得超过 200 g/L，游离甲醛的浓度不得超过 0.1 g/L。水性化、无溶剂化、粉末化、高固体化、辐射固化等绿色环保型涂料是涂料的发展方向。人们大多选择水性涂料，水性涂料自身的优异性能备受人们的青睐。

## 二、水性瓷化涂料

### （一）水性瓷化涂料概述

水性树脂涂料以水为稀释介质，相比而言具有良好的环保效应，适用于各种环境下的工程。水性树脂也有其本身的使用缺陷，在水性树脂固化过程中，水无法参与反应，会随着树脂固化而挥发，形成大量的气孔，造成水性树脂成膜后的综合质量低于油性树脂。综上可以看出，要发挥涂料在隧道中亮化的作用，就得优化水性涂料，在发挥其环保作用的前提下，赋予其良好的功能。

水性涂料的优化应针对树脂和填料两部分进行设计。针对树脂的本征结构，利用交联度较高的水性树脂，通过材料微结构的改性调控，提高材料的硬度和致密度，实现类似于“瓷面”的硬化，从而提高镜面效应。对填料结构，将原有的填充作用转变为高反射作用，结合树脂的作用，形成一种高反射的瓷化效果。此种方法不仅可以保持涂料的综合性能，而且还可以实现环保施工的过程，对隧道整体的优化设计有着较高的应用价值，项目的应用研究对同等条件的工程也具有良好的借鉴和指导意义。

按分散形态，可将水性涂料分为水溶性涂料、水稀释性涂料和水分散性涂料（乳化型涂料）；按成膜物质，可将水性涂料分为水性丙烯酸涂料、水性聚氨酯涂料、水性环氧涂料。

随着涂料合成技术的进步和人们对涂料使用要求的提高，水性瓷化涂料以自身的优异特点在众多涂料品种中脱颖而出，成为新一代水性涂料，其在众多行业领域中获得了很好的应用效果。水性瓷化涂料的主要成分是纳米级的无机氧化溶胶、水性硅氧烷单体缩聚而成的立体网状的无机树脂和无机耐高温颜料。水性瓷化涂层不容易受紫外线、酸雨、汽车尾气和大气污染的影响而老化，抗腐蚀性能好，使用寿命长；水性瓷化涂层的低表面能以及无机材质消除静电的能力，使涂层不会吸附大气中的污染物，始终保持干净的外观，具有自清洁性；水性瓷化涂层具有较高的硬度和耐刮划性。

瓷化涂料是一种全新的、集防护与美化于一体的基材表面处理保护技术。瓷化涂料采用新型高分子亮化成分，对墙体的保护能力强，抗自然老化能力强，便于养护。基材结合力强，涂层表面致密、防火、防腐、耐磨，对光具有较强的反射能力，提高隧道内的照度和亮度，扩大行车的可视范围，增强行车安全。瓷化涂料可根据所处位置及需求定制成不同颜色，防护表面的同时对构筑物起到了美化作用。瓷化涂料改善了隧道的行车环境，减少了洞内外的光线差，降低了隧道口因光线而产生交通事故的概率。

1. 纳米材料在水性涂料中的应用

纳米材料是粒径为 1 ～ 100 nm 具有特殊物理化学性能的材料。纳米粒子的特殊结构，使纳米材料呈现出特殊的纳米效应：纳米小尺寸效应、量子尺寸效应、界面效应、宏观量子隧道效应。纳米材料赋予了水性瓷化涂料新的特殊性能并提高了涂料的使用性能。

纳米 $SiO_2$ 溶胶作为一种高新技术制备生产的无机纳米新材料，不仅具有价格低廉、富含矿物原料、方便易得的优势，还具有粒径小、粒子比表面积大、黏度低、与其他物质混合时具有很好的稳定性和分散性等，而且物理化学特性。纳米 $SiO_2$ 溶胶中胶体粒子表面带有大量的硅羟基，能与其他物质带有的羟基发生脱水缩合反应；纳米 $SiO_2$ 溶胶为水分散液，反应体系可以进行均相反应，提高了反应速率和反应均一性。因此，纳米 $SiO_2$ 溶胶是制备水性涂料常用的原材料之一。

纳米 $SiO_2$ 粒子可显著提高涂料的物理和化学稳定性能；同时，纳米粒子的表面具有配位不足的特性，这使纳米 $SiO_2$ 粒子具有较强的物理和化学活性，对加入水性瓷化涂料中的颜料成分起到了很强的吸附作用，这在很大程度上降低了光、热等因素造成的颜料成分分解，从而有效地解决了涂层的粉化问题；纳米 $SiO_2$ 粒子的加入不仅可以提高水性瓷化涂料的洁白度，还可以改善水性瓷化涂料的储存性能，使其不会发生分层现象，并具有良好的触变性和防流挂性能。通过溶胶 – 凝胶法制备的纳米水性瓷化涂层既有优异的韧性和成膜性，又有硬度高、耐磨、抗划伤、耐高温、耐溶剂性、耐酸碱性等优异性能，无机纳米粒子的引入赋予了涂料抗紫外线、抗辐射等性能，能够有效保持涂层中化学键的完整，这些特殊的性能使纳米水性瓷化涂料优于传统的有机涂料。

2. 纳米水性瓷化涂料的特点

采用硅溶胶和硅氧烷单体为原料制备的纳米水性瓷化涂料，兼具有机涂料和无机涂料的优异特点。

（1）较高的硬度和良好的附着力。成膜物质主要为无机纳米$SiO_2$刚性粒子，硬度最高可达9H（铅笔最高硬度），耐磨耐刮；涂料中的组分能与基材的表面成分发生化学作用，形成牢固的化学键。

（2）绿色环保性。纳米水性瓷化涂料的分散剂是水，在施工过程中，溶剂水的挥发不会造成环境污染。与传统的混凝土装饰板相比，涂装纳米水性瓷化涂料的混凝土装饰板是一种绿色环保的新型装饰材料。

（3）超强的结构稳定性。涂层内部具有丰富的硅氧硅（Si—O—Si）无机网状结构，涂层的使用寿命长达数十年，可以在恶劣的外部环境中保护建筑物的表面免受破坏。

（4）耐候性。纳米水性瓷化涂层结构中具有的硅氧键（Si—O）的键能高于紫外线的能量，因此紫外线对纳米水性瓷化涂层几乎没有影响。

（5）耐高温和不燃性。涂层结构主要是无机材质，通过无机化学键交联固化成膜，涂料在高温条件下能保持稳定，不发生分解；涂层中不含可燃和助燃成分，也不产生烟雾和有毒气体，阻燃效果非常显著（防火等级达到A1级）。

（6）耐污染性。基材表面的瓷化涂层由于甲基（$—CH_3$）成分的存在，具有了一定的疏水性，能够长时间保持表面洁净。

3. 纳米水性瓷化涂料的制备

硅氧烷单体作为纳米水性瓷化涂料的主要成膜物质，其结构式通常可以记为$R1_nSi(OR)_{4-n}$（$1 \leqslant n \leqslant 3$），其中R1为有机基团，如甲基（$—CH_3$）、乙基（$—C_2H_5$）、丙基（$—C_3H_7$）、苯基（$—C_6H_5$）等。表6-1给出了常用的硅烷氧单体名称、结构式以及缩写。图6-1是甲基硅氧烷水解和缩聚反应过程，从图中可以看出，甲基硅氧烷中的一个烷氧基首先发生水解反应，生成硅羟基，紧接着剩余的两个烷氧基也发生水解反应，得到硅羟基，水解的硅氧烷单体再通过硅羟基发生缩聚反应，由于硅氧烷单体之间的不断水解和缩聚反应，组分最终相互链接和缠绕，生成立体的网络结构。在体系反应过程中，硅氧烷单体发生水解反应的同时，水解生成的缩聚物发生缩聚反应。

**表 6–1　常用的硅烷氧单体名称、结构式以及缩写**

| 硅氧烷单体名称 | 结构式 | 缩写 |
| --- | --- | --- |
| 甲基三甲氧基硅烷 | $H_3C-Si(OCH_3)_3$ | MTMS |
| 甲基三乙氧基硅烷 | $H_3C-Si(OCH_2CH_3)_3$ | MTES |
| 乙基三甲氧基硅烷 | $H_3CH_2C-Si(OCH_3)_3$ | ETMS |
| 丙基三甲氧基硅烷 | $H_3CH_2CH_2C-Si(OCH_3)_3$ | — |
| 苯基三甲氧基硅烷 | $C_6H_5-Si(OCH_3)_3$ | PTMS |

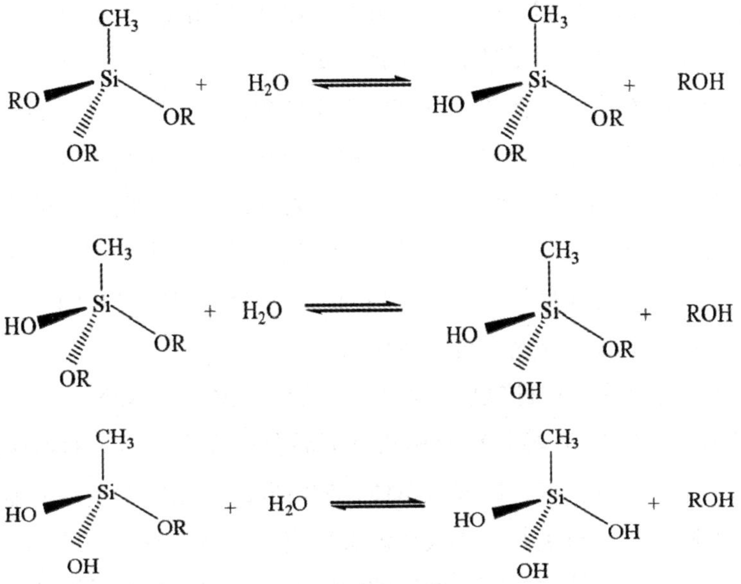

$$CH_3Si(OR)_3 + H_2O \rightleftharpoons CH_3Si(OH)(OR)_2 + ROH$$

$$CH_3Si(OH)(OR)_2 + H_2O \rightleftharpoons CH_3Si(OH)_2(OR) + ROH$$

$$CH_3Si(OH)_2(OR) + H_2O \rightleftharpoons CH_3Si(OH)_3 + ROH$$

（a）水解反应

$$—OH + RO—Si\equiv \rightleftharpoons \equiv Si—O—Si\equiv + ROH$$

$$\equiv Si—OH + HO—Si\equiv \rightleftharpoons \equiv Si—O—Si\equiv + H_2O$$

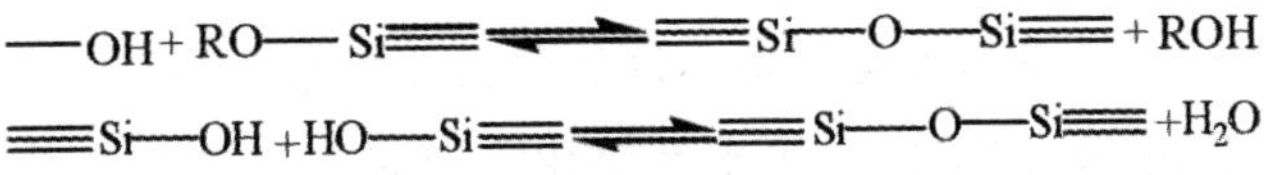

（b）缩聚反应

**图 6–1　甲基硅氧烷的水解和缩聚反应过程**

硅氧烷单体和纳米 $SiO_2$ 发生的溶胶－凝胶反应可分为四个反应阶段。第一阶段：多个硅氧烷单体逐步发生水解反应，生成硅醇；第二阶段：硅氧烷单体水解生成的硅醇自身发生无规则缩聚反应，生成小分子量的链状低聚物或颗粒；第三阶段：小分子量的链状低聚物或颗粒与硅溶胶中的纳米 $SiO_2$ 粒子经表面的硅羟基发生无规则的缩聚反应；第四阶段：体系中的各组分继续生成分子量更大的链状低聚物，最终聚合形成三维立体网络结构，生成纳米水性瓷化涂料。

在不同的反应阶段，硅氧烷单体会经过复杂的水解和缩聚反应过程。硅氧烷单体种类、硅氧烷单体含量、催化剂种类、反应体系 pH 值、水解反应时间等因素影响硅氧烷单体水解反应程度，最终影响涂层的结构和性能。例如，含有两个烷基的硅氧烷单体水解形成的空间网络结构可显著提高涂层的保护性能；长链的烷基硅氧烷和含有苯基的硅氧烷单体分别能显著提高涂层的耐温性和疏水性。涂层厚度容易受硅氧烷单体含量的影响，涂层厚度随体系中硅氧烷单体含量的升高而增大，但过高的硅氧烷单体含量则会降低涂层的机械性能。硅氧烷单体在酸性催化剂下容易发生水解，而在碱性催化剂下容易生成凝胶，反应体系的 pH 值影响缩聚产物中硅羟基的数量，进而影响涂层结构。反应时间也影响反应体系硅羟基的数量，反应时间过短导致纳米水性瓷化涂料的活性不足，不能得到致密性良好、附着力高的涂层；反应时间过长则导致缩聚产物的分子量过大，降低了瓷化涂料的储存稳定性。

纳米水性瓷化涂料以硅氧烷单体为反应的前驱体，以 $SiO_2$ 为纳米增强相，硅氧烷单体与纳米 $SiO_2$ 溶胶在液相状态下混合形成稳定均一的透明体系，混合体系在反应熟化过程中，硅氧烷单体在硅溶胶的水相中发生水解缩聚反应，同时缩聚产物和纳米 $SiO_2$ 粒子再发生缩聚反应，体系中的各组分发生缓慢聚合，生成大量空间网络的结构凝胶，形成的凝胶再经过固化剂使网络结构中的水分挥发，最终形成含有纳米 $SiO_2$ 粒子的瓷化涂层。

4. 水性瓷化涂料基层表面处理、涂装和固化工艺

（1）基层表面处理工艺。用水性瓷化涂料对基层进行涂装之前，基层表面处理是一个非常重要的工艺。基层表面处理既可以增大涂层与基层表面的接触面积，又可以增大涂层与基层表面的结合作用，从而提高涂层与基层的附着力。如果基层表面处理未达到喷涂要求，涂料与基层表面的结合力会降低，涂层很容易从基层表面脱落。常用的基层表面处理方法：首先，通过特制纳米渗透剂进行喷凸，起到防水、防腐、抗碱，增强基面强度及黏结力的作用；其次，用高强聚合物腻子进行找平，进一步起到防水、防腐、抗碱的作用，还原衬砌强度。

（2）涂装工艺。涂装工艺主要有喷涂、浸渍提拉、旋涂、滚涂等。纳米水性瓷化涂料的涂装常用喷涂工艺，该工艺具有施工效率高、原料浪费少、设备操作简单等优点。例如，在铝合金幕墙装饰领域，用纳米水性瓷化涂料对铝合金板表面进行喷涂时，要控制喷涂厚度，喷涂厚度太小，很难覆盖基材表面存在的喷砂缺陷，无法满足较好的遮盖要求，造成涂层的装饰性差，同时涂层太薄对基材的保护作用较差；喷涂厚度太大，在涂料固化过程中，由于涂料溶剂中的水分挥发，固化涂层的体积会大幅缩小，造成涂层内应力增大，瓷化涂

层的开裂造成涂层表面不平整，装饰性差。纳米水性瓷化涂料的喷涂分多步进行，底漆与面漆至少各分两次进行喷涂。

（3）固化工艺。纳米水性瓷化涂层的性能与固化工艺有很大关系。要想得到平整均匀、不开裂、不脱落、性能好的瓷化涂层，就要采用合适的固化工艺。固化剂的主要作用是使涂层中的Si—OH经脱水缩合生成更多的Si—O—Si结构，同时使其与板材表面的OH经脱水缩合形成牢固的—Si—O化学键并连接在一起。图6–2为固化前涂层与基材表面接触示意图，图6–3为固化后涂层与基材表面接触示意图。从图6–2可以看出，基材表面带有大量的OH，涂覆的涂料中含有大量的Si—OH，此时，基材表面的OH和涂料中的Si—OH以氢键的方式连接在一起。从图6–3可以看出，经过固化，涂层中的Si—OH与基材表面的OH经脱水缩聚，生成了Si—O结构，涂层中未完全交联的低聚物之间也经过脱水缩聚，生成更多的Si—O—Si的网络结构。S—O结构比氢键的键能大，因此经固化剂固化的纳米水性瓷化涂料与表面结合比较牢固。瓷化涂层的固化温度过低会造成涂层内的纳米粒子堆积程度低，涂层的致密性差，从而影响涂层的硬度、附着力、疏水等性能；而涂层的固化温度过高会造成瓷化涂层失水过多，涂层内应力大，出现崩解开裂现象，同时会造成涂层的中的有机基团甲基（—$CH_3$）的分解，涂层结构破坏。

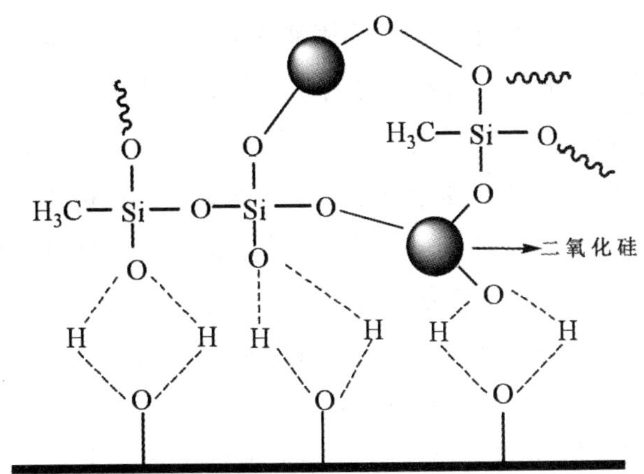


**图6–2　固化前涂层与基材表面接触示意图**

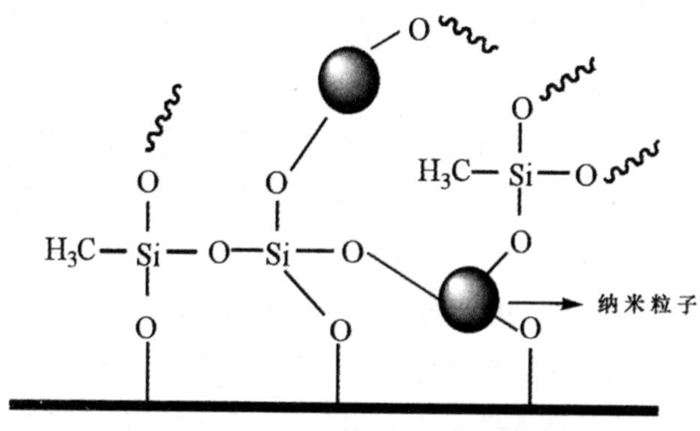


图 6-3 固化后涂层与基材表面接示意图

## （五）超疏水涂料

1. 超疏水理论

浸润性的解释与描述，最早可以追溯到英国物理学家托马斯·扬（Thomas Young）在 19 世纪提出的扬氏方程。扬理想界面与水滴的接触情形出发，考虑了固液、固气和气液三种界面张力对水滴在固体表面接触角的影响，认为这三种界面张力与接触角之间存在着如式 6-1 所示的关系。

$$\cos\theta = \frac{\gamma_{sv} - \gamma_{sl}}{.\ \gamma_{lv}} \tag{6-1}$$

式中：$\gamma_{sv}$ 为固气界面张力；$\gamma_{sl}$ 为固液界面张力；$\gamma_{lv}$ 气液界面张力；$\theta$ 为水滴在表面上的静态接触角。在扬氏方程里，接触的表面是绝对光滑不含有任何粗糙结构的，因而这个方程只适用于较理想的光滑表面情况，但是它对于后来的对浸润性的描述与解释的理论奠定了坚实的基础。从扬氏方程中可以得出一个重要结论，即降低表面张力，或者说改变表面的化学成分，将增大水的实际接触角，这对超疏水涂料的制备有着积极的作用。

扬氏方程仅仅考虑了绝对光滑的理想界面与水的接触角的情形，而现实生活中，这样的理想界面与接触情况是不存在的。因此，为了解释实际生活中的粗糙表面与水的接触角的情形，1936 年美国科学家温策尔（Wenzel）提出了温氏方程，温氏方程如式 6-2 所示。

$$\cos\theta_{w} = \frac{r\left(\gamma_{sv} - \gamma_{sl}\right)}{\gamma_{lv}} \tag{6-2}$$

式中：$r$ 为接触表面的粗糙度，是一个没有量纲的参数；$\theta_w$ 为表面与水滴实际静态的接触角度。表面的粗糙结构与其化学组成对水的接触角有着很大的影响。因此实际的表面有可能是亲水性的（$\theta_w$<90°），也有可能是疏水性的（$\theta_w$>90°）。对于亲水性表面，增大表面的粗糙度将使表面与水的实际接触角变得更小，即表面更加亲水；对于疏水性的表面，增大表面的粗糙度将使表面与水的实际接触角变得更大，即表面更加疏水。通过这些理论可以知道，用疏水性物质改性粗糙度很大的表面，以得到疏水性表面甚至超疏水表面，或者直接在疏水性物质表面构筑一定的粗糙结构，以得到更加疏水的表面。

2. 超疏水涂料的特点

超疏水涂料由于其特殊的对水等液体良好的排斥性能而有着良好的应用前景。大量的研究成果表明，超疏水涂料在自清洁、抗腐蚀、防冰雾、油水分离等领域有着巨大的应用潜力。

置于大气环境中的物质表面不可避免地会受到固体与液体污染物的污染，因此表面防污性能的实现不仅能保持材料本身的表面性质，如透明性和颜色，还能保持材料洁净的外观。此外，若材料表面具备一定的自清洁能力，则可以减少材料面的清洁工作。

# 第二节　水性瓷化涂料制备工艺的优化

## 一、实验原料及仪器

### （一）实验原料

本实验所涉及的实验原料的名称、规格和产地详如表 6–2 所示，这些试剂没有进一步提纯。实验中还要用到以下几种溶液：3% 盐酸溶液、5% 氢氧化钠溶液（用于涂膜耐酸碱性测试）、体积比为 2 ∶ 1 的甲苯乙醇混合液、0.1 mol/L 的氧化钾溶液、乙酸酐乙酸乙酯混合液、0.5 mol/L 的氢氧化钾乙醇溶液、酚酞指示液。

表 6-2　实验原料

| 名称 | 规格 | 产地 |
| --- | --- | --- |
| 新戊二醇 | 工业品 | 韩国 |
| 间苯二甲酸 | 工业品 | 德国 |
| 对苯二甲酸 | 工业品 | 日本 |
| 三羟甲基丙烷 | 工业品 | 日本 |
| LS80 硅溶胶 | 工业品，粒径 85 nm，固含量 40% | 中国 |
| 醇溶胶 | 工业品，粒径 80 nm，固含量 40% | 中国 |
| 甲基三甲氧基硅烷 | 纯度 99% | 中国 |
| 苯基三甲氧基硅烷 | 纯度 99% | 中国 |
| 丙基三甲氧基硅烷 | 纯度 99% | 中国 |
| M/A 填料 | 工业品 | 中国 |
| 去离子水 | — | 自制 |

**（二）实验仪器**

实验所涉及的实验仪器 、型号生产厂家如表 6-3 所示。

表 6-3　实验仪器

| 名称 | 型号 | 生产厂家 |
| --- | --- | --- |
| 凝胶色谱仪 | Altech626 | 美国 Altech 公司 |
| 激光粒径测试仪 | ZS90 | 英国马尔文仪器有限公司 |
| 高速离心机 | TGL16 | 江苏省常州市金坛区中大仪器厂 |
| 多用搅拌机 | SFJ-400 | 上海现代环境工程技术股份有限公司 |
| 红外光谱仪 | FTIR-8300 | 天津奥特赛恩斯仪器有限公司 |
| 恒温鼓风干燥箱 | DHG-9023A | 上海精宏实验设备有限公司 |

续　表

| 名称 | 型号 | 生产厂家 |
| --- | --- | --- |
| 铅笔硬度计 | QHQ-A | 华国精密检测设备厂 |
| 附着力测试仪 | QFH-HG600 | 华国精密检测设备厂 |
| 增力电动搅拌器 | JJ-1 | 江苏省常州市金坛区医疗仪器厂 |
| 恒温水浴锅 | DF-101S | 郑州长城科工贸有限公司 |
| 便携式 pH 计 | PHS-25 上海仪电科学仪器股份有限公司 | |

## 二、实验内容

### （一）水性瓷化涂料的制备

第一，准备如下质量比的原料：聚酯树脂 50% ～ 60 %、三乙醇胺 0.3% ～ 0.5 %、消泡剂 0.3% ～ 0.5 %、润湿剂 0.3% ～ 0.5 %、分散剂 0.3% ～ 0.5 %、含硅流平剂 0.1% ～ 0.5 %、成膜剂 2% ～ 4 %、聚氨酯增稠剂 0.2% ～ 0.5 %、离子水 8% ～ 12 %、杀菌剂 0.1% ～ 0.2 %、防腐剂 0.3% ～ 0.5 %、异氰酸酯环保交联剂 0.1% ～ 5 %、颜料 20% ～ 30 %、填料 10% ～ 15 %、工业级纳米 $SiO_2$ 溶胶 2% ～ 5 %。

第二，用聚酯树脂和三乙醇胺中和 pH 值，pH 值等于 8，呈碱性。加入含硅的消泡剂、润湿剂和分散剂。称取工业级纳米 $SiO_2$ 溶胶并置于树脂中，加入实验配比用量的硅氧烷单体，以 700 r/min 的转速搅拌 10 min。

第三，加入含硅的流平剂，以 700 r/min 的转速搅拌 10 min。加入成膜剂，控制 pH 值，当 pH ≥ 8 时，依次加入染料、填料、聚氨酯增稠剂、去离子水、异氰酸酯环保交联剂，最后加入杀菌剂和防腐剂，搅拌均匀。

### （二）$SiO_2$ 醇溶胶改性瓷化涂料的制备

一是按照 $SiO_2$ 的水溶胶和水性涂料的用量配比，称取两种纳米 $SiO_2$ 溶胶并置于水性瓷化涂料中；二是向三口反应瓶中加入实验配比用量的硅氧烷单体，并打开搅拌装置，将搅拌转速控制在 140 ～ 160 r/min；三是将三口反应瓶置于恒温水浴锅中，调节到 25 ℃，待反应进行 8 h 后，停止反应，得到醇溶胶改性的纳米水性瓷化涂料。

### （三）水性瓷化涂层的制备

一是将瓷化涂料与固化剂按比例混合后喷涂到经不同工艺处理的混凝土表面，喷涂厚度控制在 25 ～ 30 μm；二是喷涂的混凝土在室温下放置数分钟，待表面干燥后，即可得到瓷化涂层。

### （四）基材表面粗糙处理

为了探究混凝土板表面处理对瓷化涂层性能的影响，这部分采取了三种不同的处理工艺：一是混凝土板表面未经任何处理；二是混凝土板表面经 80 目砂纸电动打磨；三是混凝土板表面经 80 目棕刚玉砂喷砂处理。喷砂处理工艺，流程如下：第一，用颗粒细度为 80 目的棕刚玉砂，其主要成分为 $Al_2O_3$；第二，用气泵压缩出气压力，调整喷枪与混凝土板的喷射距离与喷射角度；第三，喷砂处理完毕后，用高压空气去除残留的砂屑，再将混凝土板板材放入去离子水中进行清洗，将基材表面的砂屑彻底去除，最后取出干燥并置于干净密封容器中三种不同工艺处理的混凝土板表面形貌图如图 6–4 所示。

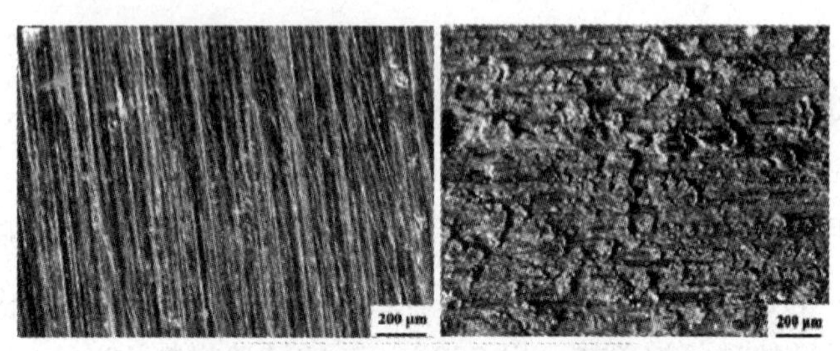


（a）未处理　　（b）电动打磨

（c）喷砂

图 6–4　三种不同工艺处理的混凝土板表面形貌图

与图 6–4（a）相比，图 6–4（b）、图 6–4（c）混凝土板表面均有一定的粗糙度，但图 6–4（c）比图 6–4（b）混凝土板表面的粗糙度更细密、均匀。从图 6–4（c）可以看出，经喷砂处理的混凝土板表面有大量凹坑，这些凹坑增大了涂层的聚合物腻子层与基材的接触面积，同时也增大了基材表面的反应活性，基材裸露的基底成分与纳米渗透剂中的组分发生化学反应，提高了涂层的附着力。

## 三、水性瓷化涂料及涂层性能检测

### （一）pH 测试

在室温条件下，先用广泛试纸测量 pH 值的范围，然后用 PHS–25 型便携式 pH 计精确测量反应体系的 pH 值。

### （二）固化时间测试

将实验制备的水性瓷化涂料置于室温条件下，记录水性瓷化涂料的固化时间。

### （三）铅笔硬度测试

《水性瓷化涂层的硬度按照国家标准》（GB/T 6739—2006）规定的方法进行测定，采用小推车法测定水性瓷化涂层的铅笔硬度，铅笔划过水性瓷化涂层后在表面留下印记时的硬度为水性瓷化涂层的铅笔硬度，如用硬度为 6H 的铅笔划过水性瓷化涂层表面后留下印记，硬度为 5H 的铅笔划过水性瓷化涂层后没有留下印记，则记水性瓷化涂层的硬度为 5H。图 6–5 为水性瓷化涂层的硬度测试操作示意图。

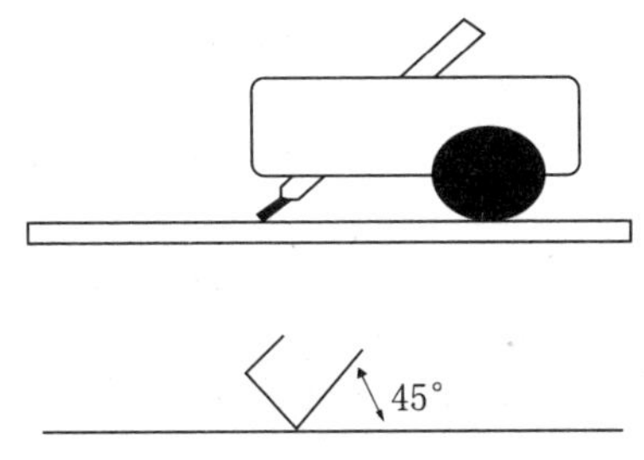


图 6–5 水性瓷化涂层的硬度测试操作示意图

### （四）附着力测试

《水性瓷化涂层的附着力按照国家标准》（GB/T 9286—1998）的规定进行测试，采用百格刀划格法测定水性瓷化涂层的附着力，用百格刀在水性瓷化涂层上切出十字形格子图形，切口直至基材，然后用放大镜观察其破坏程度，确定水性瓷化涂层的附着力。

# 第三节　高硬度纳米水性瓷化底漆的制备

## 一、实验原料、实验仪器及方法

### （一）实验原料

本实验所涉及的实验原料的名称、规格和产地如表 6–4 所示，这些试剂没有进一步提纯。实验中还要用到以下几种溶液：3% 盐酸溶液、用于涂膜耐酸碱性测试的浓度为 5% 的氢氧化钠溶液、体积比为 2 ：1 的甲苯乙醇混合液、0.1 mol/L 的氧化钾溶液、乙酸酐乙酸乙酯混合液、0.5 mol/L 的氢氧化钾乙醇溶液、酯酞指示液。

表 6–4　实验原料

| 名称 | 规格 | 产地 |
|---|---|---|
| 新戊二醇 | 工业品 | 韩国 |
| 间苯二甲酸 | 工业品 | 德国 |
| 对苯二甲酸 | 工业品 | 日本 |
| 三羟甲基丙烷 | 工业品 | 日本 |
| A0 硅溶胶 | 工业品，粒径 7 nm，固含量 30% | 中国 |

续　表

| 名称 | 规格 | 产地 |
| --- | --- | --- |
| LS10 硅溶胶 | 工业品，粒径 12 nm，固含量 40% | 中国 |
| LS20 硅溶胶 | 工业品，粒径 23 nm，固含量 40% | 中国 |
| LS50 硅溶胶 | 工业品，粒径 59 nm，固含量 40% | 中国 |
| LS80 硅溶胶 | 工业品，粒径 85 nm，固含量 40% | 中国 |
| LS100 硅溶胶 | 工业品，粒径 107 nm，固含量 40% | 中国 |
| 甲基三甲氧基硅烷 | 纯度 99% | 中国 |
| 冰乙酸 | 分析纯 | 中国 |
| 去离子水 | — | 自制 |

### （二）主要实验仪器及方法

实验所用仪器及方法与第二节实验所用仪器及方法相同。

## 二、单一粒径纳米水性瓷化底漆

### （一）单一粒径纳米瓷化底漆的制备

准备如下质量比的原料：聚酯树脂 50% ～ 60%、三乙醇胺 0.3% ～ 0.5%、消泡剂 0.3% ～ 0.5%、润湿剂 0.3% ～ 0.5%、分散剂 0.3% ～ 0.5%、含硅流平剂 0.1% ～ 0.5%、成膜剂 2% ～ 4%、聚氨酯增稠剂 0.2% ～ 0.5%、离子水 8% ～ 12%、杀菌剂 0.1% ～ 0.2%、防腐剂 0.3% ～ 0.5%、异酸酯脂环保交联剂 0.1% ～ 5%、颜料 20% ～ 30% 和填料 10% ～ 15%。称取一定质量的 7 nm、12 nm、23 nm、59 nm、85 nm、107 nm 的纳米 $SiO_2$ 溶胶并置于 6 个烧杯中，然后分别向烧杯中滴加醋酸，再用 pH 计分别测量不同纳米 $SiO_2$ 溶胶的 pH 值，待纳米硅溶胶的 pH 值调节至 3 ～ 4 时停止滴加醋酸。将上述调节好

pH 值的纳米 $SiO_2$ 溶胶分别转移至 6 个三口反应瓶中，按照硅溶胶与 MTMS 的质量比为 6 ∶ 4，将所需的 MTMS 加入反应瓶中。再将反应瓶置于恒温水浴锅中，把恒温水浴锅调节到 25 ℃，打开搅拌装置，反应开始进行，待反应进行 8 h 后，停止反应。用聚酯树脂和三乙醇胺中和 pH 值，pH 值等于 8，呈碱性。加入含硅的消泡剂、润湿剂和分散剂。称取工业级纳米 $SiO_2$ 溶胶并置于树脂中，加入实验配比用量的硅氧烷单体，以 700 r/min 的转速搅拌 10 min。加入含硅的流平剂，以 700 r/min 的转速搅拌 10 min。加入成膜剂，控制 pH 值，当 pH ≥ 8 时，依次加入染料、填料、聚氨酯增稠剂、去离子水、异氰酸酯环保交联剂，最后加入杀菌剂和防腐剂，搅拌均匀。

按照上述操作步骤，同理可制备硅溶胶与硅氧烷配比分别为 7 ∶ 3、5 ∶ 5 两个反应体系下的单一粒径纳米水性瓷化底漆。

### （二）实验结果

图 6–6 为原料配比 5 ∶ 5 体系制备水性瓷化涂层的硬度和附着力。由图 6–6 可知，当硅溶胶与硅氧烷用量配比不变时，纳米 $SiO_2$ 粒径越大，制备的水性瓷化涂层硬度越低，涂层的附着力越好。当 $SiO_2$ 粒子的粒径为 7 nm、12 nm、23 nm 时，制备的水性瓷化涂层硬度达到了 8H，附着力为 5 级；当 $SiO_2$ 粒子的粒径为 59 nm、85 nm、107 nm 时，瓷化涂层的硬度有所下降，附着力有所提高。这六种粒径纳米 $SiO_2$ 制备的水性瓷化涂层的硬度都超过了国家标准，但是其附着性能不理想。综合水性瓷化涂层的性能，可以看出粒径为 85nm 的硅溶胶制备的纳米水性瓷化涂层性能较好。

图 6–7 为原料配比 6 ∶ 4 体系制备水性瓷化涂层的硬度和附着力。由图 6–7 可知，原料配比为 6 ∶ 4 体系制备的水性瓷化涂层的硬度和附着力与图 6-6 的测试数据变化趋势相似，总体趋势是纳米 $SiO_2$ 粒径越尺寸的增大，制备的水性瓷化涂层的硬度越低，涂层的附着力越好。当 $SiO_2$ 粒径为 7 nm、12 nm、23 nm 时，水性瓷化涂层的硬度达到了 9 H（铅笔的最高硬度），附着力为 4 级。当 $SiO_2$ 粒径为 59 nm、85 nm、107 nm 时，水性瓷化涂层的硬度降低了 1 ～ 2 H，附着力提高了 1 级。这 6 种粒径制备的瓷化涂层的硬度超过了国家标准，但是其附着力不是很理想。综合水性瓷化涂层的性能可以看出，粒径为 59 nm、85 nm 的硅溶胶制备的纳米水性瓷化涂层性能较好。

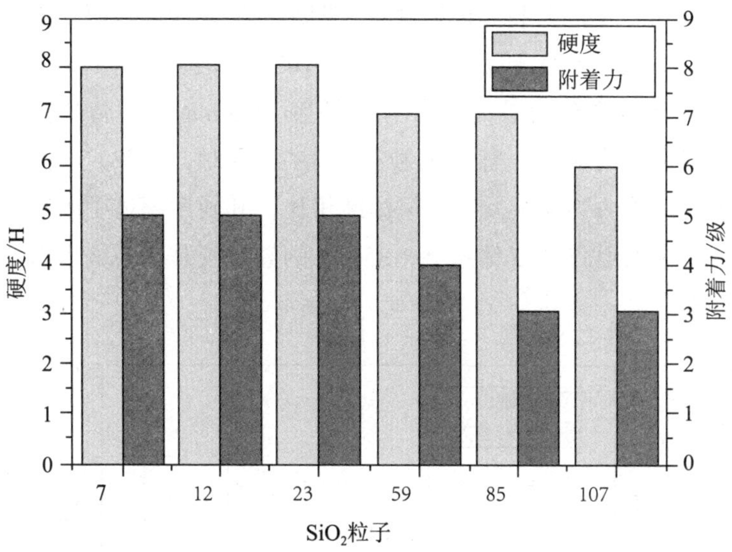


**图 6-6　原料配比 5 ：5 体系制备水性瓷化涂层的硬度和附着力**

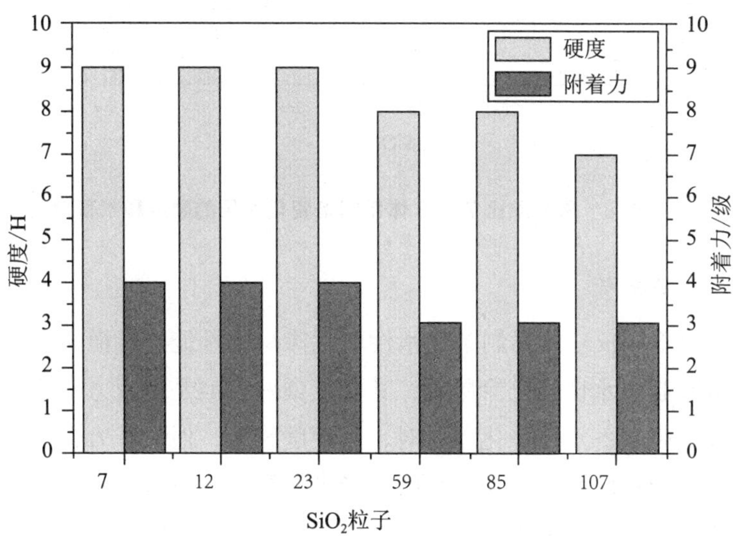


**图 6-7　原料配比 6 ：4 体系制备瓷化涂层的硬度和附着力**

图 6-8 为原料配比 7 ：3 体系制备水性瓷化涂层的硬度和附着力。由图 6-8 可以看出，当硅溶胶粒径为 7 nm、12 nm、23 nm、59 nm 时，制备的瓷化涂层没有测试数据，这是因为这 4 种粒径的硅溶胶制备的水性瓷化涂层在高温固

化过程中发生了严重的开裂和崩解现象，即水性瓷化涂层从混凝土板基材表面大面积脱落。当纳米 $SiO_2$ 粒径为 85 nm 和 107 nm 时，制备的纳米瓷化底漆才能成膜，进而形成瓷化涂层。当 $SiO_2$ 粒径为 85 nm 时，制备的瓷化涂层的硬度为 7 H，附着力为 4 级；当 $SiO_2$ 粒径为 107 nm 时，制备的水性瓷化涂层的硬度为 6 H，附着力为 4 级。与国家标准相比，其硬度超过了国家标准。由实验得知，在原料配比 7 ∶ 3 体系下，85 nm 的硅溶胶是制备纳米水性瓷化底漆较好的原材料。

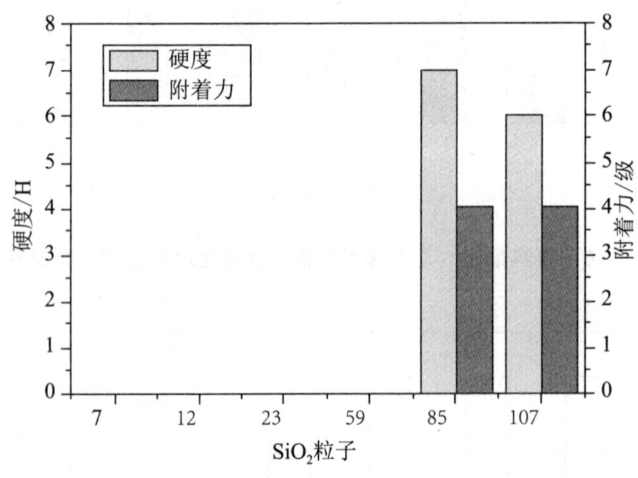


**图 6-8　原料配比 7 ∶ 3 体系制备瓷化涂层的硬度和附着力**

### （三）结果分析

对这 3 种不同反应体系制备的水性瓷化涂层的性能进行横向比较可知，当小粒径硅溶胶制备水性瓷化涂层时，其硬度最好，但是附着力较差；当中等或较大粒径硅溶胶制备水性瓷化涂层时，其硬度较小，但附着力较好。对这 3 种不同反应体系制备的水性瓷化涂层的性能进行纵向比较时可知，硅溶胶与硅氧烷用量配比为 6 ∶ 4 时制备的水性瓷化涂层的性能明显好于其他两个体系。综合实验结果可知，这 3 种不同反应体系制备的单一粒径瓷化涂层的硬度都达到国家标准，但附着力达不到国家标准。7 nm、12 nm、23 nm 硅溶胶制备的水性瓷化涂层，由于纳米粒子的粒径小，纳米粒子在涂层中的堆积程度较高，涂层中的粒子间隙小，固化后形成的瓷化涂层表面更致密，水性瓷化涂层的硬度

高达 8 ～ 9 H。59 nm、85 nm、107 nm 硅溶胶制备的水性瓷化涂层，纳米粒子在涂层中也会形成堆积结构，但是由于粒子的粒径大，粒子间隙大，水性瓷化涂层的致密度稍逊于小粒径硅溶胶，瓷化涂层硬度低。

## 三、混合粒径纳米水性瓷化底漆

### （一）混合粒径纳米水性瓷化底漆的制备

准备如下质量比的原料：聚酯树脂 50% ～ 60%、三乙醇胺 0.3% ～ 0.5%、消泡剂 0.3% ～ 0.5%、润湿剂 0.3% ～ 0.5%、分散剂 0.3% ～ 0.5%、含硅流平剂 0.1% ～ 0.5%、成膜剂 2% ～ 4%、聚氨酯增稠剂 0.2% ～ 0.5%、离子水 8% ～ 12%、杀菌剂 0.1% ～ 0.2%、防腐剂 0.3% ～ 0.5%、异氰酸酯环保交联剂 0.1% ～ 5%、颜料 20% ～ 30%和填料 10% ～ 15%。所需质量的质量比为 1 ： 1、2 ： 1、3 ： 1、4 ： 1、5 ： 1 的 59 nm、7 nm 的硅溶胶，将两者混合并置于 5 个烧杯中，然后分别向烧杯中滴加醋酸，用 pH 计分别测量不同质量硅比溶胶的 pH 值，待混合硅溶胶的 pH 值调节至 3 ～ 4 时，停止加入醋酸。将上述调节好 pH 的纳米 $SiO_2$ 溶胶分别转移至 5 个三口反应瓶中，按照硅溶胶与 MTMS 的质量比为 6 ： 4，计算出所需 MTMS 的质量，并将 MTMS 加入反应瓶中。再将反应瓶置于恒温水浴锅中，把恒温水浴锅调节到 25 ℃，打开搅拌装置，反应开始进行，待反应进行 8 h 后，停止反应。用聚酯树脂和三乙醇胺中和 pH 值，pH 值等于 8，呈碱性。加入含硅的消泡剂、润湿剂和分散剂。称取工业级纳米 $SiO_2$ 溶胶并置于树脂中，加入实验配比用量的硅氧烷单体，以 700 r/min 的转速搅拌 10 分钟。加入含硅的流平剂，以 700 r/min 的转速搅拌 10 min。加入成膜剂，控制 pH 值测得 ≥ 8 时，依次加入染料、填料、聚氨酯增稠剂、去离子水、异氰酸酯环保交联剂，最后加入杀菌剂和防腐剂，搅拌均匀。

按照上述步骤操作，同理可制备合成其他不同混合粒径的纳米水性瓷化底漆。

### （二）实验结果

图 6-9 和图 6-10 分别为 59 nm 和 7 nm、59 nm 和 23 nm 混合粒径水性瓷化涂层的硬度和附着力。由图 6-9 可知，用 59 nm 和 7 nm 硅溶胶进行混合时，

当硅溶胶质量比为1∶1、2∶1、3∶1时，水性瓷化涂层的硬度和附着力无变化；当硅溶胶质量比为4∶1时，水性瓷化涂层的硬度最高达到9 H，此时的附着力最好；当硅溶胶质量比为5∶1时，水性瓷化涂层的硬度降低，附着力变差。由图6–10可知，用59 nm和23 nm硅溶胶进行混合时，水性瓷化涂层的硬度随着小粒径硅溶胶含量的减少而增大，当硅溶胶质量比为2∶1或者更大时，水性瓷化涂层的附着力没有发生变化，附着力都为3级；硅溶胶质量比为4∶1、5∶1时，瓷化涂层的硬度达到8 H。

图6–11和图6–12分别为85 nm/7 nm及85 nm/23 nm混合粒径水性瓷化涂层的硬度和附着力。由图6–11可知，用85 nm与7 nm硅溶胶进行混合时，当硅溶胶质量比为1∶1、2∶1、3∶1时，制备的水性瓷化涂层的硬度和附着力无变化；当硅溶胶的质量比为4∶1时，涂层的硬度和附着力达到最佳；当硅溶胶质量比为5∶1时，涂层的硬度有所下降。由图6–12可知，用85 nm与23 nm硅溶胶进行混合时，涂层的硬度先增大、后降低，当硅溶胶质量比为4∶1时，涂层硬度和附着力达到最佳。综合比较这两个混合体系制备水性瓷化涂层的性能可知，85 nm和23 nm硅溶胶混合时，制备的混合粒径水性瓷化涂层的性能较佳。

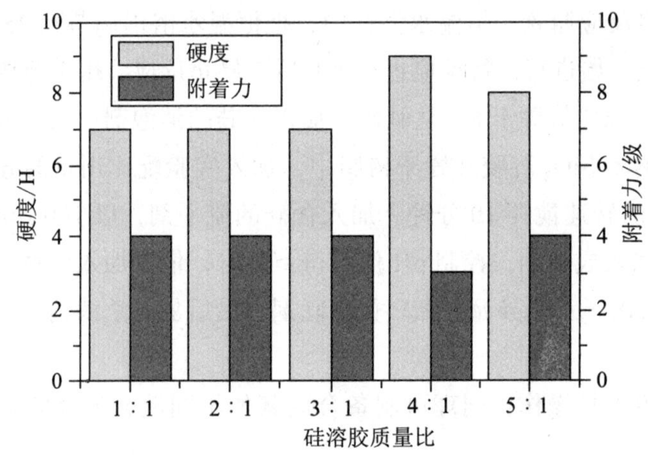


图6–9　59 nm和7 nm混合粒径水性瓷化涂层的硬度和附着力

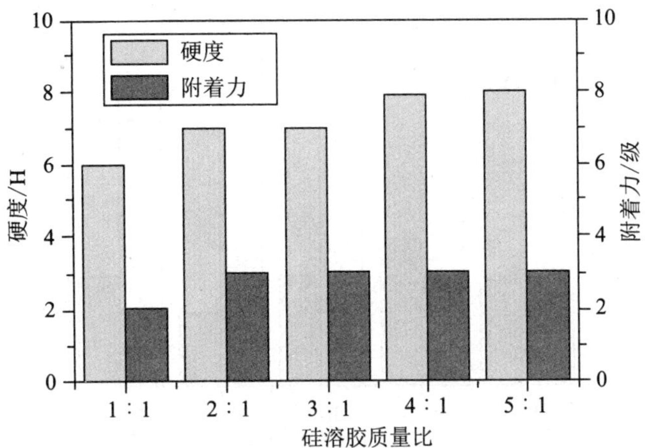


图 6-10　59 nm 和 23 nm 混合粒径水性瓷化涂层的硬度和附着力

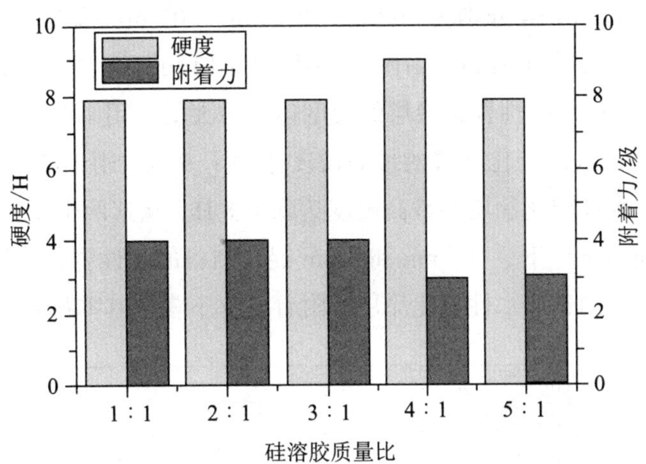


图 6-11　85 nm 和 7 nm 混合粒径水性瓷化涂层的硬度和附着力

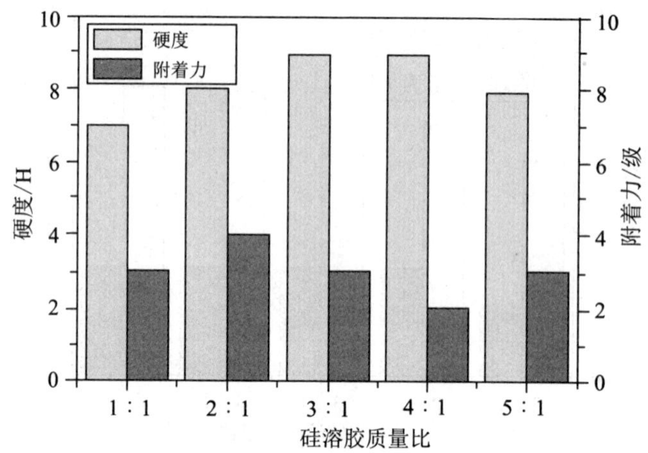


**图 6–12　85 nm 和 23 nm 混合粒径水性瓷化涂层的硬度和附着力**

图 6–13 和图 6–14 分别为 107 nm 和 7 nm、107 nm 和 23 nm 混合粒径水性瓷化涂层的硬度和附着力。由图 6-13 和图 6-14 可知，当硅溶胶质量比达到 4 ∶ 1 时，混合粒径水性瓷化涂层的硬度达到最大值。用 107 nm 和 7 nm 硅溶胶进行混合时，水性瓷化涂层的最高硬度达到了 9 H；用 107 nm 和 23 nm 硅溶胶混合时，水性瓷化涂层的最高硬度达到了 8 H。从这两个图中还可以看出，在质量比相同的条件下，107 nm 和 7 nm 混合制备的水性瓷化涂层硬度较好；这两个混合体系制备的水性瓷化涂层的附着力差不多，基本都在 2 ～ 3 级。

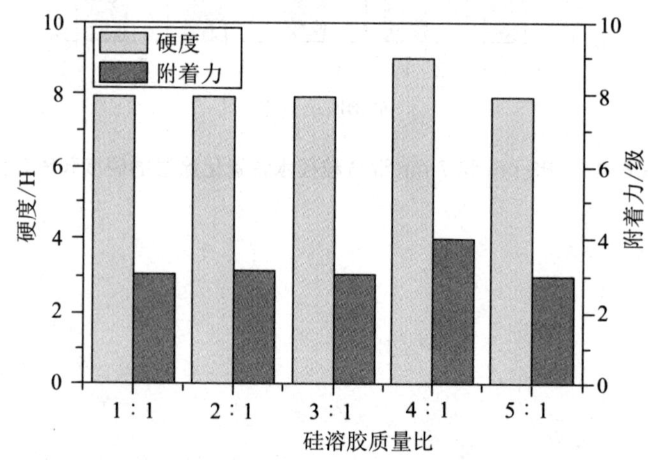


**图 6–13　107 nm 和 7 nm 混合粒径水性瓷化涂层的硬度和附着力**

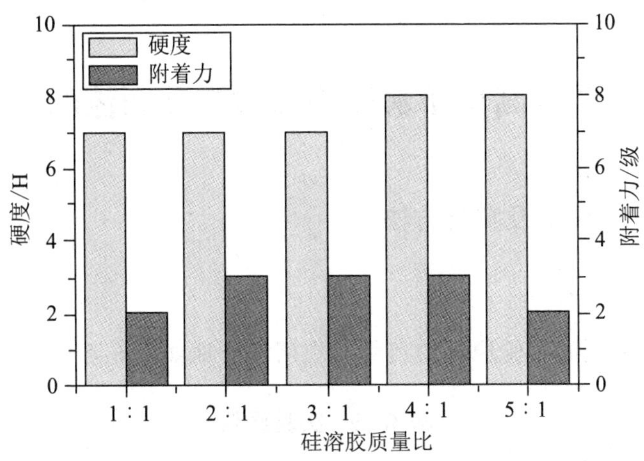


**图 6-14　107 nm 和 23 nm 混合粒径水性瓷化涂层的硬度和附着力**

### （三）结果分析

由上实验结果可知，大粒径和小粒径硅溶胶混合制备的水性瓷化涂层的硬度随着小粒径硅溶胶含量的降低而增大，其附着力与混合硅溶胶的种类没有明显的关系，涂层的附着力基本都在 2 级以上。纵向对比实验制备的水性瓷化涂层的硬度和附着力发现，大粒径硅溶胶不变，改变小粒径硅溶胶的种类，大粒径和较小粒径硅溶胶混合制得的水性瓷化涂层硬度大。

混凝土沙石的级配原理：大粒径纳米 $SiO_2$ 粒子类比石子，小粒径纳米 $SiO_2$ 粒子类比沙子。涂层固化前大小粒径 $SiO_2$ 粒子和 MTMS 缩聚产物杂乱无章地分布，涂层经高温处理，大小粒径的 $SiO_2$ 密集地堆积在一起，且小粒径 $SiO_2$ 粒子填充在大粒径粒子之间，降低了大粒径粒子间的空隙率，空隙率随着小颗粒的增加而减小；粒径越小，体系的空隙率越低，固化的涂层堆积结构越紧密，涂层的致密性越好，这就很好解释了大小粒径硅溶胶进行混合时，硅溶胶粒径越小，涂层的硬度越大。复合溶胶中含有各种粒径的纳米 $SiO_2$ 粒子，制备的水性瓷化涂层的硬度达到 9 H。大小粒径硅溶胶质量比为 4 ∶ 1 时，涂层的硬度和附着力较好。

# 第四节 高光泽水性丙烯酸瓷化面漆的制备

## 一、原料、仪器及实验方法

### （一）实验原料

本实验所涉及的实验原料的名称、规格和产地如表 6-5 所示。

表 6-5 实验原料

| 名称 | 规格 | 产地 |
| --- | --- | --- |
| 水性丙烯酸乳液 | 工业品 | 中国 |
| 水性环氧改性丙烯酸树脂 | 工业品 | 中国 |
| 消泡剂 | 工业品 | 德国 |
| 防腐防霉剂 | 工业品 | 中国 |
| 十二醇酯 | 工业品 | 中国 |
| 润湿剂 | 纯度 36.5% | 中国 |
| 分散剂 | 化学纯 | 德国 |
| 氧化铝 | 化学纯 | 中国 |
| 丙烯酸增稠剂 | 工业品 | 中国 |
| 防闪锈剂 | 工业品 | 中国 |
| 钛白粉 | 工业品 | 中国 |

### （二）实验仪器

实验所用仪器的名称、型号、生产厂家如表 6–6 所示。

表 6–6　实验仪器

| 名称 | 型号 | 生产厂家 |
|---|---|---|
| 搅拌砂磨分散多用机 | JSF–400 | 上海普申化工机械有限公司 |
| 傅立叶变换红外光谱仪 | Vector 33 | 德国 Bruker 公司 |
| 示差扫描量热仪 | DSC204F1 | ZEZSCH 公司 |
| 扫描电镜 | Merlin | 德国 Zeiss 公司 |
| 高低温湿热试验箱 | YS–025 | 广州威德玛环境仪器有限公司 |
| 盐雾箱 | QS300C | 东莞市众志检测仪器有限公司 |
| 漆膜柔韧性测定器 | QTX | 上海现代环境工程技术股份有限公司 |
| 60° 光泽度计 | E30 | 泉州市科仕佳光电仪器研究所 |
| 涂膜铅笔划痕硬度仪 | QHQ | 天津市科联材料试验机厂 |
| 旋转黏度计 | NDJ–1 | 上海安德仪器设备有限公司 |
| 恒温磁力搅拌器 | RCT 基本型 | 上海予华仪器设备有限公司 |

### （三）实验方法

水性瓷化面漆的基础配方如表 6–7 所示。

表 6–7　水性瓷化面漆的基础配方

| 原料 | 用量 /% | 原料 | 用量 /% |
|---|---|---|---|
| 水 | 11 ～ 12 | 润湿剂 | 0.1 ～ 0.2 |
| 防腐防霉剂 | 0.1 ～ 0.3 | 分散剂 | 0.2 ～ 0.7 |
| 消泡剂 | 0.1 ～ 0.2 | 防闪锈剂 | 0.1 ～ 0.2 |
| 颜料 | 13 ～ 25 | 水性丙烯酸乳液 | 44 ～ 55 |
| 成膜助剂 | 6 ～ 10 | 增稠剂 | 0.1 ～ 0.2 |

根据上述基础配方，分别称取各组分，并按以下工艺流程制备：按配方比例加入水，开启搅拌机，在中速（600 ～ 800 r/min）搅拌下，依次加入润湿剂、防闪锈剂、分散剂、消泡剂等助剂，保持中速搅拌 5 ～ 10 min；按配方比例加入颜料，中速搅拌 3 ～ 5 min，使颜料完全被润湿，调节转速至高速（2 000 ～ 3 000 r/min），使颜料在高剪切力作用下高速分散 30 min，浆料细度小于 30 μm；回到中速搅拌，按配方比例加入成膜树脂，以成膜助剂、防腐防霉剂等助剂，搅拌 10 min，混合均匀，最后添加适量增稠剂，调节涂料至合适黏度，过滤即得成品。

## 二、实验结论

### （一）不同水性丙烯酸乳液对涂料性能的影响

这部分对水性丙烯酸乳液进行了聚氨酯改性，按照基础配方和制备工艺制备涂料和样板，测试了其各项物理性能，结果如表 6–8 所示。

表 6–8　不同成膜树脂对涂料性能的影响

| 项目 | 聚氨酯改性丙烯酸乳液 | 丙烯酸乳液 |
|---|---|---|
| 光泽 /° | 57.3 | 50.2 |
| 附着力 / 级 | 0 ～ 1 | 0 |
| 硬度 /H | 8 | 5 |
| 柔韧性 | ＜ 2 | ＜ 2 |
| 耐盐水 | 30 d 完好 | 25 d 起泡 |
| 耐水 | 30 d 完好 | 20 d 起泡 |

由表 6–8 中的测试结果可以看出，丙烯酸乳液相比，经聚氨酯改性的丙烯酸乳液光泽和硬度较好，这是因为聚氨酯的硬度和光泽本身高于聚丙烯酸，且

经聚氨酯改性的丙烯酸乳液的 TG 高于丙烯酸乳液。在防腐性能方面，经聚氨酯改性的丙烯酸乳液的耐盐雾、耐盐水性能均强于丙烯酸乳液，这是因为经聚氨酯改性的丙烯酸乳液中含有的聚苯乙烯链段少于丙烯酸乳液。丙烯酸乳液含有较多能与主链上相邻碳原子发生共轭的苯环侧基，电子和水分子容易在分子间传递；经聚氨酯改性的丙烯酸乳液中苯环侧基的含量少，且在其主链段上含有一定的聚氨酯链段，可以起到一定的阻隔电子链段传递的作用。因此，经聚氨酯改性的丙烯酸乳液作为成膜树脂时，涂料的防腐性能优于普通丙烯酸乳液。

### （二）消泡剂的种类及用量对涂料性能的影响

水性涂料体系中含有较多的表面活性剂，且以水为溶剂制备涂料时，在剧烈搅拌下，体系中容易进入空气，形成气泡，这时由于表面活性剂的存在，其分子中的亲水基和疏水基被气泡壁吸附，规则排列，其亲水基朝向水相，疏水基朝向气泡，从而在气泡界面形成弹性膜，这使气泡稳定性强，常态下不易破裂，严重影响涂料的质量和施工性能，因此必须加入消泡剂来消除生产过程中产生的气泡。

消泡剂的作用是破坏泡沫稳定性。消泡剂有很多种类，如无机消泡剂、矿物油消泡剂、有机硅消泡剂、聚合物改性有机硅消泡剂等。无机消泡剂、矿物油消泡剂的消泡效果相对较差且对漆膜光泽影响较大，不适合制备高光泽面漆的；有机硅消泡剂由二甲基硅油和 $SiO_2$ 按一定比例复合而成，消泡剂表面黏度低，且表面张力比一些表面活性剂低，能干扰泡沫膜的表面弹性等特性，消泡效果较好，但是其不溶于水且相当难乳化，对油溶性溶液的消泡效果比水溶液好；聚合物改性有机硅消泡剂保持了有机硅消泡剂优良的消泡效果，当聚醚类大分子改性时可以提高其水溶性，在水中的扩散性使其具备对水性涂料的消泡能力。综合分析，本实验选用了聚醚改性的有机硅消泡剂 X–109。

聚醚改性的有机硅消泡剂用量不合理时会产生副作用，用量过少，难以消除气泡，影响涂料质量；用量过多，漆膜产生缩孔，影响漆膜表观、光泽等。消泡剂的用量不同，涂料体系的消泡效果，以及漆膜表观、光泽不同。涂料制备完成后，放置 1 小时，用线棒涂布器在玻璃板上涂膜，并用射灯照射玻璃板反面，观察玻璃板上的亮点（由气泡产生）及缩孔，测试结果如图 6–15 所示，观察表面平整度与光泽，测试结果如表 6–9 所示。

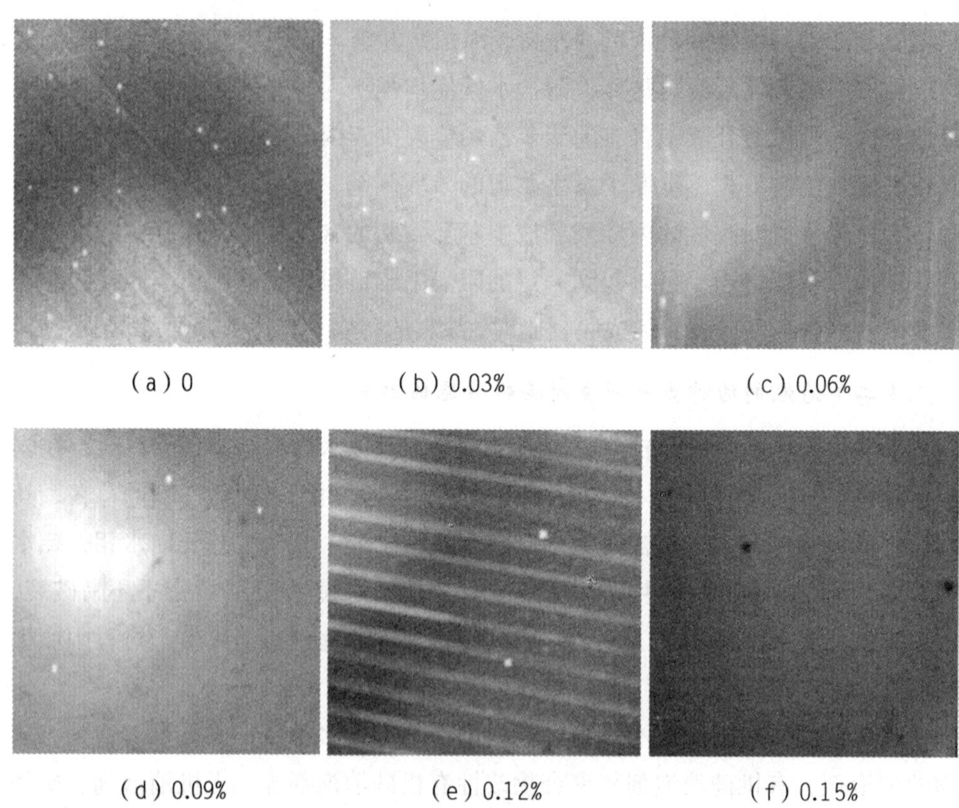
(a) 0　(b) 0.03%　(c) 0.06%
(d) 0.09%　(e) 0.12%　(f) 0.15%

图 6-15　消泡剂用量对漆膜的影响

表 6-9　消泡剂的用量对涂料性能的影响

| 项目 | 消泡剂 /% | | | | | |
|---|---|---|---|---|---|---|
| | 0 | 0.03 | 0.06 | 0.09 | 0.12 | 0.15 |
| 光泽 /° | 45 | 48.5 | 56.5 | 58.5 | 58 | 58.5 |
| 表观 | 部分凸起 | 少量凸起 | 基本平整 | 平整 | 平整 | 少量缩孔 |
| 气泡剩余量 | 大量 | 部分 | 少量 | 几个 | 几个 | 几个 |

由图 6-15 和表 6-9 可以看出，当消泡剂的用量小于等于 0.06% 时，消泡效果不理想，玻璃板上有很多亮点，且漆膜光泽度很低，这是因为消泡剂用量太少时，在打浆过程中形成很多气泡，影响颜料分散，且涂料涂布在玻璃板以后，

涂料中难以消除的气泡使干燥的漆膜凸起，造成表面不平整，影响漆膜表观，使其光泽度下降；当消泡剂的用量大于等于 0.12% 时，消泡效果很好，但是过多的消泡剂会使漆膜表面张力变小，漆膜产生缩孔现象，影响漆膜的表观及防腐性能；当消泡剂的用量为 0.09% ～ 0.12% 时，玻璃板上仅有几个亮点，在漆膜干燥过程中会被消泡剂消除。因此，消泡剂的用量为 0.09% ～ 0.12% 时，消泡效果很好，且喷涂后的漆膜表观平整、无缩孔、光泽度高。

### （三）颜料种类及用量对涂料性能的影响

一般来讲，颜料不仅可以起到着色、遮盖基材的作用，还可以起到增强涂层流动性、流平性、耐久性等作用。水性涂料所用的颜料以无机颜料为主，其中钛白为首位，其次为氧化铁红、铬黄、立德粉等，还有一部分功能性颜料，如氧化铝、氧化锆、纳米、玻璃微珠、磷酸锌等。

本节研究的目的是制备一种高光泽的水性丙烯酸面漆，而颜料的用量对光泽有很大的影响，因此必须选用遮盖力强、着色力高、对光泽度影响小且综合性能优异的颜料。相比于一般的白色颜料，金红石型钛白粉是一种遮盖力高、着色力高的颜料。它的粒径小且均匀，表面经硅铝包膜及有机物处后使其具有耐候性、抗粉化等综合性能。选用 4 种不同型号（A、B、C、D）的金红石型钛白粉，测试钛白粉用量为 22% 时涂料的光泽和对比率，测试结果如表 6–10 所示。

**表 6–10　不同型号的钛白粉对涂料的影响**

| 钛白粉型号 | A | B | C | D |
|---|---|---|---|---|
| 光泽 /° | 63.5 | 60 | 66.5 | 64 |
| 对比率 /% | 94.7 | 94.5 | 95.2 | 95.1 |

由表 6–10 可以看出，金红石型钛白粉的型号不同，涂料的对比率（遮盖力）和光泽不同。不同厂家生产的金红石型钛白粉表面处理方法不同，粒径分布不同，其与树脂基料的折光指数差异不同，对光线的散射能力不同，导致不同型号的钛白粉配置的漆膜对比率和光泽不同。当钛白粉用量相同时，C 型号的金红石型钛白粉在遮盖力和光泽方面优于其他两种。

研究表明，颜料的散射能力影响涂料的光泽，为了实现涂料的高光泽性，应该在不影响漆膜遮盖力的情况下，尽量减少钛白粉的用量。本实验分别考察了C型号钛白粉用量为22%、18%、15%、14%、13%时，漆膜的对比率及光泽，测试结果如表6-11所示。

**表6-11　钛白粉的用量对涂料性能的影响**

| 钛白粉的用量/% | 22 | 18 | 15 | 14 | 13 |
| --- | --- | --- | --- | --- | --- |
| 光泽/° | 66.5 | 69 | 72 | 74 | 74.5 |
| 对比率/% | 95 | 92.5 | 91.5 | 90.5 | 88.3 |

由6-11可以看出，随着钛白粉用量的减少，涂料的对比率逐渐下降，光泽不断提高。当钛白粉的用量减少到14%时，光泽达到74°，此时涂料的对比率为90.5%；当钛白粉的用量减少至13%时，漆膜的光泽增加到74.5°，但是其对比率突然下降到88.3%。

氧化铝具有高硬度、高强度、热稳定性好、耐磨性好等一系列特性，若加入涂料体系可以明显提高涂膜的硬度、耐磨性及耐污性。研究证明，将纳米氧化铝浆料加入水性木器清漆中，可以在保证涂层透明和镜面光泽的同时，提高漆膜耐磨性2～4倍。本实验选用了比表面积大、纯度高、易分散、尺寸稳定性好、硬度高的$\gamma$-$Al_2O_3$，测试了不同用量的氧化铝对涂层硬度及光泽的影响，测试结果如表6-12所示。

**表6-12　氧化铝的用量对涂料性能的影响**

| 氧化铝的用量/% | 0 | 0.05 | 0.1 | 0.15 | 0.2 | 0.25 | 0.3 |
| --- | --- | --- | --- | --- | --- | --- | --- |
| 光泽/° | 74 | 73.5 | 74.5 | 74 | 73 | 72 | 72 |
| 漆膜摆杆硬度/H | 0.465 | 0.48 | 0.51 | 0.549 | 0.561 | 0.57 | 0.581 |

由表6-12可以看出随着氧化铝用量的增加，漆膜硬度不断提高，但是氧化铝的用量超过0.2%后，其对漆膜硬度的提高就不太明显了；漆膜光泽随着

氧化铝用量的增加最初并不受影响，但氧化铝用量超过 0.15% 后，漆膜光泽开始呈现下降趋势。产生这种现象的原因：在氧化铝用量较少时，留在漆膜表面连续排列的氧化铝少，漆膜硬度增加有限，随着氧化铝的用量的增加，漆膜表面连续排列的氧化铝逐步增加，漆膜硬度也逐渐增加，当氧化铝的用量超过某一值时，留在漆膜表面连续排列的氧化铝达到稳定，漆膜硬度随着氧化铝用量的增加不再明显提高，且过量的氧化铝在漆膜表面堆积导致漆膜表面平整性变差，反射角之间差异变大，漆膜光泽降低。因此，通过比较可知，当氧化铝的用量在 0.15% 左右时，漆膜的综合性能最好，此时漆膜的硬度得到较大提高，且漆膜光泽基本没有下降。

### （四）分散剂的种类及用量对涂料性能的影响

颜料的分散是用化学分散剂来润湿颜料粒子，排出留在颜料粒子间的空气，增加颜料之间的空间位阻，调节颜料粒子的表面电荷，从而防止粒子团聚，降低涂料黏度。作为一个良好的分散体系，分散剂需要牢固地吸附在颜料粒子的表面，在颗粒间提供良好的空间斥力，使颜料粒子在高速搅拌下充分分散本次实验不会因为范德华力的作用而再次团聚，也不会在受到外力作用时使吸附层从粒子表面剥离而影响体系的稳定，从而影响涂料体系的物理与化学性能。因此，分散剂的分子结构与颜料表面共同决定了涂料体系的分散稳定性。本次实验分别考察了 A、B、C、D 四种不同种类的水性分散剂对涂料漆膜性能的影响，其中 A 为疏水分子改性羧酸钠盐，B 为聚丙烯酸钠盐，C 为铵盐，D 为有机大分子。测试结果见表 6–13。

**表 6–13　不同种类分散剂对涂料性能的影响**

| 分散剂的种类 | A | B | C | D |
| --- | --- | --- | --- | --- |
| 光泽 /° | 74.5 | 74 | 73 | 72 |
| 耐盐水 | 30 d 完好 | 20 d 起泡 | 30 d 完好 | 7 d 起泡 |
| 稳定性 | 30 d 无分层、无反粗 | 30 d 明显分层、返粗，不能搅拌均匀 | 30 d 轻微分层、能搅拌均匀 | 10 d 明显分层、返粗，不能搅拌均匀 |

由表6-13可以看出，不同种类的分散剂对涂料的光泽、耐盐水及稳定性均有很大影响。不同种类的分散剂，化学结构不同，与钛白粉表面的相互作用不同，其对钛白粉润湿分散程度不同。分散剂含有的亲水基团含量不同，在水中电离的离子浓度不同，涂料的光泽、耐盐水性与稳定性均有很大差异。使用聚丙烯酸钠盐与铵盐分散剂时，涂料的耐水及稳定性较差，这是因为两者均为盐类分散剂，采用的是双电子层分散机理，对涂料体系的酸碱度及离子浓度敏感度较高，长时间储存容易反粗，且在涂膜干燥过程中，盐类分散剂会游离到漆膜表面结晶，漆膜表面平整度下降，影响漆膜光泽；使用有机大分子分散剂时，涂料的光泽、耐盐 水性及稳定性都很差，这是因为有机大分子分散剂依靠空间位阻分散颜料的效果较差，且钛白粉表面存在极性羟基，它会吸附有机大分子中的亲水基团，使其不能均匀地包裹钛白粉，且这种吸附作用可能导致相邻的被大分子包裹的钛白粉相互靠近，最终克服不是很强的分子间位阻的作用力而使钛白粉发生团聚，导致涂料体系整体性能较差；使用疏水分子改性羧酸钠盐分散剂时，综合性能达到最优，疏水分子改性羧酸钠盐含有疏水大分子和离子链段，分散中既有双电层效应，又有位阻效应，疏水分子改性羧酸钠盐分散剂对钛白粉的分散效果比其他分散剂好，涂料体系更稳定，且由于分散剂经疏水分子改性，其包裹的颜料与树脂间的相容性更好，形成的漆膜更加致密丰满，阻隔效果更好。

分散剂的用量影响着颜料的分散程度，颜料的分散程度影响着涂料的各项性能。本节测试了不同分散剂用量对涂料性能的影响，测试结果如表6-14所示。

**表6-14　不同分散剂用量对涂料性能的影响**

| 项目 | 分散剂A用量/% | | | | | |
|---|---|---|---|---|---|---|
| | 0.2 | 0.3 | 0.4 | 0.5 | 0.6 | 0.7 |
| 光泽/° | 58.5 | 69 | 74 | 70 | 63 | 56 |
| 耐盐水 | 10 d满板起泡 | 30 d少量起泡 | 45 d完好 | 35 d起少量小泡 | 30 d满板起泡 | 20 d满板起泡 |

续　表

| 项目 | 分散剂 A 用量 /% | | | | | |
|---|---|---|---|---|---|---|
| | 0.2 | 0.3 | 0.4 | 0.5 | 0.6 | 0.7 |
| 稳定性 | 15 d 明显分层、返粗，不能搅拌均匀 | 30 d 轻微分层，能搅拌均匀 | 30 d 分层、无返粗 | 30 d 无分层、无返粗 | 20 d 分层、轻微反粗，能搅拌均匀 | 15 d分层、结块，不能搅拌均匀 |

在涂料体系中，颜料分散是否稳定均匀对涂料的性能起着至关重要的作用。颜料颗粒小、比表面积大，其表面张力与表面能都大，因此颜料之间容易发生团聚且与基料难以相容。分散剂可以增加颜料、基料的亲和性，加速各种助剂渗入颜料聚集体的空隙中，有助于颜料的均匀分散，使颜料和基料连接起来。由表 6–14 可以看出分散剂用量的对漆膜的光泽、耐盐水性和稳定性有着很大影响，随着分散剂 A 用量的不断增加，漆膜的光泽、耐盐水性和稳定性均先增加后降低。这可能与不同分散剂用量下，颜料分散情况有关，颜料分散良好时，涂料平均粒径小，分布窄，综合性能好。

### （五）综合性能

成膜树脂、颜料及助剂调配到合适比例后，按照行业标准规定，对隧道涂料的综合性能进行了测试，测试结果如表 6–15 所示。

**表 6–15　水性丙烯酸瓷化涂料的综合性能**

| 项目 | 要求 | 测试结果 |
|---|---|---|
| 容器中的状态 | 搅拌后无硬块，呈均匀状态 | 搅拌后无硬块，呈均匀状态 |
| 结皮性 / 沉降性 | 8/6 | 10/10 |
| 涂膜外观 | 平整，无异常 | 光泽度达到 74° |
| 细度（μm）≤ | 40 | 20 |
| 不挥发份含量（%）≥ | 45 | 50 |

续 表

| 项目 | 要求 | | 测试结果 |
|---|---|---|---|
| 附着力（级） | 1 | | 0～1 |
| 耐候性（人工辐射暴露 600 h） | 颜色变化 | $\Delta E$ 小于 5 | $\Delta E$ 小于 2 |
| | 粉化等级 | 不大于 1 级 | 无粉化 |
| 涂层硬度 | 大于 HB | | 1～2 H |
| 耐盐水 168 h（25 ℃，5% NaCl） | 无变化 | | 无变化 |

由表 6-15 可以看出，高光泽、高硬度水性丙烯酸涂料达到了行业标准规定的性能指标和要求，具有广阔的市场应用前景。

# 第五节　无氟环保易清洁疏水面漆的制备

## 一、原料、实验仪器及实验方法

### （一）实验原料

本实验所涉及的实验原料的名称、规格和产地如表 6-16 所示，这些试剂没有进一步提纯。实验中还用到以下几种材料：胶水、牛奶和茶饮料。不同 pH 值的液滴是用盐酸和氢氧化钠配制而成的。

表 6-16　实验原料

| 名称 | 规格 | 产地 |
|---|---|---|
| 新戊二醇（NPG） | 工业品 | 韩国 |
| 间苯二甲酸（IPA） | 工业品 | 德国 |
| 对苯二甲酸（TPA） | 工业品 | 日本 |

续　表

| 名称 | 规格 | 产地 |
|---|---|---|
| 三羟甲基丙烷（TMP） | 工业品 | 日本 |
| 正十二酸 | 工业品 | 中国 |
| 正十六烷 | 工业品 | 中国 |
| 盐酸 | 纯度 36.5% | 中国 |
| 氢氧化铜 | 化学纯 | 中国 |
| 氢氧化钠 | 化学纯 | 中国 |

### （二）实验仪器

实验所用测试的名称、型号、生产厂家如表 6–17 所示。

表 6–17　实验仪器

| 名称 | 型号 | 生产厂家 |
|---|---|---|
| 分析天平 | BSA124S–CW | 德国赛多利斯公司 |
| 红外光谱仪 | VERTEX33 | 德国 Bruker 公司 |
| 循环真空泵 | SHZ–D（III） | 上海予华仪器设备有限公司 |
| 表面接触角测试仪 | OCA40micro | 德国 dataphysics 公司 |
| 真空干燥箱 | DZF–6030A | 上海一恒 |
| 场发射扫描电子显微镜 | Merlin | 德国 Zeiss 公司 |
| 透射电子显微镜 | JEM–2100F | 日本电子株式会社 |
| 恒温磁力搅拌器 | RCT 基本型 | 上海予华仪器设备有限公司 |

### （三）实验方法

先将 0.2 g 正十二酸固体通过搅拌的方式溶解于 50 mL 无水乙醇液体中，然后在继续搅拌的情况下，将 0.6 g 氢氧化铜纳米材料分散于正十二酸乙醇溶液中并搅拌 3 h，这样就得到了超疏水涂料。氢氧化铜超疏水粉体材料则是将上述涂料过滤、洗涤和干燥后得到的。将氢氧化铜超疏水涂料沉积到各种不同水性瓷化涂层表面之前，需要在待涂层表面喷胶，然后将氢氧化铜超疏水面漆通过喷笔喷涂或直接浸泡的方式沉积到这个表面。

## 二、实验结论

### （一）氢氧化铜图层的表面形貌与化学成分

研究表明，具有分级结构的粗糙表面在形成“倒格子”微观结构时容易被修饰成超疏水表面。这部分利用表面羟基丰富的氢氧化铜纳米材料。在正十二酸乙醇溶液中，氢氧化铜容易与之反应生成正十二酸铜盐，这样降低了其表面能。

关于超疏水涂层表面形貌的研究，这部分使用超高分辨率的扫描电子显微镜。氢氧化铜超疏水涂层表面有大量的不规则团聚物，在高倍数电镜下，可以看出这些团聚物是由纳米材料构成的，氢氧化铜图层的 SEM 图如图 6–16 中（a）和（b）所示。上述结果表明，氢氧化铜超疏水涂层表面有类似荷叶的分级粗糙结构。因此，这种氢氧化铜纳米材料可以经修饰获得超疏水性质。而对于购买的氢氧化铜纳米材料，进行 XRD 表征实验，如图 6–16（c）所示，图中所示的所有特征峰都是氢氧化铜典型 PDF 卡片中的峰位置，且没有明显杂峰，这说明这些氢氧化铜纳米材料是纯的氢氧化铜晶体。对于被正十二酸修饰（酸碱反应）的氢氧化铜超疏水涂层，用傅立叶变换红外光谱仪（FT–IR）对其表面基团进行了探究实验，如图 6–16 中的（d）所示。位于 2 922 $cm^{-1}$ 和 2 850 $cm^{-1}$ 的特征峰对应于—CH2—和—CH3—的碳氢键的伸缩振动峰，而位于 1 596 和 1 400 $cm^{-1}$ 的特征峰则对应于—COO 基团。值得注意的是，位于 3 568 $cm^{-1}$、3 308 $cm^{-1}$ 和 922 $cm^{-1}$ 的峰对应于水中的羟基基团。上述实验结果表明，正十二酸与氢氧化铜纳米材料进行了脱水缩合反应。

（a）低分辨率 SEM 图　　（b）高分辨率的 SEM 图

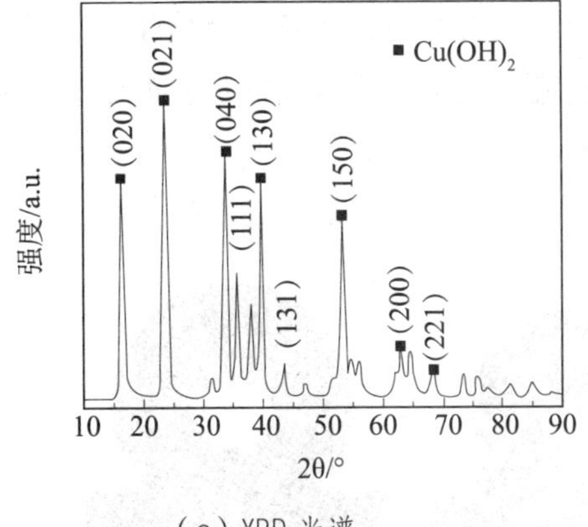


（c）XRD 光谱

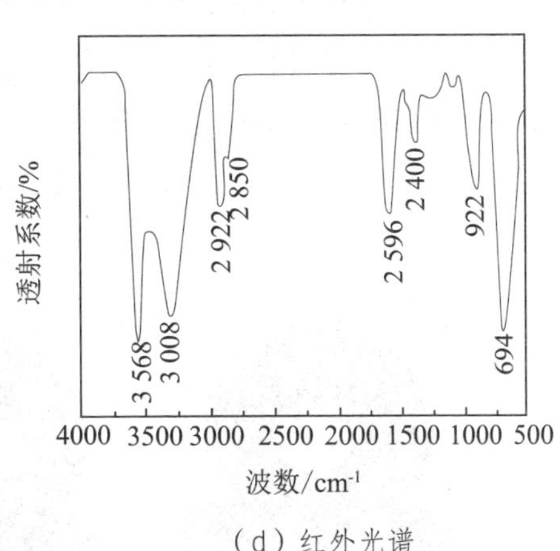


（d）红外光谱

**图 6–16　氢氧化铜超疏水面漆的低分辨率**

### （二）氢氧化铜涂层疏水性能表征

超疏水氢氧化铜粉制成的面漆可被沉积到不同材料的表面。这部分以水性丙烯酸涂料（AR）、水性丙烯酸－聚氨酯涂料（AR–PU）、水性聚氨酯涂料（PU）及纳米水性瓷化涂料（NC）为修饰材料，如图 6–17 所示，上述材料与水的原始接触角分别为 61.2°、65°、75.3° 和 86.4°。这些涂料有着不同的浸润性，且都不是超疏水表面。

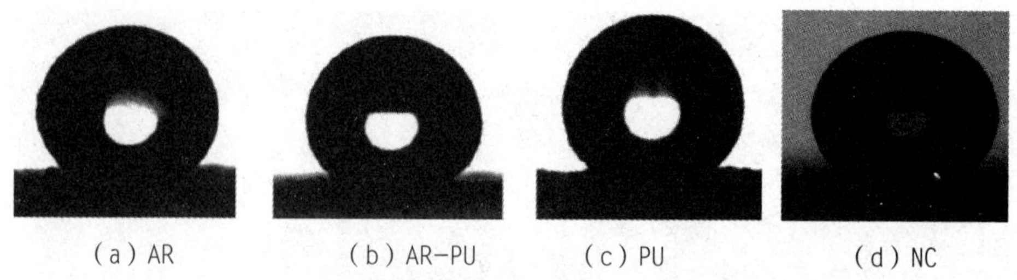

（a）AR （b）AR-PU （c）PU （d）NC

图 6-17 水滴在未修饰涂层的接触图

经过超疏水氢氧化铜粉料修饰后，水滴在所有超疏水氢氧化铜修饰的表面呈现出近似球体的状态，超疏水氢氧化铜涂料改善了这些材料表面的疏水性能。超疏水氢氧化铜材料有着特殊的微观结构和低表面能，具备“倒格子”式的粗糙结构，并在疏水长链烷基的协助下使超疏水氢氧化铜表面形成空气层，阻止水的浸润，形成稳定的超疏水表面形貌。

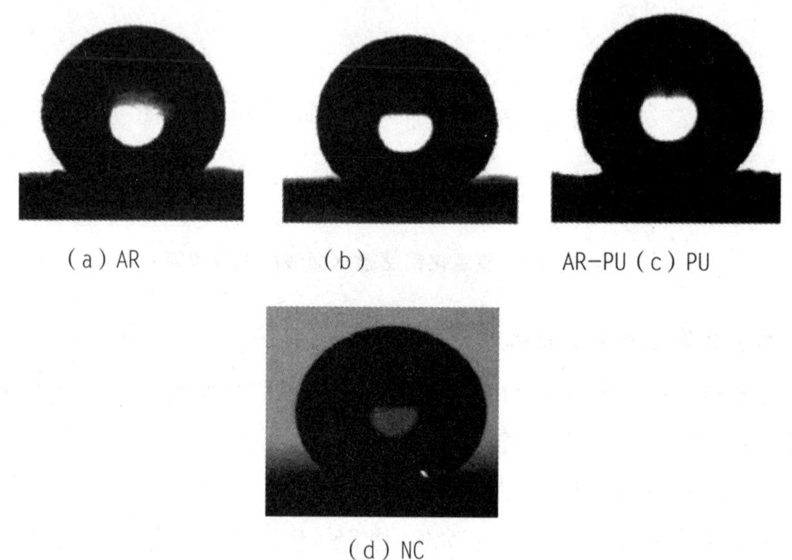

（a）AR （b） AR-PU（c）PU

（d）NC

图 6-18 水滴在已修改涂层的接触角照片

随后对这些表面的超疏水性能进行定量研究，如图 6-19 所示。上述所有被超疏水氢氧化铜修饰的表面与水的接触角（CA）都大于 155°，这个结果与图 6-18 的结果相呼应。从图 6-19 中可以看出，水滴在各个超疏水氢氧化铜修

饰表面的滚动角（SA）都小于 3°。结果表明，超疏水氢氧化铜面漆对水具有良好的排斥性。

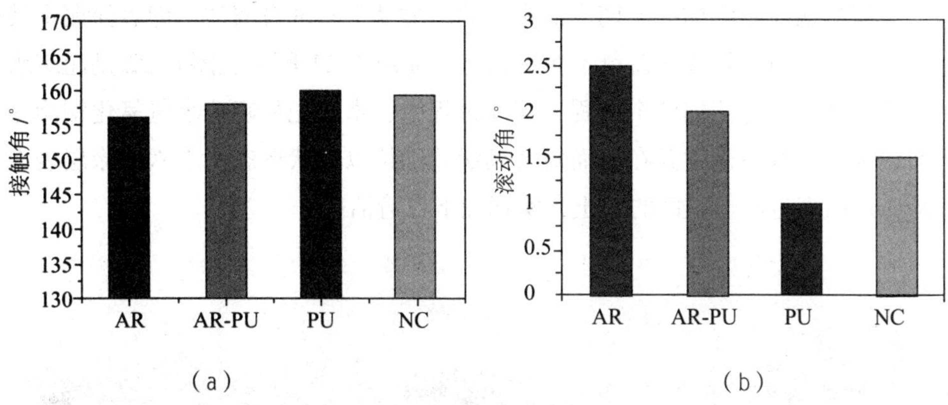


**图 6-19　水滴在已修饰表面的接触角和滚动角**

近年来，除了研究材料在空气中的疏水性能之外，研究者们还探索了材料在油中的超疏水性能。如果实现了油下超疏水性能，则可以将超疏水材料应用于某些特殊的表面，从而使这些表面实现自清洁。把超疏水氢氧化铜修饰的玻璃片置于十六烷中时，水在其表面的接触角高达 160.3°。这个结果表明超疏水氢氧化铜在油中的疏水性能比在空气中好，这是因为十六烷和水互相排斥水无法浸润。水滴在油中很快就从超疏水氢氧化铜涂层表面滚走，这表明超疏水氢氧化铜材料是油下超疏水材料，因此可以实现油下自清洁功能，如图 6-20 所示。

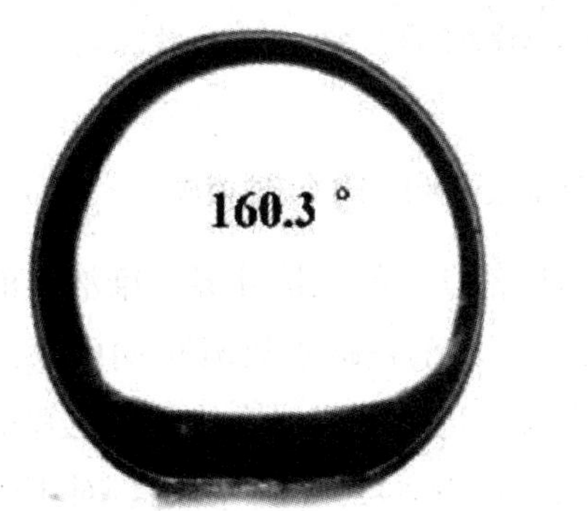

**图 6-20　水滴在已修饰玻璃表面的接触角和滚动情况**

### （三）氢氧化铜涂层的自清洁与抗污性能

超疏水氢氧化铜面漆具备良好的自清洁和抗污性能。被泥土颗粒污染的超疏水氢氧化铜面漆修饰的玻璃表面在水滴的滚动下实现自清洁，即表面泥土被水滴带走，表面恢复到浅蓝色干净的状态，如图 6-21 所示。图 6-22 是超疏水氢氧化铜油下自清洁的整个过程。在此过程中，水滴先从超疏水氢氧化铜涂层表面滚入十六烷液体中并在界面短暂延缓后继续以球状形态在十六烷涂层表面滚动，从而带走油下表面的泥土，实现油下自清洁。

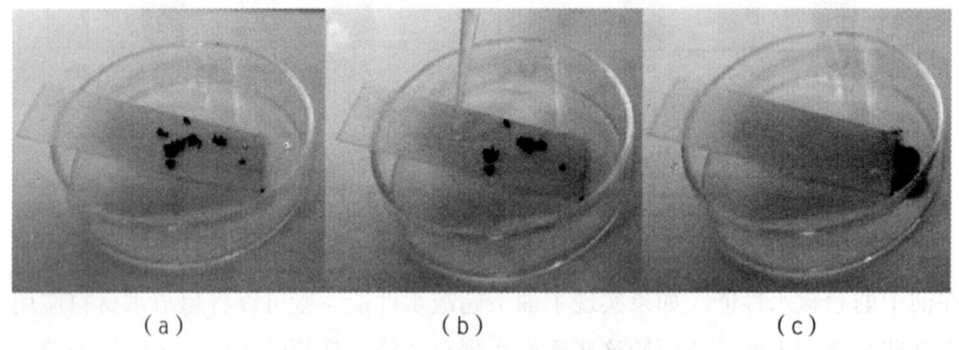

（a）（b）（c）

图 6-21　超疏水氢氧化铜面漆修饰的玻璃片自清洁效应

（a）（b）（c）

图 6-22　超疏水氢氧化铜面漆修饰的玻璃片油下自清洁效应

超疏水氢氧化铜面漆的超疏水性能使其具备良好的抵抗外界污染液体的性能。在污染液体中，泥水和染色液最为常见。对于超疏水氢氧化铜面漆的抗污性能，采用浸泡的方法进行测试。超疏水氢氧化铜面漆修饰的混凝土片被浸入染色中被提起后其表面没有任何液体残留，如图 6-23（a）所示。对于生活中常见的泥水，超疏水氢氧化铜面漆同样可以实现“出淤泥而不染”。超疏水氢氧化铜面漆修饰的混凝土片浸入泥水中，被提起后其表面同样没有任何泥水残留。

（a）浸入二甲基蓝染色液中

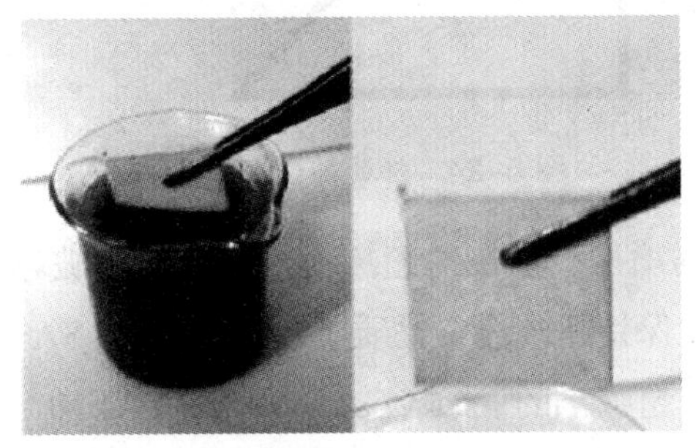

（b）浸入泥水

**图 6-23　超疏水氢氧化铜面漆修饰的混凝土片的抗污效应**

### （四）氢氧化铜面漆的稳定性

超疏水材料的实际应用依赖其物理稳定性。超疏水材料被广泛研究以来，其稳定性一直是制约这类材料广泛应用的一个因素。因此，稳定性能是超疏水材料研究中的关键。现有的对超疏水物理稳定性表征较为常见的就是沙砾冲击实验。图 6-24 是这种实验的一个简略示意图将超疏水材料平整置于一个坡度为 45° 的表面，而沙砾则在一定高度和重力场作用下沿垂直方向撞击这个超疏水表面。

测量 20 g 沙砾，从不同高度自由落体撞击涂层表面，观察水在其上的接触角与滚动角变化情况。根据物理知识可知，一定质量的物体在重力场中做自由落体，其重力势能可由下式决定。

$$G=mgh \tag{6-3}$$

式中：$m$ 为物体质量；g 为重力常数；$h$ 为高度。因此，在这个沙砾冲击实验中，沙砾重力势能 $G=0.2h$。

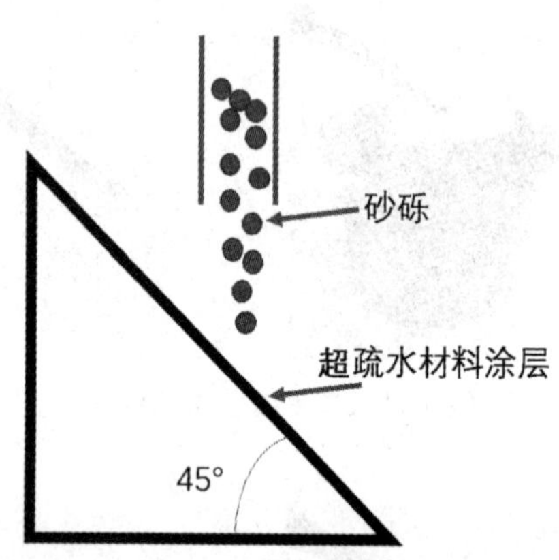


图 6–24　沙砾冲击实验示意图

随着冲击高度的增加，涂层的超疏水性能逐渐被破坏。当冲击高度不大于 80 cm 时，涂层仍然保持超疏水的性质（CA>150°，SA<10°）；当高度大于 80 cm 时，涂层失去超疏水的性质（CA<150°，SA>10°）。上述实验结果表明，超疏水氢氧化铜面漆具备良好的对抗外力冲击的能力。图 6–25 是冲击高度为 100 cm 的超疏水氢氧化铜面漆的 SEM 图。从图中可以看出，相比于破坏之前的形貌，此时的超疏水氢氧化铜面漆表面的粗糙结构（氢氧化铜纳米结构的堆聚点）大部分被破坏。

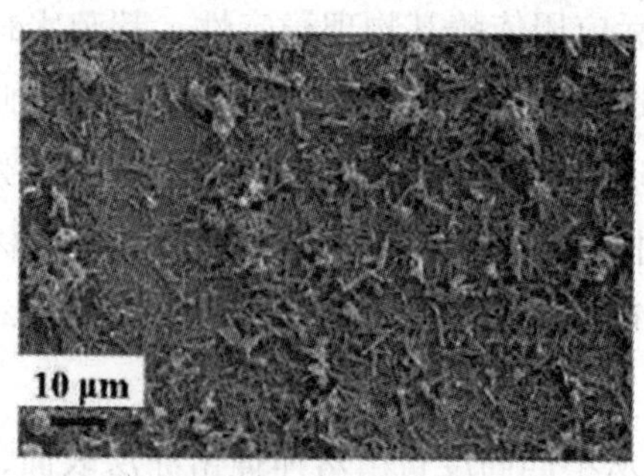


图 6–25　冲击高度为 100 cm 的超输水氢氧化铜面漆的 SEM 图

# 第六节　工程施工及性能观察

## 一、工程概况

土家湾隧道位于甘肃省定西市与榆中县交界，是 G22 青兰高速巉口至柳沟河高速公路上的一条长隧道。该隧道穿越土家湾梁，海拔 2 070 m，地层岩性主要为风积黄土、老黄土及泥岩。该隧道采用重丘区高速公路分离式断面设计，设计车速 80 km/h，上下行隧道间距 70 m，上行线隧道全长 1 289.25 m，下行线隧道全长 1 210 m，隧道最大纵坡 2%，路面设 1.5% 单向横坡，隧道净空高 5 m，拱顶高 7.1 m。隧道内轮廓为单心圆，半径为 5.55 m。本次工程对检修道顶面以上 3.4 m 范围内实施水性瓷化涂装试验。

## 二、施工方案

施工环境：温度为 0 ～ 15 ℃，湿度为 55% ～ 65%。

基层表面处理：纳米渗透剂喷涂或滚涂一遍，喷涂厚度为 1.5 ～ 2μm。

腻子施工：腻子披挂两遍，披挂总厚度为 1.5 ～ 2 mm。

底漆喷涂：喷涂两遍，每遍厚度为 60 ～ 80μm，第一层喷涂 12 ～ 24 h 后，喷涂第二遍厚度 60 ～ 80μm。

面漆喷涂：与底漆间隔 24 h，第一遍喷涂厚度为 60 ～ 80μm，再间隔 24 h 后喷涂第二遍，厚度为 60 ～ 80μm。

## 三、现场施工

### （一）基层表面处理

基层表面处理是一个非常重要的工艺程序。基层表面处理，既可以增大涂层与基层表面的接触面积，又可以增强涂层与基层表面的结合作用，从而提高涂层与基层的附着力。如果基层表面处理未达到喷涂要求，这会在很大程度上降低涂层与基层表面的结合力，涂层容易从基层表面脱落。常用的基层表面处理方法二先用特制纳米渗透剂喷凸，然后用高强聚合物腻子找平，还原衬砌强度，铺设涂装多孔强附着力层。基层表面处理现场施工如图 6–26 所示。

（a）

（b）

图 6–26　基层表面处理现场施工图

### （二）腻子施工

腻子是在隧道表面喷涂涂料之前，对基面进行预处理的一种表面填充材料，它的主要作用是填充墙基面的孔隙如矫正基面的曲线偏差，提供一个均匀平滑的基础、提高漆面的光泽度。腻子现场施工如图 6–27 所示。

（a）

（b）

图 6–27　腻子现场施工图

### （三）底漆喷涂施工

喷涂底漆的目的是提高水性瓷化面漆的粘接强度和漆膜的致密性。底漆喷涂现场施工如图 6–28 所示。

（a）　　　　（b）

图 6–28　底漆喷涂现场施工图

### （四）面漆喷涂

水性瓷化涂料面漆成膜后表层致密光洁，具有优异的光线反射性能，隧道内照度和亮度大大提升。面漆喷涂现场施工如图 6–29 所示。

（a）　　　　（b）

图 6–29　面漆喷涂现场施工

## 四、性能观察

### （一）隧道涂装性能

隧道涂装性能的，具体分析结果如表 6-18 所示。

表 6-18　隧道涂装性能

| 检测项目 | 隧道涂装性能状况 |
|---|---|
| 漆膜外观 | 大面积脱落 |
| 光泽度 | 2.6° |
| 色差值 | 14 |
| 附着力 | 4 级 |
| 路面照度 | 14 |

### （二）水性瓷化涂装性能

水性瓷化涂装性能的，具体分析结果如表 6-19 所示。

表 6-19　水性瓷化涂装性能

| 检测项目 | 水性瓷化涂装性能状况 |
|---|---|
| 漆膜外观 | 平整光滑，无脱落 |
| 光泽度 | 2.6° |
| 色差值 | 0.9 |
| 附着力 | 0 级 |
| 路面照度 | 33 |

### （三）水性瓷化涂长期性能

水性瓷化涂装性能，使用 1 年后的检测结果如表 6–20 所示。

**表 6–20 水性瓷化涂装长期性能**

| 检测项目 | 水性瓷化涂装长期性能状况 |
|---|---|
| 漆膜外观 | 漆膜平整光滑，无脱落 |
| 光泽 | 2.6° |
| 色差值 | 1.1 |
| 附着力 | 0 级 |
| 路面照度 | 42 |

# 参考文献


[1] 曹成勇，施成华，彭立敏，等．浅埋大跨下穿高速公路隧道施工风险评估及控制措施研究 [J]. 铁道科学与工程学报，2016，13（7）：1439–1446.

[2] 曾磊，王少飞，何旭春，等．智慧型公路隧道的概念、架构及其关键技术 [J]. 现代隧道技术，2016，53（4）：1–8.

[3] 陈云腾，孙振华．越岭特长公路隧道施工围岩稳定性分析 [J]. 公路，2021，66（5）：332–337.

[4] 程远，朱合华，刘松玉，等．基于模糊理论大跨浅埋公路隧道施工风险评估 [J]. 地下空间与工程学报，2016，12（6）：1616–1622.

[5] 董君，王志赫．高速公路工程建设中对 BIM 技术的应用实践 [J]. 公路工程，2017，42（4）：1–3，20.

[6] 房倩，粟威，张顶立，等．基于现场监测数据的隧道围岩变形特性研究 [J]. 岩石力学与工程学报，2016，35（9）：1884–1897.

[7] 桂志敬，吴忠广，严琼，等．公路隧道施工安全风险评估方法优化研究 [J]. 中国安全生产科学技术，2018，14（9）：136–143.

[8] 洪开荣，冯欢欢．近 2 年我国隧道及地下工程发展与思考（2019—2020 年）[J]. 隧道建设（中英文），2021，41（8）：1259–1280.

[9] 黄伦海，钱七虎．公路隧道大断面改扩建施工开挖方案研究 [J]. 现代隧道技术，2016，53（5）：145–153，160.

[10] 季建霞，陆文明，郑晨，等．我国水性涂料的应用现状 [J]. 上海涂料，2016，54（5）：38–41.

[11] 姜安民，董彦辰，张晓波．基于层次分析 – 可拓模型的公路隧道施工风险评估 [J]. 数学的实践与认识，2019，49（11）：297–305.

[12] 蒋树屏．公路隧道工程品质与技术对策 [J]. 现代隧道技术，2017，54（4）：1–12.

[13] 解晓明 .BIM 技术在山区公路工程项目全寿命周期管理中的应用 [J]. 公路工程，2018，43（4）：296–300.

[14] 李建林，吴金刚，毕强 . 大跨度小净距公路隧道设计与施工方法研究 [J]. 现代隧道技术，2019，56（5）：157–162，227.

[15] 李毅 . 基于模糊层次分析法的公路隧道施工坍塌事故风险评估 [J]. 湖南交通科技，2021，47（4）：123–125，151.

[16] 李自强，谢文强，王明年，等 . 虹梯关特长公路隧道施工通风节能技术 [J]. 铁道科学与工程学报，2016，13（4）：760–766.

[17] 刘辉，孙世梅 . 基于改进 LEC 法的公路隧道施工安全评价研究 [J]. 现代隧道技术，2015，52（1）：26–32，61.

[18] 刘江，喻兴洪，黄才明，等 . 特长高瓦斯公路隧道施工通风技术研究 [J]. 公路交通技术，2021，37（2）：101–107.

[19] 刘尚各，彭文波，刘继国，等 . 公路隧道施工风险评估方法及其应用研究 [J]. 现代隧道技术，2020，57（S1）：241–246.

[20] 罗志刚，周志刚，郑健龙 . 沥青路面水损害问题研究现状 [J]. 长沙交通学院学报，2003（3）：39–44.

[21] 祁文睿，高永涛 . 公路隧道穿越软弱破碎围岩综合施工及监测技术研究 [J]. 公路交通科技，2021，38（11）：88–96，105.

[22] 宋战平，王凯蒙，王涛，等 . 浅埋地铁隧道下穿高速公路施工方法比选 [J]. 西安建筑科技大学学报（自然科学版），2019，51（4）：503–510，596.

[23] 谭忠盛，杨旸，薛君 . 土质地层公路隧道大断面快速施工技术研究 [J]. 中国公路学报，2021，34（9）：253–262.

[24] 唐生桥 . 高速公路隧道施工管理的措施 [J]. 四川建材，2022，48（1）：94–95.

[25] 王景春，林佳秀，靳俊中 . 基于改进 K–Means 聚类模型的公路隧道施工风险分析及其应用 [J]. 公路交通科技，2019，36（6）：58–64.

[26] 王少飞，涂耘，程崇国 . 公路水下隧道应急救援对策 [J]. 公路，2011（10）：140–145.

[27] 王少飞，涂耘，王小军 . 公路隧道节能减排专项规划研究 [J]. 公路，2015，60（8）：153–157.

[28] 王少飞，涂耘．我国公路隧道照明技术的发展与创新[J]．隧道建设，2010，30（S1）：199-205.

[29] 吴梦军，吴庆良．山岭公路隧道机械化施工现状与展望[J]．重庆交通大学学报（自然科学版），2020，39（3）：14-21.

[30] 薛亚东，董宏鑫，李彦杰．山岭公路隧道施工安全风险评估理论体系[J]．天津大学学报（自然科学与工程技术版），2019，52（S1）：84-91.

[31] 杨晋，王海利．水性涂料的特点及其喷涂施工要求[J]．科技信息，2011（34）：406.

[32] 于亚军，贾紫涵，罗丽娇，等．高速公路隧道施工事故三维智能识别与预控技术[J]．石家庄铁道大学学报（自然科学版），2021，34（2）：80-86.

[33] 昝永奇．超浅埋下穿高速公路暗挖隧道变形控制施工技术研究[J]．隧道建设，2017，37（S1）：99-106.

[34] 张红松．新奥法施工技术在公路隧道工程中的应用[J]．交通世界，2021（9）：24-26.

[35] 张俊儒，史博然，汪家雷，等．塌方段原位扩建四车道公路隧道“回填－台阶法”施工力学及安全分析[J]．中国公路学报，2021，34（6）：109-124.

[36] 张俊儒，王智勇，龚彦峰，等．单跨5车道公路隧道过渡“3+2”小净距隧道施工力学研究[J]．隧道建设（中英文），2021，41（2）：185-198.

[37] 张俊儒，吴洁，严丛文，等．中国四车道及以上超大断面公路隧道修建技术的发展[J]．中国公路学报，2020，33（1）：14-31.

[38] 张俊儒，徐剑，龚彦峰，等．单跨5车道公路隧道工法优化及施工力学特性研究[J]．隧道建设（中英文），2021，41（5）：831-840.